国网江苏营销培训系列教材

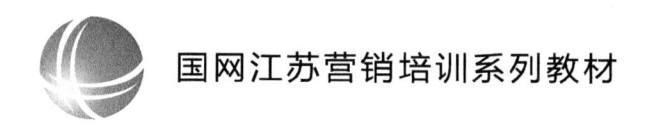

Business Knowledge for
Power Supply Bureau Window Staff

供电所窗口人员业务知识

上海财经大学出版社

图书在版编目(CIP)数据

供电所窗口人员业务知识/高晓萍主编.—上海：
上海财经大学出版社,2018.3
（国网江苏营销培训系列教材）
ISBN 978-7-5642-2943-6/F·2943

Ⅰ.①供… Ⅱ.①高… Ⅲ.①电力工业—工业企业管理—营销服务—中国—技术培训—教材 Ⅳ.①F426.61

中国版本图书馆CIP数据核字(2018)第023137号

责任编辑：徐　超
封面设计：张克瑶

GONGDIANSUO CHUANGKOU RENYUAN YEWU ZHISHI

供电所窗口人员业务知识
国网江苏营销培训系列教材

著　作　者：高晓萍　主编
出版发行：上海财经大学出版社有限公司
地　　址：上海市中山北一路369号（邮编200083）
网　　址：http://www.sufep.com
经　　销：全国新华书店
印刷装订：江苏凤凰数码印务有限公司
开　　本：710mm×1000mm　1/16
印　　张：15.25
字　　数：249千字
版　　次：2018年3月第1版
印　　次：2021年1月第2次印刷
定　　价：50.00元

国网江苏营销培训系列教材

编委会

主　　任：张义奇

副 主 任：解利平

编　　委：宋桂华　周长华　史利强　陶　建
　　　　　徐　瑶　邵明静　黄　蓉　徐司聪
　　　　　施泉生　王　荣　高晓萍

本书编写组

主　　编：高晓萍

参编人员：陈佩龙　陈晓萌　丁爱玲　邵明静
（按姓名拼音　唐　沛　汪征涛　余广基　张　丽
顺序排列）　张卫华　朱利萍

总 序

中国电力行业正面临着深刻的宏观环境变化。新时代中国电力行业发展呈现出电力供应宽松化、电力交易市场化、电力生产和消费绿色化的特征。

首先,中国电力供应总体上呈现过剩的态势。自2012年以来,中国经济结束了高速增长的时代,经济增速放缓至8%以下。2014年,中央政府对中国的经济形势做出了准确判断,认为中国经济发展处于经济增长速度换挡期、结构调整阵痛期、前期刺激政策消化期的三期叠加时期,并提出了中国经济发展新常态的概念。伴随着经济发展进入新常态,中国电力需求增速也随之降低。2012年全社会用电量增速放缓至5.9%,6 000千瓦及以上电厂发电设备利用小时出现下降;到2016年6 000千瓦及以上电厂发电设备利用小时仅为3 785小时;发电企业出现大面积亏损。

其次,电力市场化改革进入实质性阶段,2015年3月15日《中共中央国务院关于进一步深化电力体制改革的若干意见》(中发〔2015〕9号)下发,标志着新一轮电力体制改革的开启。新电改按照"管住中间、放开两头"的体制架构,实行"三放开,一独立,三强化"。随之各省改革试点方案密集出台,售电公司如雨后春笋般涌现。据不完全统计,截至2017年底全国各地成立的售电公司上万家,其中已经公示的有近3 000家。大量售电公司参与电力市场交易,供电公司一家独大局面将不复存在。

再次,电力行业开始了低碳绿色转型发展。习近平总书记在十九大报告中指出,必须坚定不移地贯彻创新、协调、绿色、开放、共享的新发展理念,对能源电力走绿色发展道路提出了新要求;国家《电力发展"十三五"规划》等一系列文件,提出要构建全球能源互联网，优化能源电力结构，着力提高能源效率，发展清洁能源等能源电力发展方向。实现能源开发上的清洁替代和能源消费上的电能替代（两个替代），根本上是实现能源结构从以化石能源为主向以清洁能源为主的转变。电力生产和消费的绿色化，既带来了相关新技术应用，又给电力公司带来新业务，如电能替代市场如何开拓、源网荷如何互动等。

电力公司的经营环境发生了深刻变化，原有的电力营销理念、营销模式、营销方法已经不再适宜目前的经营环境和业务。如何对电力公司营销部门员工进行营销技能培训，让其尽快适应新的环境、熟悉新的业务、掌握新的技能，是摆在电力公司人力资源部门面前的一大难题。目前，现有的电力营销教材偏重营销的理论和方法，与实际电力营销一线员工需要掌握的知识和技能不符，因此迫切需要一套有针对性、接地气、强技能的电力营销培训教材，以切实提升电力公司营销部门员工的业务和技能水平，继续保持电力公司在未来市场竞争中的优势。

国网江苏省电力公司盐城供电公司作为国家电网公司的电力营销技能培训单位，站在电力公司未来可持续发展的高度，深刻把握中国电力行业的发展趋势和特征，成立了电力营销系列培训教材编辑委员会，开发电力营销系列培训教材。该系列培训教材包含《电力需求侧管理》《岸电系统》《电动汽车充电桩》《源网荷友好互动》等10本，既包括比较传统的电力营销业务，也包括新出现的电力营销业务。为了保证本电力营销系列培训教材能够适合电力公司营销部门员工实际业务和技能需求，编辑委员会成员利用多年电力营销技能培训经验以及对学员的现实需求，深入调研，确定了"源于现实业务、面向现实需求、紧跟时代趋势、服务营销人员、提升营销技能"的编写原则，并针对教材编写形式、编写大纲、编写内容进行框定。为保证每本书的实用性，编写人员深入浙江、江苏、上海等地的电力公司营销部门，进行实地走访和调研，了解营销业务人员的现实需求，并对大纲进行了修订。此外，在编写过程中，还广泛征求了电力企业营销专家的意见和建议，以确保教材能够满足电力营销人员的需求。

该电力营销系列培训教材以电力营销业务体系进行区分和编写，每本书针对一项营销业务，在业务划分和选取方面广泛征求专家意见，充分考虑了业务之间的典型性和相关性。为了做到教材通俗易懂、深入浅出,每本书的编写以营销业务及其流程为主线,注重实际操作,配有大量的图片,针对业务流程中需要重点关注的问题、难点进行阐述,并提供相应的思考与练习题,供学员巩固学习效果和考核使用。该系列培训教材能够培养电力营销业务人员的业务流程知识和操作技能,理解电力营销业务的内涵,掌握电力营销操作规则,发现并妥善处理电力营销中的疑难问题。编写者具有很高的理论水平和丰富的实践经验,该系列教材能够作为各地电力公司营销培训用书,也可用作科研院所、高校学生和教师的参考书。

华北电力大学 曾鸣教授

2018 年 1 月

前　言

近年来，通过专业化体系建设，乡镇供电所综合管理水平和服务能力已经有了质的提升，农电管理良性化发展。但是，随着电能替代推广、充电桩的快速建设，以及"互联网＋"等带来的服务方式的转变，给乡镇供电所提出了更高要求。

随着电力体制改革的进一步深化，市场化的售电主体将以更灵活的价格、更优质的服务来争取客户，与电网企业争夺市场份额。积极推进供电所建设新模式，乡镇供电所向全能型转变势在必行。融合更紧密、业务更多样、管理更科学、服务更有效、职能更丰富，将成为全能型供电所的最大特色。

供电服务是供电企业发展的立足之本，生命之源。随着社会经济不断发展，社会各界都对电力供应、服务质量上提出了更高的要求，供电所窗口既是体现优质服务水平的重要窗口，也是提升业务品牌价值，向客户宣传展示电力各项新业务的主要舞台。

本教材编写以提升供电所窗口人员业务能力为核心，在内容上遵循"删繁就简、推陈出新"的原则，教材脉络体系清晰明了，内容丰富，系统阐述了供电所窗口业务，具有实用性、针对性强等优点，对做好供电所窗口服务工作具有指导意义。

本教材内容侧重于供电所窗口常用业务、技术和政策。主要内容包括客户服务规范与沟通技巧、营业业务、电费电价、电能计量等基本模块，考虑到为推动智能电网建设与互联网深度融合，满足新能源、分布式电源等多元化负荷发展需求，教材增加了形势政策、营业新业务分布式电源两大模块，所以本教材能够满足新时代供电服务要求。

在本教材编写过程中，我们参考了大量书籍、文献以及案例，吸取了其中的经验知识，并引用了部分材料，在此谨向材料的编者和出版者表示由衷的感谢。

同时就未能把借鉴材料全部列出,向各位作者表示歉意。

由于编写时间仓促以及编者水平所限,书中有不足或疏漏之处,恳请广大读者朋友批评指正。

编者

2018 年 1 月

目　录

总序 ·· 1
前言 ·· 1

第一章　形势政策 ·· 1
第一节　电力体制改革文件学习 ·· 1
思考题 ·· 15
第二节　"互联网+"时代营销模式的供电营业厅转型 ············ 15
思考题 ·· 21
第三节　"全能型"供电所建设 ·· 21
思考题 ·· 28

第二章　客户服务规范与沟通技巧 ·· 29
第一节　客户服务规范 ·· 29
思考题 ·· 37
第二节　语言表达能力与服务沟通技巧 ································ 37
思考题 ·· 47
第三节　营业厅应急处置 ·· 47
思考题 ·· 52
第四节　营业厅话术口袋书 ·· 52

第三章　营业业务 ·· 61
第一节　新装、增容业务收资 ·· 61

思考题 · 67
　　第二节　业扩业务流程 · 67
　　思考题 · 76
　　第三节　业务收费 · 76
　　思考题 · 81
　　第四节　变更用电 · 82
　　思考题 · 89

第四章　电价电费
　　第一节　电价电费相关概念及政策 · 90
　　思考题 · 108
　　参考文献 · 108
　　第二节　电费发票解读 · 109
　　练习题 · 128
　　第三节　电费回收 · 131
　　思考题 · 139

第五章　电能计量
　　第一节　电能表基础知识 · 140
　　思考题 · 155
　　第二节　互感器基础知识 · 156
　　思考题 · 167
　　第三节　用电信息采集系统基础知识 · 167
　　思考题 · 182

第六章　95598客户服务
　　第一节　95598运转体系情况 · 184
　　思考题 · 188
　　第二节　工单分类、时限及办理要求 · 188
　　思考题 · 192

第三节　投诉分类及易混淆点 …………………………………… 192
  　思考题 ……………………………………………………………… 194
  第四节　申诉业务及最终答复 …………………………………… 194
  　思考题 ……………………………………………………………… 202
  第五节　营业厅监控 ……………………………………………… 203
  　思考题 ……………………………………………………………… 207

第七章　营业新业务之分布式新能源 …………………………… 208
  第一节　分布式电源并网服务的申请流程及时限 ……………… 208
  第二节　分布式电源并网服务的收资要求及费用结算 ………… 219
  　思考题 ……………………………………………………………… 228

第一章　形势政策

在时代车轮滚滚前行中,改革是必不可少的驱动力。在深化改革的时代背景下,国企改革更是万众瞩目,电力行业作为国家能源支柱更应一马当先,稳步推进新一轮改革。自《关于进一步深化电力体制改革的若干意见》发布以来,相继发布多份相关文件,形成了以《关于进一步深化电力体制改革的若干意见》为引领、以相关文件为配套的改革顶层设计。"互联网+"时代和新一轮电力体制改革对电网企业形成了深远的影响,也提出了更多的新要求。在这样的形势下,要寻求更高层次的发展,积极指导推进供电所建设新模式,推进供电营业厅转型,打造"全能型"乡镇供电所就成了必然。

第一节　电力体制改革文件学习

本节在回顾中国电力体制改革历程的基础上,系统介绍电力体制改革9号文件的核心内容,对核心内容的几个关键问题进行解读,并系统介绍目前为止的主要配套文件,从而对新一轮电力体制改革文件有比较系统的认识。

一、概述

中国电力体制改革是一场"持久战"。

1997年1月16日,国家电力公司正式成立,将原电力工业部所属的企事业单位划归国家电力公司管理,实现政企分开。

2002年2月10日,在国务院颁布的《电力体制改革方案》(电改"5号文")中,为电力体制改革规划了一条市场化的中长期路线:通过厂网分离、主辅分离、输配分离、竞价上网四步改革措施,逐步构建起竞争性的电力市场。此后,中国的电力行业格局基本维持了"5号文"改革规划,并在"厂网分开、主辅分离"上取得了成功。

2014年上半年,多省重启"直购电"试点。在中央财经领导小组第6次会议上,习近平总书记说道,应进行改革,由市场决定能源价格,抓紧制定电力体制改革的总体方案。同年10月,深圳发布《深圳市输配电价改革试点方案》,拉开了新一轮电力改革的序幕。2015年3月15日,中共中央发布文件《关于进一步深化电力体制改革的若干意见》(电改"9号文")。

二、电力体制改革9号文解读

(一)电力体制改革9号文件的核心内容

1. 深化电力体制改革的总体思路

(1)深化电力体制改革的指导思想和总体目标。坚持社会主义市场经济改革方向,从我国国情出发,坚持清洁、高效、安全、可持续发展,全面实施国家能源战略,加快构建有效竞争的市场结构和市场体系,形成主要由市场决定能源价格的机制,转变政府对能源的监管方式,建立健全能源法制体系,为建立现代能源体系、保障国家能源安全营造良好的制度环境,充分考虑各方面诉求和电力工业发展规律,兼顾改到位和保稳定。通过改革,建立健全电力行业"有法可依、政企分开、主体规范、交易公平、价格合理、监管有效"的市场体制,努力降低电力成本、理顺价格形成机制,逐步打破垄断、有序放开竞争性业务,实现供应多元化,调整产业结构,提升技术水平、控制能源消费总量,提高能源利用效率、提高安全可靠性,促进公平竞争、促进节能环保。

(2)深化电力体制改革的重点和路径。在进一步完善政企分开、厂网分开、主辅分开的基础上,按照管住中间、放开两头的体制架构,有序放开输配以外的竞争性环节电价,有序向社会资本开放配售电业务,有序放开公益性和调节性以外的发用电计划;推进交易机构相对独立,规范运行;继续深化对区域电网建设和适合我国国情的输配体制研究;进一步强化政府监管,进一步强化电力统筹规划,进一步强化电力安全高效运行和可靠供应。

2. 基本原则

深化电力体制改革的基本原则:坚持安全可靠,保障电能的生产、输送和使用动态平衡,保障电力系统安全稳定运行和电力可靠供应,提高电力安全可靠水平。坚持市场化改革,区分竞争性和垄断性环节,在发电侧和售电侧开展有效竞争,培育独立的市场主体,着力构建主体多元、竞争有序的电力交易格局,形成适应市场要求的电价机制。坚持保障民生,充分考虑企业和社会承受能力,保障基本公共服务的供给。坚持节能减排,积极开展电力需求侧管理和能效管理,完善有序用电和节约用电制度,促进经济结构调整、节能减排和产业升级。坚持科学监管,政府管理重点放在加强发展战略、规划、政策、标准等的制定实施,加强市场监管。

3. 近期推进电力体制改革的重点任务

电力体制改革9号文件指出,近期深化推进电力体制改革的包括以下7项重点任务:

(1) 有序推进电价改革,理顺电价形成机制:单独核定输配电价,分步实现公益性以外的发售电价格由市场形成,妥善处理电价交叉补贴。

(2) 推进电力交易体制改革,完善市场化交易机制:规范市场主体准入标准,引导市场主体开展多方直接交易,鼓励建立长期稳定的交易机制,建立辅助服务分担共享新机制,完善跨省跨区电力交易机制。

(3) 建立相对独立的电力交易机构,形成公平规范的市场交易平台:遵循市场经济规律和电力技术特性定位电网企业功能,改革和规范电网企业运营模式,组建和规范运行电力交易机构,完善电力交易机构的市场功能。

(4) 推进发用电计划改革,更多发挥市场机制的作用:有序缩减发用电计划,完善政府公益性调节性服务功能,进一步提升以需求侧管理为主的供需平衡保障水平。

(5) 稳步推进售电侧改革,有序向社会资本放开售电业务:鼓励社会资本投资配电业务,建立市场主体准入和退出机制,多途径培育市场主体,赋予市场主体相应的权责。

(6) 开放电网公平接入,建立分布式电源发展新机制:积极发展分布式电源,完善并网运行服务,加强和规范自备电厂监督管理,全面放开用户侧分布式电源市场。

(7) 加强电力统筹规划和科学监管,提高电力安全可靠水平:切实加强电力行业特别是电网的统筹规划,切实加强电力行业及相关领域科学监督,减少和规范电力行业的行政审批,建立健全市场主体信用体系,抓紧修订电力法律法规。

(二) 电力体制改革9号文解读

新一轮电力体制改革的核心可以总结为"三放开""一独立""三强化"。"三放开"是指在进一步完善政企分开、厂网分开、主辅分开的基础上,按照"管住中间""放开两头"的体制架构,有序放开输配以外的竞争性环节电价,有序向社会资本放开配售电业务,有序放开公益性和调节性以外的发用电计划。"一独立"是指推进交易机构相对独立,规范运行。"三强化"是指进一步强化政府监管,进一步强化电力统筹规划,进一步强化电力安全高效运行和可靠供应。

1. 9号文件相比5号文件有哪些继承、调整和超越

两个文件都是围绕"放开两头、管住中间"这条基本路径展开讨论,但9号文件体现的核心价值取向与5号文件具有本质的不同,因而不是简单延伸。

本轮电改的社会经济环境已经发生了历史性的变化:一是国家明确"能源革命"战略构想;二是中央决定全面建设"法治社会"。

与5号文件相比,9号文件在以下几方面有所超越:

第一,核心价值取向的不同。本轮电改旨在建立一个绿色低碳、节能减排,而且更加安全可靠、实现综合资源优化配置的新型电力治理体系,推动我国电力生产、消费及技术结构整体转型。而上轮电改旨在通过厂网分开,打破垄断,引入竞争,剥离关联交易,加快扩大电力供给规模。

第二,暂时不考虑输配分开和电网调度独立。调度独立和输配分开不是科学合理的选择,也是5号文并没能达到预期改革目标的重要原因。

第三,明确提出要加强规划。可再生能源并网的比例越来越大,使发电侧和用电侧都具有随机性,电力系统的整体规划必须强化,应形成一套新的电力体制规划体系。

第四,本轮电改的关键不在于电力企业的拆分重组和盈利模式的改变,而在于新型电力治理体系管理框架的顶层设计,政府在改革的政策激励和法制环境设计上取得进展至关重要。

2. 如何理解"继续完善主辅分离"

"主辅分离"是2002年电改提出的主要任务之一,此次电改再次提到"继续完善主辅分离",具有新的含义。在此次电改中,节能减排、绿色低碳再次被摆到了一个重要的位置上,因此这里的"主辅分离"的新含义是充分调用各类辅助服务资源,包括分布式发电、需求侧响应、负荷优化等技术,为清洁能源发电提供辅助服务,从而降低清洁能源发电对电网安全稳定运营的不利影响,提高清洁能源发电并网比例,促进清洁能源的高效开发利用。

3. "管住中间"与"放开两头"是"合理选择"的理由

新电改方案的目标就是要还原能源商品属性,使市场在资源配置中起决定性作用,构建多买多卖的现货市场,让场外买卖双方都可以竞争和选择。

9号文件指出,目前电力市场交易机制缺失,售电侧有效竞争机制尚未建立,电价市场化机制没有形成。政府定价导致用电成本、供需关系和环保支出无法在电价上及时体现,发电企业和用户之间市场交易有限,无法发挥市场配置资源的作用。

发电、输电、配电、售电是电力市场的完整链条。改革明确提出"管住中间"与"放开两头",中间就是输电与配电,两头则是发电与售电。

"管住中间"就是承认输配电环节的自然垄断属性,从而确定它的公益性。在过去,电网既垄断输配电环节,又转身用"市场化"理由谋求端口垄断暴利。新电改方案将输配电的电网定位为公益性主体,电网按政府定价收取过网费。

"放开两头"是本轮改革的亮点所在:将中间环节仅作为通道,通过更大的市场来配置电力供需,将更好地满足市场需求放在首位。为此,新电改方案提出多方直接交易、完善跨省跨区市场交易、建立相对独立的电力交易机构。

以后直接交易的电量和容量将不再纳入发用电计划,政府只保留居民、农业、重要公用事业和公益性调节性发用电计划,执行政府定价。

发电企业与售电主体或用户将通过协商、市场竞价的方式自主确定电力价格。"电价由市场交易价格、输配电价、政府性基金三部分组成",输配电价则由政府单独核定,逐步过渡到"准许成本加合理收益"原则。

而售电侧的市场化则将意味着一场全新革命:增量配电向社会投资开放,存量配电以混合所有制方式向社会开放,用户侧分布式电源建设将全面开放。

4. 如何理解三个"有序放开"

三个"有序放开"是为了发电侧和售电侧能够建立电力市场而提出的,就是要将发电侧原有的发电计划,发电厂的上网电价放开;售电侧的终端用户电价以及用电计划放开。这样利于形成发电用电市场。当然,放开的是可以进入市场的电量和服务,经营性之外的电量和服务不能放开。

方案中特意强调了"有序放开",这意味着这几个方面要循序渐进,分阶段放开,不能短时间内彻底放开。具体地,对于每一个"放开",有序有不同的意义。

对于输配以外的竞争性环节电价,用户选择权的放开应分阶段、分用户类别有序进行。根据国际经验,应首先开放大用户的购电选择权作试点,其次建立合理的输配电价形成机制,妥善处理销售电价的交叉补贴问题,逐步放开中小用户选择权。

对于向社会资本放开配售电业务,应分阶段构建多元化的售电主体。售电侧市场放开需要逐步引入多元化的售电公司,随着售电侧市场化改革的稳步推进,不同售电主体的构建或引进还应充分考虑可操作性、市场成熟度等因素,分阶段、有规划地开展,降低改革风险。

对于公益性和调节性以外的发用电计划,不能短时间内彻底放开,需要一个循序渐进的过程。在供应侧,各机组的初始投资、使用寿命以及机组状况都不尽相同,各电厂不太可能站在同一起跑线上参与市场竞争,现阶段完全依靠市场可能会造成资源浪费,甚至国有资产流失,对于清洁能源发电尤其如此。在用电侧,一些特殊时段区域电力系统仍会出现一定的电力缺口,需要对用户用电进行计划,保证电力系统安全稳定运行。

5. 电力交易机构如何产生?如何理解"相对独立"

要实现电力交易机构的独立,必须具备三个方面的市场基础条件:一是灵活合理的价格机制,二是严格完善的监管体系,三是坚强统一的大电网平台。只有在三个条件同时具备时,电力市场竞争的公正、公平和透明度才能更好地实现,才能为供需两侧市场的有序开放以及"多买多卖"市场格局的形成创造条件。

但目前我国电力市场交易机构独立的三个条件并不具备。所以不宜将电力交易机构独立。但是我国未来售电侧放开、大用户直购电交易乃是改革的重点方向,同时也是改革需要,因此电力交易机构的"相对独立"仍然是比较可取的过渡手段。

(三) 电力体制改革相关配套文件

9号文件是新一轮电力体制改革的原则性、指导性的文件,需要若干配套政策辅助才能落地实施,至2017年7月份,国家发改委出台了14个相关配套文件,可分为统筹性文件、规范性文件、实施性文件及细化文件四类,国家能源局也出台了3个相关文件。

1. 统筹性文件

（1）《关于改善电力运行调节促进清洁能源多发满发的指导意见》。其于2015年3月20日印发，核心在于促进清洁能源多发满发，主要内容是统筹年度电力电量平衡，积极促进清洁能源消纳；加强日常运行调节，充分运用利益补偿机制为清洁能源开拓市场空间；加强电力需求侧管理，通过移峰填谷为清洁能源多发满发创造有利条件；加强相互配合和监督管理，确保清洁能源多发满发政策落到实处。

（2）《关于完善电力应急机制做好电力需求侧管理城市综合试点工作的通知》。其于2015年4月7日印发，文件确定了电力需求侧管理综合试点城市为北京市、苏州市、唐山市、佛山市，需求响应试点城市为上海市。需求侧管理的意义包括有利于削减或转移高峰用电负荷，化解多年来反复出现的高峰电力短缺问题，并节约大量电源电网投资；有利于提升电力应急保障能力，应对重大自然灾害和突发事件，保障电力供需平衡和生产生活秩序；有利于消纳可再生能源发电，推动智能电网的应用和发展，提升用能管理、企业管理乃至社会管理水平，进一步突出特色。

（3）《关于贯彻中发〔2015〕9号文件精神，加快推进输配电价改革的通知》。其于2015年4月13日印发，在深圳、蒙西率先开展输配电价改革试点的基础上，将安徽、湖北、宁夏、云南、贵州列入先期输配电价改革试点范围，按"准许成本加合理收益"原则单独核定输配电价。鼓励具备条件的其他地区开展改革试点。试点范围以外地区也要同步开展输配电价摸底测算工作，全面调查摸清电网输配电资产、成本和企业效益情况，初步测算输配电价水平，研究提出推进输配电价改革的工作思路。

（4）《关于完善跨省跨区电能交易价格形成机制有关问题的通知》。其于2015年5月5日印发，跨省跨区送电由送电、受电市场主体在自愿平等基础上，贯彻落实国家能源战略前提下，按照"风险共担、利益共享"原则协商或通过市场化交易方式确定送受电量、价格，并建立相应的价格调整机制。

国家鼓励通过招标等竞争方式确定新建跨省跨区送电项目业主和电价；鼓励送受电双方建立长期、稳定的电量交易和价格调整机制，并以中长期合同形式予以明确。国家已核定的跨省跨区电能交易送电价格，送受电双方可重新协商并按照协商确定的价格执行，协商结果报国家发改委和国家能源局。送受电双方经协商后确实无法达成一致意见的,可建议国家发改委、国家能源局协调。国家发改委和国家能源局将组织对跨省跨区送电专项输电工程进行成本监审,并根据成本监审结果重新核定输电价格(含线损)。输电价格调整后,同样按照"利益共享、风险共担"的原则将调整幅度在送电方、受电方之间按照1∶1的比例分摊。

2. 规范性文件

为加快推进电力体制改革实施,国家发改委、国家能源局会同有关部门于2015年11月26日发布了《关于推进输配电价改革的实施意见》《关于推进电力市场建设的实施意见》《关于电力交易机构组建和规范运行的实施意见》《关于有序放开发用电计划的实施意见》《关于推进售电侧改革的实施意见》《关于加强和规范燃煤自备电厂监督管理的指导意见》等6个电力体制改革配套文件。配套文件着眼于为电力体制改革实施工作提供有力指导,对9号文部署的重点改革任务都提出了明确详细的"施工图"。

(1)《关于推进电力市场建设的实施意见》。其关键词是"逐步建立",按照"管住中间,放开两头"的体制架构,构建有效竞争的电力市场结构和体系。引导市场主体开展多方直接交易,建立长期稳定的交易机制,建立辅助服务共享新机制,完善跨省跨区电力交易机制。

电力市场主要由中长期市场和现货市场构成。中长期市场主要开展多年、年、季、月、周等日以上电能量交易和可中断负荷、调压等辅助服务交易。现货市场主要开展日前、日内、实时电能量交易和备用、调频等辅助服务交易。条件成熟时,探索开展容量市场、电力期货和衍生品等交易。

市场模式主要分为分散式和集中式两种模式。其中,分散式是主要以中长期实物合同为基础,发用双方在目前阶段自行确定日发用电曲线,偏差电量通过日前、实时平衡交易进行调节的电力市场模式;集中式是主要以中长期差价合同管理市场风险,配合现货交易采用全电量集中竞价的电力市场模式。

电力市场体系分为区域和省(区、市)电力市场,市场之间不分级别。区域电力市场包括在全国较大范围内和一定范围内资源优化配置的电力市场两类。其中,在全国较大范围内资源优化配置的功能主要通过北京电力交易中心(依托国家电网公司组建)、广州电力交易中心(依托南方电网公司组建)实现,负责落实国家计划、地方政府协议,促进市场化跨省跨区交易;一定范围内资源优化配置的功能主要通过中长期交易、现货交易,在相应区域电力市场实现。省(区、市)电力市场主要开展省(区、市)内中长期交易、现货交易。同一地域内不重复设置开展现货交易的电力市场。

(2)《关于电力交易机构组建和规范运行的实施意见》。其关键词是"相对独立",建立相对独立的电力交易机构,形成公平规范的市场交易平台,将原来由电网企业承担的交易业务与其他业务分开,实现交易机构相对独立。

交易机构不以营利为目的,在政府监管下为市场主体提供规范公开透明的电力交易服务。交易机构主要负责市场交易平台的建设、运营和管理;负责市场交易组织,提供结算依据和相关服务,汇总电力用户与发电企业自主签订的双边合同;负责市场主体注册和相应管理,披露和发布市场信息等。

将原来由电网企业承担的交易业务与其他业务分开,按照政府批准的章程和规则组建交易机构。交易机构可以采取电网企业相对控股的公司制、电网企业子公司制、会员制等组织形式。其中,电网企业相对控股的公司制交易机构,由电网企业相对控股,第三方机构及发电企业、售电企业、电力用户等市场主体参股。会员制交易机构由市场主体按照相关规则组建。

建立由电网企业、发电企业、售电企业、电力用户等组成的市场管理委员会。按类别选派代表组成,负责研究讨论交易机构章程、交易和运营规则,协调电力市场相关事项等。市场管理委员会实行按市场主体类别投票表决等合理议事机制,国家能源局及其派出机构和政府有关部门可以派员参加市场管理委员会有关会议。市场管理委员会审议结果经审定后执行,国家能源局及其派出机构和政府有关部门可以行使否决权。

有序组建相对独立的区域和省(区、市)交易机构,构成电力交易机构体系的基本框架。交易机构应具有与履行交易职责相适应的人、财、物,日常管理运营不受市场主体干预,接受政府监管。交易机构人员可以电网企业现有人员为基础,根据业务发展需要,公开选聘,择优选取,不断充实;高级管理人员由市场管理委员会推荐,依法按组织程序聘任。交易机构可向市场主体合理收费,主要包括注册费、年费、交易手续费。

(3)《关于有序放开发用电计划的实施意见》。其关键词是"力促清洁能源发电",主要内容是建立优先购电制度保障无议价能力的用户用电,建立优先发电制度保障清洁能源发电、调节性电源发电优先上网。通过直接交易、电力市场等市场化交易方式，逐步放开其他的发用电计划。在保证电力供需平衡、保障社会秩序的前提下，实现电力电量平衡从以计划手段为主平稳过渡到以市场手段为主。

建立优先购电制度，优先购电是指按照政府定价优先购买电力电量，并获得优先用电保障。一产用电，三产中的重要公用事业、公益性服务行业用电，以及居民生活用电优先购电。重要公用事业、公益性服务包括党政军机关、学校、医院、公共交通、金融、通信、邮政、供水、供气等社会生活基本需求，或提供公共产品和服务的部门和单位优先购电。

优先购电保障措施包括：一是发电机组共同承担，二是加强需求侧管理，三是实施有序用电，四是加强老少边穷地区电力供应保障。

建立优先发电制度，为便于依照规划认真落实可再生能源发电保障性收购制度，纳入规划的风能、太阳能、生物质能等可再生能源发电优先发电；为满足调峰调频和电网安全需要，调峰调频电量优先发电；为保障供热需要，热电联产机组实行"以热定电"，供热方式合理、实现在线监测并符合环保要求的在采暖期优先发电，以上原则上列为一类优先保障。为落实国家能源战略、确保清洁能源送出，跨省跨区送受电中的国家计划、地方政府协议送电量优先发电；为减少煤炭消耗和污染物排放，水电、核电、余热余压余气发电优先发电、超低排放燃煤机组优先发电，以上原则上列为二类优先保障。各省（区、市）可根据本地区实际情况，按照确保安全、兼顾经济性和调节性的原则，合理确定优先顺序。

有序放开发用电计划，逐步放大直接交易比例，用电逐步放开，发电相应放开，跨省跨区送受电逐步放开。促进建立电力市场体系，通过建立、规范和完善直接交易机制，促进电力中长期交易的发展，通过实施需求响应和有序用电方案，完善电力电量平衡的应急保障机制和体系。

（4）《关于推进输配电价改革的实施意见》。其关键词是"不吃差价"，主要内容是按照"准许成本＋合理收益"的原则，有序推进电价改革，理顺电价形成机制。电网企业将按照政府核定的输配电价收取过网费，不再以上网电价和销售电价价差作为主要收入来源。

逐步扩大输配电价改革试点范围，输配电价改革试点工作主要可分为调研摸底、制定试点方案、开展成本监审、核定电网准许收入和输配电价四个阶段。认真开展输配电价测算工作，按照《输配电定价成本监审办法》扎实做好成本监审和成本调查工作,严格核减不相关、不合理的投资和成本费用。分类推进交叉补贴改革,结合电价改革进程,配套改革不同种类电价之间的交叉补贴,逐步减少工商业内部交叉补贴,妥善处理居民、农业用户交叉补贴。

(5)《关于推进售电侧改革的实施意见》。其关键词是"向社会资本开放",主要内容是向社会资本开放售电业务,多途径培育售电侧市场竞争主体。售电主体可以自主和发电企业进行交易,也可以通过电力交易中心直接交易。

(6)《关于加强和规范燃煤自备电厂监督管理的指导意见》。其关键词是"统一规划管理",主要内容是新(扩)建燃煤自备电厂项目要统筹纳入国家依据总量控制制定的火电建设规划。企业自备电厂应承担社会责任并缴纳政府性基金以及交叉补贴;推进自备电厂环保改造,提高能效水平,淘汰落后机组。

3. 具体实施性文件

2016年10月8日,国家发改委、能源局公布《售电公司准入与退出管理办法》和《有序放开配电网业务管理办法》,为售电、配网改革制定了规则。重点回答了电网企业是否可以参与竞争性售电、发(配)售一体售电模式是否可行、如何界定增量配网、发电企业是否可以建专线等核心问题。

(1)《售电公司准入与退出管理办法》。其具体规定:

售电公司(含电网企业的售电公司,下同)是指提供售电服务或配售电服务的市场主体,包括向发电企业购电、通过集中竞价购电、向其他售电公司购电等,并将所购电量向用户或其他售电公司销售。

售电公司从业人员要求:拥有10名及以上掌握电力系统基本技术、经济专业知识人员,具备电能管理、节能管理、需求侧管理等能力有三年及以上工作经验。其中至少拥有一名高级职称和三名中级职称专业管理人员。

拥有配电网运营权的售电公司除上述准入条件外,还需具备以下条件:① 注册资本不低于其总资产的20%,取得电力业务许可证(供电类);② 从事与配电业务相适应的专业技术人员、营销人员、财务人员等不少于20人,其中至少拥有两名高级职称和5名中级职称的专业管理人员;③ 生产运行负责人、技术负责人、安全负责人应具有5年以上与配电业务相适应的经历,具有中级及以上专业技术任职资格或者岗位培训合格证书;④ 具有健全有效的安全生产组织和制度;⑤ 按照相关法律规定开展安全培训工作,配备安全监督人员;⑥ 具有与承担配电业务相适应的机具设备和维修人员;⑦ 对外委托有资质的承装(修、试)

队伍的,要承担监管责任;⑧ 具有与配电业务相匹配并符合调度标准要求的场地设备和人员;⑨ 承诺履行电力社会普遍服务、保底供电服务义务。

已具有法人资格且符合售电公司准入条件的发电企业,电力建设企业,高新产业园区,经济技术开发区,供水、供气、供热等公共服务行业和节能服务公司可到工商部门申请业务范围增项,并履行准入程序后,开展售电业务。

除电网企业存量资产外,现有符合条件的高新产业园区、经济技术开发区和其他企业建设、运营配电网的,履行相应的准入程序后可自愿转为拥有配电业务的售电公司。

准入程序:"一注册",电力交易机构负责售电公司注册服务。"一承诺",售电公司办理注册时应按固定格式签署信用承诺书。"一公示",接受注册后,电力交易机构要通过"信用中国"等政府指定网站向社会公示。"三备案",电力交易机构按月汇总注册情况向能源监管机构、省级政府有关部门和政府引入的第三方征信机构备案,并通过"信用中国"网站和电力交易平台网站向社会公布。

售电公司享有以下权利并履行以下义务:① 采取多种方式购售电;② 自主选择交易机构跨省跨区购电;③ 同一配电区域内可以有多个售电公司;④ 同一售电公司可在省内多个配电区域内售电;⑤ 可向用户提供包括但不限于合同能源管理、综合节能、合理用能咨询和用电设备运行维护等增值服务,并收取相应费用;⑥ 不得泄露用户信息;⑦ 服从电力调度管理和有序用电管理,执行电力市场交易规则;⑧ 与用户签订合同获取合理收益;⑨ 受委托代理用户与电网企业的涉网事宜;⑩ 公示公司资产、经营状况等情况和信用承诺;⑪ 任何单位与个人不得干涉用户自由选择售电公司的权利。

拥有配电网运营权的售电公司享有以下权利并履行以下义务:① 拥有并承担售电公司全部的权利与义务。② 拥有和承担配电区域内与电网企业相同的权利和义务,按国家有关规定和合同约定承担保底供电服务和普遍服务。③ 承担配电区域内电费收取和结算业务,按照政府核定的配电价收取配电费。④ 按合同向各方支付相关费用,并向其供电的用户开具发票;代收政府性基金及附加,交电网企业汇总后上缴财政;代收政策性交叉补贴,按照国家有关规定支付给电网企业。⑤ 承担配电网安全责任,确保承诺的供电质量。⑥ 按照规划、国家技术规范和标准投资建设配电网,负责配电网运营、维护、检修和事故处理,无歧视提供配电服务,不得干预用户自主选择售电公司。⑦ 同一配电区域内只能有一家公司拥有该配电网运营权。⑧ 不得跨配电区域从事配电业务。⑨ 承担代付其配电网内使用的可再生能源电量补贴的责任。

被强制退出：① 其所有已签订但尚未履行的购售电合同由地方政府主管部门征求合同购售电各方意愿，通过电力市场交易平台转让给其他售电公司或交由电网企业保底供电，处理好其他相关事宜；② 公示10个工作日。

售电公司可以自愿申请退出售电市场。建立完善售电公司信用评价制度。依托相关网站和第三方征信机构，开发建设售电公司信用信息系统和信用评价体系。建立企业法人及其负责人、从业人员信用记录，将其纳入全国信用信息共享平台，确保各类企业的信用状况透明，可追溯、可核查。建立电力行业违法失信行为联合惩戒机制。

(2)《有序放开配电网业务管理办法》。其具体规定：

配电网业务是指满足电力配送需要和规划要求的增量配电网投资、建设、运营及以混合所有制方式投资配电网增容扩建。配电网原则上指110千伏及以下电压等级电网和220（330）千伏及以下电压等级工业园区（经济开发区）等局域电网。除电网企业存量资产外，其他企业投资、建设和运营的存量配电网，适用本办法。

鼓励社会资本投资、建设、运营增量配电网。拥有配电网运营权的售电公司，具备条件的要将配电业务和竞争性售电业务分开核算。

地方政府能源管理部门负责增量配电网项目管理。市场主体依据规划申请作为增量配电网项目的业主。地方政府能源管理部门应当通过招标等市场化机制优选确定项目业主，明确项目建设内容、工期、供电范围并签订协议。

项目业主依据电力建设管理相关规章制度和技术标准，按照项目核准要求组织项目设计、工程招投标、工程施工等，开展项目投资建设。

电网企业按照电网接入管理的有关规定以及电网运行安全的要求，向项目业主无歧视开放电网，提供便捷、及时、高效的并网服务。

向地方政府能源管理部门申请并获准开展配电网业务的项目业主，拥有配电区域内与电网企业相同的权利，并切实履行相同的责任和义务。符合售电公司准入条件的，履行售电公司准入程序后，可开展售电业务。

除电网企业存量资产外，拥有配电网存量资产绝对控股权的公司，包括高新产业园区、经济技术开发区、地方电网、趸售县等，未经营配电网业务的，可申请并获准开展配电网业务。符合售电公司准入条件的,履行准入程序后,可开展售电业务。

电网企业控股增量配电网拥有其运营权,在配电区域内仅从事配电网业务。其竞争性售电业务,应逐步实现由独立的售电公司承担。鼓励电网企业与社会资本通过股权合作等方式成立产权多元化公司经营配电网。

配电区域内的售电公司或电力用户可以不受配电区域限制购电。由发电企业或售电公司与电力用户协商确定的市场交易价格、配电网接入电压等级对应的省级电网共用网络输配电价(含线损和政策性交叉补贴)、配电网的配电价格以及政府性基金及附加组成。增量配电区域的配电价格由所在省(区、市)价格主管部门依据国家输配电价改革有关规定制定。配电网运营者不得超出其配电区域从事配电业务。

发电企业及其资本不得参与投资建设电厂向用户直接供电的专用线路,也不得参与投资建设电厂与其参与投资的增量配电网络相连的专用线路。

4. 细化文件

(1)《有序放开发用电计划工作的通知》。其于2017年3月29日印发,主要内容是加快组织发电企业与购电主体签订发购电协议(合同),逐年减少既有燃煤发电企业计划电量,新核准发电机组积极参与市场交易,有序放开跨省跨区送受电计划,参与市场交易的电力用户不再执行目录电价,允许优先发电计划指标有条件市场化转让,采取切实措施落实优先发电、优先购电制度。

(2)《关于推进供给侧结构性改革,防范化解煤电产能过剩风险的意见》。其于2017年7月26日印发,明确了工作目标:"十三五"期间,全国停建和缓建煤电产能1.5亿千瓦,淘汰落后产能0.2亿千瓦以上,实施煤电超低排放改造4.2亿千瓦、节能改造3.4亿千瓦、灵活性改造2.2亿千瓦。到2020年全国煤电装机规模控制在11亿千瓦以内,具备条件的煤电机组完成超低排放改造,煤电平均供电煤耗降至310克/千瓦时。提出主要任务包括:① 从严淘汰落后产能;② 清理整顿违规项目;③ 严控新增产能规模;④ 加快机组改造提升;⑤ 规范自备电厂管理;⑥ 保障电力安全供应;⑦ 积极推进重组整合;⑧ 实施差别化金融政策;⑨ 做好职工安置;⑩ 强化督查问责。

另外,为贯彻落实中发〔2015〕9号文件精神及相关配套文件工作要求,加快推进电力市场建设,指导和规范各类市场交易行为,加强市场监管,国家能源局综合司 2015 年 12 月 1 日印发了《电力市场监管办法(征求意见稿)》《电力市场运营基本规则(征求意见稿)》《电力中长期交易基本规则(征求意见稿)》,其中:《电力市场监管办法(征求意见稿)》适用于全部地区,含售电主体监管相关内容;《电力市场运营基本规则(征求意见稿)》,适用于现货试点地区,包含现货、中长期交易(含跨省区和电力直接交易)、优先发电合同交易、辅助服务市场和合同电量转让(发电权、购电权)内容等。《电力中长期交易基本规则》已于 2016 年 12 月 29 日颁布,适用于现货试点以外地区使用,包含电力直接交易、跨省跨区交易、辅助服务补偿、合同电量转让交易、优先发用电计划制定以及合同电量调整机制等内容。

思考题

1. 电力体制改革对电网企业会产生哪些影响?
2. 当前形势下,电网企业基层员工应该做好哪些方面的工作?

第二节 "互联网+"时代营销模式的供电营业厅转型

本节概述"互联网+"时代和新一轮电力体制改革对电网企业的影响和新要求,认识供电营业厅转型的必要性,以及转型的思路目标和主要内容。

"互联网+"代表一种新的经济状态,即充分发挥互联网在生产要素配置中的优化和集成作用,将互联网的创新成果融合于经济社会各领域之中,提高实体经济的创新力和生产力,形成更广泛的、以互联网为基础设施和实现工具的经济发展新形态。"互联网+"产业发展已在全球各领域蔓延,深刻改变了人们的生产、生活、工作方式,成为不可阻挡的时代浪潮,引领了创新驱动发展的"新常态"。

新一轮电力体制改革"有序向社会资本放开配售电业务",标志着电网企业传统垄断地位、传统的经营、盈利、市场模式将被打破,随着电力体制改革的深入推进、电力市场化主体的多元化,并将以更灵活的价格、更优质的服务来争取客户,与电网企业争夺市场份额。电网企业必须积极开展服务模式的创新研究,建立面向市场竞争环境和互联网模式的新型营销服务体系,满足多变的市场需求,为各类市场主体和广大客户提供快捷、流畅、愉悦又兼具个性化的服务,实现企业与客户双赢。

一、供电营业厅转型的必要性

"互联网+"时代构建全新的用电服务体系,既是适应客户需求变化趋势、推动新型服务模式拓展、提升客户用电服务体验的外在要求,也是电网企业适应和引领新常态,建设坚强智能电网,实现电源、电网和客户资源友好交互和相互协调的内生动力。

供电营业厅是电网企业维系与电力客户关系的前沿窗口,也是客户直接体验供电产品和服务的重要渠道,但现有的业务和服务模式已不适应"互联网+"的形势和步伐,阻碍了构建"互联网+"时代全新的用电服务体系的进程。

"互联网+"营销服务各类产品已在不断上线应用,而作为线上业务重要使用、宣传和引导场所的营业厅却缺少互联网技术的应用,仍然停留在传统以业务办理为主的服务模式上,可见利用互联网技术再造线下实体营业厅,进行营业厅转型升级是线上业务发展的需要,是实现线上线下协同发展的必然。传统封闭式的柜台设计,未能体现智能化应用的便捷、开放、贴心等特点,客户体验不佳,营业厅服务人员常常处于被动服务状态,客户感知较差。所以面向市场需求进行功能重组、业务重塑、新业务拓展是传统营业厅转型升级的基本内容,也是营业厅自身发展的根本。

二、供电营业厅转型的思路和目标

供电营业厅作为电网企业的先行者,必须进行管理体系革新,梳理人员配备,充分利用互联网新技术、新设备,功能重组、业务重塑,积极开展服务模式创新,构建市场反馈机制,全面面向"互联网+"转型,不断提升运营效率和服务水平,满足客户快捷、流畅、愉悦的深度期望,满足多变的市场需求,为客户提供更加高效、便捷、精准的优质服务;成为线上线下互动结合的重要场所、纽带,为客户提供全新的感受,全面提升客户满意度;加强与客户的互动,不断开拓销售市场,形成正向反馈机制,实现设备、人员、管理、功能、业务、创新发展全方位转型,打造智能化、系统化、面向市场的可持续发展的新型实体营业厅。将现有供电营业厅打造成客户服务的支点、市场拓展的阵地、价值创造的中心,成为供电企业吸引客户、抢占市场的前沿阵地,从形象展示窗口向市场拓展平台转变,由单一电力供应商向综合能源服务商转变。

三、供电营业厅转型的主要内容

(一)重塑根基——重新思考供电营业厅定位

根据营业厅所处地域、规模、面积、客户群体等,在功能区配置方面分等级体现差异化,对相应功能区进行扩大或合并,以支撑精准化的服务和体验。一是做强 A 级厅,凸显展示和体验功能,向客户提供"全而优"的服务,通过互联网、多媒体技术,对各行各业、家庭电气化、电动汽车、电能替代等领域先进的智能用电技术和产品进行展示推广,充分展现国家电网的品牌形象,引领行业的发展方向。二是做优 B 级厅,功能上以业务和展示并重,在产品的展示等方面(如电能替代产品等),根据本地域的特色产业、聚集行业,针对性设置展示区的内容,如靠近港口的区域重点展示港口岸电,服装加工企业聚集的区域重点宣传电锅炉案例等。三是做精 C 级厅,功能上以办理业务为主,兼顾企业宣传和新业务推广,主要向中小客户提供普遍服务,推广线上业务、宣传电能替代等。优化场地设置,具备条件的可逐步打破传统封闭式柜台,采用敞开式、洽谈式服务区,提供预约上门服务等,凸显互动、惠民服务,逐步精简优化布点。

(二)梳理框架——全面梳理人员、设备、管理

1. 完善自助设备

全面优化自助设备功能,提高设备稳定性,解决目前柜台工作压力大、自助设备功能单一等问题,满足电费发票打印等线下需求。一是借助"互联网+"成果产品,全新设计基于 95598 智能互动网站、掌上电力、电 e 宝、电力微信公众号等电子服务渠道,开发集查询、交费、票据、办电功能为一体,操作简单、价格低廉、维护方便、型号统一的新型营业厅自助设备。二是定期分析自助设备使用数据,调整自助设备使用策略,根据设备利用率高低,及时增设或撤销。三是建立设备运行快速响应机制,对于故障的设备及时维修或更换,确保自助服务不掉链。营业厅服务人员通过引导客户至自助服务区,全程指导客户进行自助办理,将现在收费区大量的电费缴纳、票据打印向自助服务区转移。通过以上措施,实现机器替代人工,分流大部分柜面工作量,提高营业厅服务效率,缩短客户等候时长,降低客户投诉风险。根据实际情况,合理配置柜台和人员数量,逐步降低

营业厅运营成本。

2. 梳理人员配备，加强培训精益考核

以营业厅转型后的业务需求和人员素质要求为导向，优化人员结构，引进必要的先进人才，在营业厅综合服务平台中搭建知识库，开展营业厅业务在线培训，精准量化绩效考核，培养适应"互联网＋供电服务"复合型人才。一是搭建营业厅知识库，通过关键字搜索、常见知识点问答等方式，实现快速查找和应用，每日主动将最新业务知识，按照岗位精准推送给相应的员工，实现新业务、新要求快速上传下达。二是开展业务在线培训，采用"微视频"等技术，利用碎片化时间开展"微培训"，实现专业业务、市场化新型业务远程指导和实时互动，重点加强互联网知识、销售技能、互动服务技巧、营销服务实战经验、应急处理经验等营销实战培训，提高培训的针对性和及时性。三是实时统计业务数量，集成各业务系统，通过接入自助设备、电话设备等实现营业厅传统业务量的自动统计，通过排队情况分析、高峰时期预警、人员调度等实现机动人员工作量的定期统计，实行服务人员工作量的实时"计件"管理，实现以"工作量"为核心的绩效考核办法有效落地。四是综合评价业务质量，通过对工作量、客户满意度等指标统计分析，对营业厅及服务人员服务质量进行综合评定，将评定结果与服务人员收入挂钩，形成正向激励考核机制。通过以上措施，提高营业厅工作效率和服务水平，促使服务人员转变观念、主动营销，尽快适应"互联网＋"和电改形势下的新要求。

3. 实施内部智能管理

优化营业厅组织构架，通过去中心化，逐步实施扁平化管理，解决层次重叠、冗员多、组织机构运转效率低下等弊端，加快信息流的速率，提高决策效率。通过营业厅综合服务平台，对营业厅的综合业务、硬件设备、现场运营和台账簿册等进行智能化全程管控，提高营业厅工作效率和质量。一是对营业厅受理的客户诉求，通过平台记录受理内容，根据编码规则生成工单编号，以短信互动和系统流程两种模式在不同责任班组之间自动流转，实现全业务电子流转、全流程闭环管控。二是将营业厅硬件设备统一接入平台，建立资产档案，通过移动作业终端进行日常巡检，对所有设备进行入库、归还、分发、巡检、报修、报废的全过程记录及状态更新，实现资产全寿命周期管理。三是跟踪营业厅客户服务轨迹，实时监控营业厅运营状态，达到科学合理配置资源；同时，通过按设备运行、服务人员、业务量、客户满意率等多个角度，分析营业厅的服务质量和运行效果，实现营业窗口智能化服务全程管理。四是通过平台及移动作业终端,将《营业厅巡检记录本》《营业厅督导记录本》《营业厅交接班记录本》等簿册电子化记录,实现电子化环境巡检,并将巡检记录上传至平台保存。通过以上措施,实现营业厅全数据分析、全业务流转、全流程接入、全界面统一和全过程管控,更精准地对营业厅进行定位分级、合理优化、逐步精简。

(三) 优化机体——业务重塑升级、功能集成分区

1. 扩展线上业务,线下"一站式"办理

积极运用"互联网+"成果,对现有营销业务重新定位,做强 95598 智能互动网站、掌上电力、电 e 宝、电力微信公众号等电子渠道功能,提升客户办电体验。一是依托电子渠道新装、增容、过户、更名、改类等业务受理功能,实现全业务线上受理。二是开发客户预约取号和大客户线上预约服务,合理调度业务高峰期,提高服务效率。三是逐步试点并推广电费电子发票,增加线上渠道电费电量信息打印等功能,解决客户线上交费无有效凭证等问题。营业厅服务人员引导客户使用电子服务渠道,将现在业务办理区受理的大量业扩报装、变更用电业务往线上渠道转移。四是现场作业人员通过移动作业终端,在客户现场完成信息验证、确定供电方案、签订电子化合同、安装计量装置、通电,实现低压客户"一站式"的办电服务。通过以上措施,打造快捷方便的线上服务体系,实现供电服务、免交互业务线上全天候受理,有效减少客户往返营业厅次数。让客户切身感受"免交互业务足不出户,交互业务一站式办理"的消费体验,从而提高客户满意度和黏合度,抢占市场先机,增加市场份额。

2. 优化完善营业厅功能分区

在现有功能区基础上,缩减收费区、优化引导区和业务待办区、调整业务办理区、扩充客户自助区和互动体验区,并将洽谈区改为大客户服务区。

引导区:增加客户身份识别功能,实现客户分层;并根据现场业务需求,增加引导人员,分流客户至自助办理和线上办理。

业务待办区:更新优化基础设备,力求客户等待时舒适、舒心。配置多媒体展示机、移动终端等设备,开展电子服务渠道体验和电能替代等知识的宣传,实现电力相关产品植入式营销。

自助服务区:加强现有的自助终端功能,实现集交费、取票、办电和查询等功能为一体,大幅分流人工业务办理量。

业务办理区：保持原有功能不变，优化集成办理流程，实现一站式办电，根据业务情况合理配置柜台数量。

互动体验区：提供线上业务办理、电子服务渠道功能操作指导等服务，通过引导员"一对一"指导客户线上办理业务，最终促使业务向线上转移。增加终端电能消费宣传、互动体验、产品展示及销售等服务，成为集线上渠道体验、电力产品展示、企业形象宣传等功能的综合互动区域。

大客户服务区：打造高端、专业的服务环境，提供个性化的专属服务，提升大客户体验。

3. 应用大数据推进客户标签库建设，实现精准化服务

利用"大、云、物、移"技术，尤其是大数据思维，深化建设基于客户画像的标签库。一是对基本信息、业务类型、交费行为、个人喜好等信息数据进行挖掘分析，以打标签的方式标注客户隐性特征、个性化需求和愿景。二是通过服务人员与客户面对面交流，提炼客户信息，在系统中标记电子账单偏好、纸质账单偏好、纸质通知单反感、公众人士、出租户、潜在经营困难和用能情况等标签，将客户触点信息数字化，进一步完善客户标签。

运用客户画像的标签库，为优质客户提供超前的、精准的差异化服务，确保留住老客户、抢占新客户，在售电侧市场赢得先机。一是通过智能叫号机，以身份证、指纹等方式识别客户身份，运用客户标签，在排队、引导分流、业务办理、客户评价和后续增值服务等过程中，针对客户类型及业务轨迹自动推送服务策略。二是面向高压客户全面提升大客户服务区功能，设置专属化、专业化的服务区域，与营业大厅物理隔离，整体布局简洁、美观、大方，展示高压客户业扩办电流程、受电装置典型设计、用电常见问题解答和客户经理联系方式等内容。安排大客户经理，采取轮流值班制，为客户提供"一对一"服务。三是面向新型产业园区提前设置供电服务窗口，在新型产业园区的规划、建设阶段，针对已经或可能入驻园区的企业，定制差异化展示内容，根据客户规模配置客户经理等服务人员，全程开展客户业扩报装工作，实时跟踪园区客户办电流程，快速响应客户所有用电需求。

(四) 谋求发展——不断创新，构建正向反馈机制

1. 探索创新产品延伸服务

将营业厅打造为电能相关产品的体验场所。一是可与国网电子商城、英大

财险进行合作,作为国网产业集团的部分实体化,结合地域特色、客户需求以及季节变化等因素,展示新型家电、智能家居、电动汽车、分布式电源、电力图书、电气设备、节能产品、电力金融等各类商品。适时举办电能替代、电力第二课堂、电力节等系列主题活动,普及电力知识,推介和演示产品功能,吸引客户线下体验、线上下单,宣传推广国网衍生产品。二是引入当地信誉好、产品优的电能终端合作商家,采用整体招租、利润分成、资源互换等模式,签订合作协议,明确合作职责、管理界面、退出机制等内容,通过电能终端产品销售,促进电量增长。三是不断创新电能替代思路,寻找电能替代新技术,不断推进能效管理。

2. 构建正向反馈机制

基于客户互动体验区的客户需求情况、感受回馈,以及客户画像标签库的不断更新,不断思考营业厅的定位、评估服务水平、不断寻找客户确实需求,寻求改进方法路径,实现营业厅可持续发展。

通过以上重塑根基、梳理框架、优化机体、谋求发展四个方面,真正实现传统营业厅从设备、人员、管理、功能、业务、创新发展全方位转型,打造智能化、系统化,面向市场的可持续发展的新型实体营业厅。

思考题

1. 营业厅转型的目的何在?
2. 营业厅转型涉及哪些内容?

第三节 "全能型"供电所建设

本节从提出建设"全能型"供电所到总体思维、核心思想、具体工作目标等内容系统全面介绍"全能型"供电所建设。详细解读操作性文件——营销农电〔2017〕16号,介绍推进"全能型"供电所建设工作的主要目标、基本原则、重点任务等。

一、建设"全能型"供电所的提出

我国仍处于经济结构深度调整、产业转型升级的关键期,电网售电增速持续提升的基础尚不牢固,高强度投入、成本刚性增长与电量增速趋缓、效益增长困难之间的矛盾日益突出,对提质增效、严控经营风险提出更高要求,需要电网企业加快培育新的增长点,切实提高精益化管理水平。

乡镇供电所是我们电网企业营销业务执行的最小单元,也是直面市场、服务亿万农村客户的最前端,关乎农民增收、农业增长和农村稳定。随着新农村用能、电力服务需求、用电方式的多样化发展,对乡镇供电所的发展方式、管理理念、服务模式等将带来全方位深刻影响,传统的思维习惯和工作方式亟须改变,以市场为导向、客户为中心的营销机制亟待完善,智能、便捷、精准、高效的供电服务体系必须加快建立,变被动服务为主动服务、变粗放服务为精准服务,围绕客户的特质和要求推行价值营销,更好地为客户创造价值、让渡价值,就成了乡镇供电所面临的最紧迫的任务。

乡镇供电所应该顺应这种新变化,寻求更高层次的发展。但是,乡镇供电所管理工作中仍存在管理基础较弱、服务能力不强、基础设施历史欠账较多等问题,特别是传统的思维习惯和工作方式导致松散的协同机制难以适应外部的需求,传统被动式的服务、粗放式的管理,导致不少工作需要增加大量人工协调才能推进,降低了工作效率;传统的供电所员工习惯了电网企业处于天然的垄断行业的地位,服务理念不先进、服务意识不强,对新技术、新业务的理解能力和接受能力不强,制约了乡镇供电所管理水平的进一步提升,在这样的形势下,国家电网公司的积极指导推进供电所建设新模式,打造"全能型"乡镇供电所就成了必然。

在国家电网公司第三届职工代表大会第二次会议暨2017年工作会议上,国家电网公司董事长、党组书记舒印彪指出:"要综合考虑行政区划、销售电量、服务半径、客户规模等因素,因地制宜优化供电所布局和设置,完善组织架构和人员配置,实施差异化管控。改善生产条件,推进营配合一,打造业务协同运行、人员一专多能、服务一次到位的'全能型'乡镇供电所。"即综合考虑当地客户服务需求,调整人员及设备配置,建设集快捷、高效、高可靠性及人性化服务为一体的"全能型"乡镇供电所。

二、建设"全能型"乡镇供电所的战略思维

国家电网公司专题研究加强乡镇供电所管理工作,并做出工作安排和部署,

要求公司系统各单位因地制宜,优化作业组织、拓展服务领域、创新服务方式,持续提升农村供电服务保障能力和服务效率。

乡镇供电所是营销业务执行的最小单元,又是直面市场、服务客户的最前端,必须高度重视、加强建设。加强乡镇供电所建设,要明确各级管理责任,理顺管理关系,实施差异化管控,推进末端融合、营配合一,打造业务协同运行、人员一专多能、服务一次到位的"全能型"乡镇供电所。具备条件的乡镇供电所,要逐步推进开展电能替代推广、电动汽车充电设施运维、光伏发电代维等新型业务。

1. "全能型"乡镇供电所的核心

在精益管理、科学发展的基础上,持续提升服务能力,使得服务方法更有效、服务响应更及时、服务手段更便捷,全天候、多样化、个性化的服务以满足广大客户的不同需求。"全能型"乡镇供电所的核心是"需求快速响应、服务一次到位、员工工作高效"。

(1) 需求快速响应。新型的供电服务必须能够提供高效的专业服务,实现快速的服务响应。对于客户诉求能快速答复并处理,通过标准化服务管理,提升服务质量和服务效率,通过内部流程梳理,提升业务效率,进行客户细分,提供针对性服务效率,确保服务响应快速。需求快速响应的支撑应该是完备的网格化建设,实行台区经理制管理模式,化整体为网格,变"坐等"为"上门",强化客户诉求快速响应处理能力,打造一口对外的服务模式,实现供电服务"零距离"、服务区域"全覆盖"、客户诉求"全响应"。

(2) 服务一次到位。服务一次到位应该是两方面的一次到位:① 客户到营业厅来办理业务一次到位;② 电力企业员工到客户家里上门服务的一次到位。电力部门除了常规的加强员工业务培训、提高职工综合素质,培养一专多能的员工队伍以外,还应该建立合理机制,特别是在建设"全能型"乡镇供电所的初期,应该建立强大的内部"智囊团"作为"服务一次到位"的支撑,依托目前发达的通信网络技术,通过视频等方式给客户一个满意的答复。

(3) 员工工作高效,可以预见,融合更紧密、业务更多样、管理更科学、服务更有效、职能更丰富,将成为"全能型"供电所的最大特色。

2. 建设"全能型"乡镇供电所的工作方向

"改善生产条件,推进营配合一,打造业务协同运行、人员一专多能、服务一次到位的'全能型'乡镇供电所",是公司系统加强乡镇供电所管理工作的方向,具体包括六个方面。

(1) 组织机构建设。供电所层面设置内勤班和外勤班两类班组。人员按供电所内调整的原则进行调整,在整体数量上不做调整,以保持队伍稳定。

(2) 推行台区经理制建设。每个台区配备台区经理,形成以"台区经理制"为基础的农村供电服务新机制。

(3) 全面推进供电服务网格化管理。一方面加强线下网格化管理,将若干个工作地点相邻的台区经理组成供电服务小组,以小组为单元划分农村供电服务网格,由外勤班统筹安排工作任务,实施供电服务网格化管理。另一方面加强线上网格化管理,依托"互联网+营销服务""互联网+配电运检"建立线上服务网格,实现供电服务一网通。

(4) 组建"全能型"乡镇供电所智囊团。集中地市公司专业力量,组建智囊团作为"全能型"乡镇供电所的后台支持,智囊团成员按专业对供电所员工进行培训,同时对员工在实际工作中遇到的问题通过微信群等线上手段进行实时指导。

(5) 推进供电服务调度中心建设,将供电服务调度中心建设与"全能型"乡镇供电所建设相结合。充分发挥供电服务调度中心的"指挥、协调、监测、分析"职能,对"全能型"乡镇供电所建设过程及运行过程中存在的服务问题进集中分析、集中管控。

(6) 加强考核、培训。与人资部加强协调沟通,制定乡镇供电所员工管控和绩效管理的有关制度和办法,制定乡镇供电所所长及员工的业务培训计划,培养一专多能员工队伍。

随着这种业务协同运行、人员一专多能、服务一次到位的"全能型"乡镇供电所的建成,乡镇供电所的发展将更上一层楼,不仅会实现人财物的高度集约,更能在精益管理、科学发展的基础上,持续提升服务能力,使得服务方法更有效、服务响应更及时、服务手段更便捷,全天候、多样化、个性化的服务将满足广大客户的不同需求,释放更强的服务能力,创造更大的服务效益。

三、操作性文件——营销农电〔2017〕16号解读

为落实《国家电网公司关于进一步加强乡镇供电所管理工作的若干意见》(国家电网办〔2017〕78号)、《国家电网公司关于进一步加强乡镇供电所人力资

源管理的指导意见》(国家电网人资〔2017〕190号)有关要求,国网营销部印发了《2017年"全能型"乡镇供电所建设的工作意见》(营销农电〔2017〕16号)。

(一) 主要目标

《2017年"全能型"乡镇供电所建设的工作意见》明确2017年推进"全能型"供电所建设工作的主要目标:一是全面完成供电所及其班组、岗位设置和人员配置等优化调整工作;二是全面推进低压营配融合的"台区经理制"、营业厅综合柜员制和台区经理移动业务终端日常业务应用;三是年内重点培育建设一批具有代表性的"全能型"供电所。

(二) 三项基本原则

1. 坚持效率优先

以客户为中心,优化乡镇供电所作业组织形式,应用"互联网＋"技术,推进乡镇供电所营配业务末端融合,建立更加高效的农村供电管理和服务模式。

2. 坚持因地制宜

综合考虑地区地理环境、农网规模、队伍状况以及业务需求等因素,差异化地设置乡镇供电所,满足新型业务发展需要。

3. 坚持规范运作

建立健全适应"全能型"乡镇供电所业务的制度、标准和流程,强化关键业务环节的监督和制约,防范安全、廉政和服务风险。

(三) 五项重点任务

1. 优化乡镇供电所班组设置

内勤班:综合管理、营业厅业务咨询与受理、三库(表库、备品备件库、工器具库)管理、供用电合同管理、系统监控和分析等所内工作。

外勤班:配电设施巡视、运维检修、故障抢修及装表接电、用电检查、计量和用电信息采集设备运维、核(补)抄和催费、客户用电现场咨询、停电通知;安全用电管理和电力设施保护;设施设备以及客户信息管理和维护;属地协调等现场工作。

2. 构建网格化供电服务模式

每个台区配备台区经理,集农村低压配电运维、设备管理、台区营销管理和客户服务于一体。台区经理要严格遵循"首问负责制""首到责任制",客户服务响应和抢修工单的派发、处置按照"就近响应、协同跟进、现场对接、共同处置"原则组织实施,将管理末端转变为服务前端,切实发挥台区经理在乡镇供电服务中牵头、协调、沟通、联系的纽带作用。

推广部分单位供电服务网格化管理经验,将若干个工作地点相邻的台区经理组成供电服务小组,以小组为单元划分农村供电服务网格,由外勤班统筹安排工作任务,实施供电服务网格化管理。以"互联网+营销服务""互联网+配电运检"为支撑,推广应用台区经理移动业务终端,实现客户服务、低压配网运维日常业务的智能化管理、可视化监控和信息化调度。

供电服务网格内的台区经理相互支援配合,协同开展工作,实现人员互为支撑,工作有监护、质量有监督。实施初期,人员素质暂时达不到"全能型"要求的,可按照配电运维人员、营销服务人员"1+1"组合的方式配备台区经理。

3. 推进乡镇供电营业厅综合能力提升

拓宽乡镇供电所营业厅受理和直接办理业务范围,推行营业厅综合柜员制,建立健全以客户需求为导向的内部协调沟通机制,融合业务咨询、受理、查询、缴费等职能,建设"全能型"服务窗口,实现"一口对外"服务和"一站式"服务。

推动乡镇供电所营业厅由传统业务型向体验型转变,通过优化营业厅功能设置、升级硬件设备设施、完善业务渠道等措施,着力打造智能化、体验型的实体营业厅,使其作为线上服务的线下体验和补充,成为供电企业吸引客户、拓展市场的前沿阵地。

积极推广"互联网+"线上服务,因地制宜试点实体营业厅向业务自助办理、家用电器现场体验等综合服务模式转型;开展用电节能知识宣传,引导农村用电客户接受业务线上办理、电子化缴费、远程费控、电子化账单等新服务。

4. 培养一专多能的员工队伍

加快乡镇供电所复合型员工的培养,可采用集中培训与岗位培训、技能比武、实操训练相结合等方式,开展营配知识技能交叉培训和内部调考,补齐专业知识和技能操作短板,提高岗位培训的针对性、实效性。2017年内,各单位完成台区经理全员岗位轮训。根据业务需要开展相关新型业务的专项培训,着力建设适应"全能型"乡镇供电所工作要求的员工队伍。梳理乡镇供电所岗位工作职责和工作标准,编制营配业务融合岗位规章制度"一本通"和新形势下乡镇供电所岗位培训教材,并依托信息系统实施电子化应用,实现与乡镇供电所岗位的深度融合。

5. 全面支撑新型业务推广

（1）开拓电能替代市场。围绕公司推广机井电排灌、粮食及农产品电烘干存储、农业养殖电温控及农村生活电气化，制定电能替代工作目标和措施，挖掘和储备潜力项目。宣传电能替代技术，深入开展"电网连万家、共享电气化"主题活动。

（2）支撑国网电商业务发展。建立常态化电子渠道推广机制，加快推广"电 e 宝"企业电费代收、居民电费代扣、扫码支付、电子账单、电子发票等功能应用。在具备条件的地区，以电力交费服务为基础，拓展"水、气、热"代抄代收、"交费盈"、"活期宝"等服务和产品；针对分布式光伏用户，开展"电 e 宝"上网电费及补贴的资金结算。

（3）探索开展电动汽车充换电业务。制定乡镇供电所开展电动汽车充换电设施建设与服务，以及属地服务的工作流程和工作规范，编制标准作业指导书。年内在京津冀鲁、长三角区域开展试点，受托开展充换电设施定期巡视、设备消缺、现场服务、充电卡销售等，省公司要及时总结试点经验。

（4）探索承接光伏等分布式电源及微电网运维（代维）业务。制定乡镇供电所承担分布式光伏发电运维服务工作流程、工作规范。先期在山东、江苏、湖北、江西等省开展试点，省公司要与国网电商公司加强协同，组织乡镇供电所为用户提供远程和现场诊断、故障咨询、故障抢修等运行维护服务。

（四）"全能型"乡镇供电所的主要指标

"综合考虑行政区划、销售电量、服务半径、客户规模等因素，因地制宜优化供电所布局和设置"重点强调的是要因地制宜，符合当地基本情况和特色。根据"全能型"乡镇供电所的核心内容和工作目标，可以用以下九个评价指标来评价"全能型"乡镇供电所建设情况：

（1）"营配业务融合乡镇供电所比率"指标：

$$营配业务融合乡镇供电所比率 = \frac{实现营配业务融合的乡镇供电所数量}{乡镇供电所总数} \times 100\%$$

（2）"实行'台区经理制'的乡镇供电所比率"指标：

$$\frac{实行"台区经理制"的乡镇供电所数量}{乡镇供电所数量} = \frac{实行"台区经理制"的乡镇供电所数量}{乡镇供电所总数} \times 100\%$$

（3）"台区经理覆盖率"指标：

$$台区经理覆盖率 = \frac{台区经理覆盖的台区数量}{台区总数量} \times 100\%$$

（4）"综合柜员制比率"指标：

$$综合柜员制比率 = \frac{实行营业厅综合柜员制的乡镇供电所数量}{乡镇供电所总数} \times 100\%$$

（5）"综合业务监控平台覆盖比率"指标：

$$\frac{综合业务监控}{平台覆盖比率} = \frac{综合业务监控平台覆盖的乡镇供电所数量}{乡镇供电所总数} \times 100\%$$

（6）"营销服务规范率"指标：

$$营销服务规范率 = \left[1 - \frac{一类服务不规范投诉数}{供电所辖区当期营业户数} \times 100\%\right] \times 0.7 +$$
$$\left[1 - \frac{二类服务不规范投诉数}{供电所辖区当期营业户数} \times 100\%\right] \times 0.2 +$$
$$\left[1 - \frac{服务不规范举报数}{供电所辖区当期营业户数} \times 100\%\right] \times 0.1$$

（7）"智能电能表库存超期率"指标：

$$\frac{智能电能表}{库存超期率} = \frac{乡镇供电所合格在库时间超过6个月智能电表数量}{乡镇供电所合格在库智能电表} \times 100\%$$

（8）"台区线损合格率"指标：

$$台区线损合格率 = \frac{台区线损合格数量}{总台区数量} \times 100\%$$

（9）"采集运维及时率"指标：

采集运维及时率 = 现场工单处理派发率×0.4 + 现场工单处理率×0.4 + 现场工单归档率×0.2

思考题

1. "全能型"乡镇供电所的"全能"在何处？
2. 如何理解末端融合？

第二章 客户服务规范与沟通技巧

供电优质服务是指在符合行业标准或部门规章等的前提下,所提供的服务能够满足客户的合理需求和期许值,保证一定的满意度;是从客户的利益诉求出发,完善服务理念、提高服务质量、规范服务操作、科学简化服务流程,力求实现合规、高效、人性化的服务。客户服务规范与沟通技巧在优质服务中起着重要作用。

乡镇供电所是电网企业营销业务执行的最小单元,也是直面市场、服务亿万农村客户的最前端,关乎农民增收、农业增长和农村稳定。面对新形势、新业务,国家电网公司提出要打造业务协同运行、人员一专多能、服务一次到位的"全能型"乡镇供电所,更好地提升供电服务能力。

客户服务规范与沟通技巧以现行国家、行业及国家电网公司有关法规、规范和技术规程的要求为标准,依据《国家电网公司供电客户服务提供标准》《国家电网公司供电服务规范》《国家电网标识应用手册》《国家电网公司关于进一步加强乡镇供电所管理工作的若干意见》整合梳理。客户服务规范与沟通技巧包含:客户服务规范、语言表达与服务沟通技巧、营业厅人员应急处置与情绪管理、营业厅人员话术口袋书四大模块。

第一节 客户服务规范

《孟子·离娄章句上》曰:不以规矩,不能成方圆。供电企业的客户服务同样需要有规可依、有据可循,提供优质服务。

一、供电所供电服务的现状

(一) 观念、体制、素质上的三个不适应

(1) 目前供电企业部分从业人员认为优质服务是虚的任务,是项阶段性工作,很多单位没有全员服务的概念。

(2) 行业的特殊性,使得工作人员缺乏服务意识、市场意识、竞争意识。认为服务的好坏不会给企业带来直接的效益和影响,因而在工作上被动接受,表面应付,甚至认为供电服务承诺是自带紧箍咒,自找麻烦。

(3) 队伍整体素质的不适应,老龄化比较严重,出现了一些会做不会说、会做不会写、会做不会总结提炼的现象。

(二) 推进乡镇供电所营业厅综合服务能力提升提出新要求

国家电网公司营销农电〔2017〕16号文件《国网营销部关于印发2017年"全能型"乡镇供电所建设的工作意见》中提出:拓宽乡镇供电所营业厅受理和直接办理业务范围,推行营业厅综合柜员制,建立健全以客户需求为导向的内部协调沟通机制,融合业务咨询、受理、查询、缴费等职能,建设"全能型"服务窗口,实现"一口对外"服务和"一站式"服务。推动乡镇供电所营业厅由传统业务型向体验型转变,通过优化营业厅功能设置,升级硬件设备设施,完善业务渠道等措施,着力打造智能化、体验型的实体营业厅,使其作为线上服务的线下体验和补充,成为供电企业吸引客户、拓展市场的前沿阵地。

(三) 其他原因

(1) 人员配备受岗位编制的限制,造成工作人员在业务高峰期时劳动强度大,精力、精神面貌、礼仪不能一直保持在最佳的状态。

(2) 个别员工不是没有能力做好,而是没有意愿做好。

(3) 目前的政策规定不能完全适应客户对服务的要求。

二、供电所营业厅"三会""四法""五心""六制"服务准则

(一) "三会"

(1) 班前会(早会):检查仪容仪表;检查交接资料、转办工作记录清楚、明了,档案齐全;交代业务注意事项(包括业务办理原则、接待客户流程、突发事件处理方法等),安排岗位工作,提醒大家各工作要点。

（2）班中会（分享会）：分享工作过程中的一些特殊案例、棘手问题，通过大家集思广益，得出好的解决问题的办法；还可以分享的是今天处理得比较好的客户抱怨或者投诉。

（3）班后会（晚会）：检查交接资料、转办工作记录清楚、明了，档案齐全；当天特殊问题总结汇报；安排第二天的工作。

（二）"四法"

（1）榜样引领法：这种方法的特点是把抽象的规范具体化、人格化，以生动具体的典型形象影响周围的工作人员，有很强的吸引力、说服力和感染力。榜样是无声的语言。而这种无声的语言往往比有声的语言更有力量。有了生动具体的形象作为榜样，便容易具体地领会到我们营业厅人员的服务行为规范，容易受到感染，容易随着学、跟着走。

（2）准军事化法：按照举止文明化、仪表整洁化、语言规范化、接待正规化、工作标准化、考核严格化、奖惩制度化的要求，全面加强营业厅窗口人员的管理，提高服从力、执行力，打造核心竞争力，提升企业整体形象。

（3）头脑风暴法：又称智力激励法。它是由美国创造学家 A. F. 奥斯本于1939 年首次提出、1953 年正式发表的一种激发创造性思维的方法。它是一种通过小型会议的组织形式，塑造自由愉快、畅所欲言的气氛中，自由交换想法或点子，并以此激发参会者创意及灵感，使各种设想在相互碰撞中激起脑海的创造性"风暴"。

（4）日积月累法：积累是运用的前提、是基础。人们常说"厚积才能薄发"，足见积累在学习和工作中的重要性，要求营业厅人员每周都对自己上周工作做一个总结，有哪些优点需要继续发扬，有哪些不足需要后续矫正。

（三）"五心"

"五心"服务准则是指：日常服务要细心、亲情服务要贴心、微笑待人要真心、咨询解答要耐心、便民服务要热心。

（四）"六制"

（1）客户优先制：遵循"以客户为中心"的原则，重视客户情感体验和价值感受。服务过程中应优先接待客户，再处理内部的工作事务，做到主动、真诚、快捷、高效的服务。

（2）全程引导制：从客户走进营业厅开始，引导员要全程负责引导客户到包括营业厅以外的业务办理部门。

（3）首问负责制：第一个接待客户的供电服务人员，就是为客户解决服务需求"首问责任者"。不论其岗位服务职责与客户的服务需求有无直接关系，都负有受理、告知、解释、转告和联系引导至其他部门单位的责任。

（4）一次告知制：供电服务应实行一次告知制，根据客户的服务需求，向客户详细说明和告知服务项目、业务流程、办理时限、营业收费、所需资料等，确保服务告知一次到位。

（5）限时办结制：在规定时限、承诺时限、预约时限内完成客户供用电业务办理，完成各项内部流转工作事务的处理。特殊情况下无法在期限内完成业务时，服务人员应及时将处理方案及预计解决的日期告知客户，并尽可能取得客户谅解。

（6）亮牌服务制：员工上岗时应统一佩戴工号牌。业务柜台应统一摆放服务人员岗位牌。服务人员需离开岗位时，应摆放"暂停服务"标志牌。

三、供电所营业厅服务礼仪

（一）服务礼仪的基本概念

服务礼仪是指在客户服务的过程中，服务人员所应该严格遵循的行为规范。它包括仪容仪表、行为举止、服务语言以及各种社交场合、各个服务场景中的行为标准。在为客户提供服务时，注重礼仪是至关重要的。特别是一线服务人员，应该对礼仪有着最深刻的理解，并将其运用到实际的工作中去。

（二）服务礼仪的类型

1. 仪容仪表

电力员工的着装打扮在一定程度上代表了企业的形象，庄重、简洁、大方的仪容仪表能够给客户留下美好的印象。

（1）男士仪容。发式：前不覆额、后不触领、侧不掩耳、发无头屑、发不染色、梳理整齐；面容：不留异物、不留胡须、清爽干净；气味：保持口气清新，不吃有异味的食品；手部：保持手部清洁，指甲不得超过1毫米。

（2）男士着装。着公司统一工作服、领带、工号牌、工作鞋；工号牌佩戴于左胸，不得佩戴装饰性很强的装饰物、吉祥物；手腕部除手表外不得佩戴其他装饰物，手指不得佩戴造型奇异的戒指，佩戴戒指的数量不超过1枚；服装熨烫整齐，无污损;领带长度为刚盖过皮带扣,系黑色皮带;扣上衬衫袖口,衬衣下摆束入裤腰内;西裤长度为穿鞋后距地面1厘米;着深色袜子,皮鞋应保持光洁,不得穿白色袜子。

(3) 女士仪容。发式:勤洗梳齐、发无头屑、头发拢后;面容:清洁干净、不留异物、面化淡妆;气味:保持头发、口腔和体味清洁,不用香味过浓的香水;双手:掌指清洁,指甲不长于指尖,不涂有色指甲油。

(4) 女士着装。着公司统一工作服、头花、领带、工号牌、工作鞋;工号牌佩戴于左胸,不得佩戴惹眼的项链、耳环等饰物;项链应放在工作服内,不可外露;佩戴耳环数量不得超过1对,式样以素色耳针为主;手腕部除手表外不得佩戴其他装饰物,手指不得佩戴造型奇异的戒指,佩戴戒指的数量不超过1枚;服装熨烫整齐,无污损;扣上衬衫袖口,衬衣下摆束于裙腰中;着裙装时,须穿丝袜,颜色以肉色为宜,忌光脚穿鞋。

2. 形体仪态

形体仪态是指人在服务过程中各种身体姿势的总称,服务人员的仪态应做到自然、文雅、端庄、大方,在面对客户的服务过程中,优雅的仪态,会给客户一种美的享受。

(1) 标准站姿。抬头、挺胸、收腹;双眼平视前方,下颌微微内收,颈部挺直;双肩平衡放松,但不显得僵硬;双手下垂置于身体两侧或双手交叠自然下垂;双脚并拢,脚跟相靠,脚尖微开,男士可双脚平行分开,与肩同宽,不得双手抱胸、叉腰。

(2) 标准坐姿。上身自然挺直,双目平视,下颌内收;两肩平衡放松,后背与椅背保持一定间隙;挺胸收腹,上身微微前倾;采用中坐姿势,坐椅面2/3的面积;双手自然交叠,轻放在柜台上,不用手托腮或趴在工作台上;女士双腿完全并拢垂直于地面或向左倾斜;男士双腿可并拢,也可分开,但分开间距不得超过肩宽,不抖动腿和跷二郎腿。

(3) 标准走姿。方向明确;身体协调,男士姿势稳健,女士姿势优美;步伐从容,步态平衡,步幅适当,步速均匀,节奏适宜,走成直线;双臂自然摆动,抬头挺胸,目视前方。

(4) 标准蹲姿。一脚在前,一脚在后;两腿向下蹲,前脚全着地;小腿基本垂直于地面,后脚跟提起;脚掌着地,臀部向下。

(5) 标准手势。手势语主要是指通过手指、手掌、手臂做出各种动作来向对方传达信息的一种交流方式。手势语在与客户沟通的过程中往往非常吸引对方的注意力,所以,服务人员在与客户沟通的时候应该注意自己的每一个手势,千万不要因为一个不经意的手势动作而引起客户的不满。

手掌自然伸直,掌心向内向上,手指并拢,拇指自然稍稍分开;手腕伸直,手与小臂成直线,大小臂的弯曲以 150 度为宜;出手势时动作柔美、流畅;若双方并排行进时,服务人员应居于左侧;若双方单行行进时,服务人员应居于左前方约一米的位置;在陪同引导客户时,服务人员行进的速度须与客户相协调;在行进中与客户交谈或答复其提问时,应将头部、上身转向客户;同客户交谈时,手势范围在腰部以上、下颌以下距身体约一尺内,五指自然并拢。

3. 表情神态

(1) 表情要亲切自然。微笑面对每一位客户,是对客户无言的尊重;微笑是人人皆流露的礼貌表情,不仅为日常生活及其社交活动增光添彩,而且在经济生活中也有无限的潜在价值。而这"微笑"就是礼仪中最简单、最通常的表达方式,也是人们亲切友好最具美感的表情。

练习微笑法 1:

① 莲花坐姿,自然呼吸。

② 呼气,将腹部收紧,尽量拉向脊柱。

③ 吸气,一边呼吸,一边将腹部放松,让气体将腹部充满,然后让气体充满胸部。(此时脑海中可以想象一些优美而宁静的画面,比如一望无边的草原、海上日出等)呼气,嘴角逐渐放松,进而整个面部都放松。

练习微笑法 2:

① 用上下各 2 颗前齿轻轻咬住筷子,检查嘴角的位置比筷子水平线高还是低。

② 咬住筷子,并用手指把嘴角使劲拉到不能再上升的位置为止,保持 30 秒。

③ 拿下筷子,检查能够看到几颗上齿,合格线是 10 颗。

这三步,是为了知道笑时,嘴角上扬能达到的基本形状,要牢牢记住,使自己能够随时做出这个姿势。

微笑训练:

咬住筷子,在 30 秒内反复说"1、1、1……"以不断提升嘴角;拿下筷子,一边说"1……"一边用两手掌心按住左右脸蛋从下往上推按,把嘴角牢牢提起来;重复这个动作 30 秒,同样发"1",但不用手来提升嘴角。如感到颧骨下方特别疲劳,就用手揉一下。

除了嘴角,眼睛和眉毛也同样需要练习。和对方距离 50 厘米的时候,对方的视线最先注意到嘴角,而在 50 厘米之内,视线就会落在眼睛上,所以眼神的接触也相当重要。

(2) 眼神要专注大方。与客户交流时,服务人员的眼神应亲切注视客户面部的上三角区,不要上下打量。注视的时长与交流总时长之间的比例应在 1/3 到 2/3 之间,以示尊重和友好。要学会通过眼睛这扇窗户来观察客户的内心想法,同时也要学会利用眼神的交流向客户传递供电企业的真诚。眼神注视注意事项:生人看大三角(两肩与头部之间);熟人看倒三角(两眼与嘴巴之间);不生不熟看小三角(下巴为底线,额头为起点)。

(3) 倾听要耐心细致。倾听时要暂停其他工作,不要随意打断客户的话语。目视客户,并以眼神、笑容或点头来表示自己正在认真倾听。在倾听过程中,可适时加入一些"是""对"以示回应。

4. 商务礼仪

商务礼仪是指在接待客户、拜访客户、洽谈工作、业务往来、参观学习等工作中所应该掌握的基本行为规范。开展商务活动前,要提前做好相关准备工作,合理安排好通话、见面的时间,并注意仪表服饰和礼貌用语,真诚地与客户进行交流和沟通,给客户留下良好的印象。下面简单地介绍部分接待和走访客户的商务礼仪。

(1) 握手礼仪。先问候再握手,距离对方约一步,两足立正,上身微微前倾,面带微笑。伸出右手,四指并拢,拇指自然向上张开,紧握住对方的手,伸出手时稍带角度。握手时避免上下过分地摇动,握手时间以 3 秒钟为宜。与多人握手时,遵循先尊后卑、先长后幼、先女后男的原则。

(2) 交谈礼仪。面带微笑,亲切,诚恳,有问必答。不随意打断对方谈话,不轻易在他人谈话时插嘴。自己身体不适,如咳嗽或打喷嚏时,应侧身用手遮挡。

(3) 助臂礼仪。下台阶或过往光滑地面时,应对老者、行动不便的人或孕妇予以助臂。助臂一般只轻扶肘部,以左手扶客户右臂。

(4）递送证件和资料礼仪。递送时上身略向前倾，眼睛注视客户手部，以文字正向方向递交。双手递送，轻拿轻放。需要客户签名时，应把笔套打开，用左手的拇指食指和中指轻握笔杆，笔尖朝向自己，递至客户的右手中。

(5）接递名片礼仪。双手接受或呈送名片。接过名片时先仔细看，然后再将客户的名片放好。如果未带或没有名片，要向客户表示歉意。

四、供电所规范服务流程

服务流程主要是根据供电业务流程进行操作，以业务为基本点，服务流程为操作手法，达到将服务规范专业化的目的。

(一）咨询业务服务流程操作导向

(1）客户进入。

(2）服务流程前三步：一笑、二点头、三请（例如：先生，您好，请问您是需要办理什么业务？这边请）。

(3）咨询台：提供主动服务。

(二）收费业务服务流程操作导向

(1）客户进入。

(2）咨询导入：客户由咨询人员导入有关收费柜台。

(3）收费接入：收费人员根据服务流程前3秒接待客户，并有效受理客户的业务。

(4）业务受理：受理客户的业务必须做到：一个是先度后钱（例如：先生，您这个月是100度56元，稍等，您是交现金还是……），另一个是引导客户离柜缴费。

(三）业务办理服务流程操作导向

(1）客户申请用电：服务流程前三秒接待客户业务。

(2）填写表单：需要教客户如何填写表单，包括姓名、地址、电话、容量、签名等。

(3）有效证件验证：当客户在填写表单时，可以插入话，向客户索要相关业务资料。

(4）业务说明：您的业务已经帮你受理，我们的工作人员会在×个工作日内与您联系，到现场勘测，具体操作细节工作人员还会和您沟通交流的。

(5) 结束业务。

(四) 电话业务服务流程操作导向

(1) 电话接入：电话三声接电，四声接电要道歉。

(2) 接待客户：标准：您好，××供电公司营业厅为您服务，请讲。

(3) 受理业务：受理客户的业务，如果界定客户有一定的情绪，服务人员不能马上回答对方的问题，而是引导客户的话题。

(4) 引导业务：引导的手法是"总结＋引导"（例如：先生，你刚才说您那边停电了，到现在还没有送电是吗？你今天打电话过来主要是想了解什么，到底什么时候能够给您送电是吗？你稍等一下，我马上帮你查询）。

(5) 记录问题。

(6) 后台沟通。

(7) 结束业务：请问您还需要咨询其他业务吗？

思考题

简述业务办理的具体服务流程。

第二节　语言表达能力与服务沟通技巧

列夫·托尔斯泰说：与人交谈一次，往往比多年闭门劳作更能启发心智；思想必定是在与人交往中产生，而在孤独中进行加工和表达。

表达与沟通是两个不同的问题，表达侧重于一个人的表现，而沟通则更偏重于多个人的交流。但这两个问题在本质上是一样的。

一、供电所服务沟通概述

(一) 沟通的定义和内涵

沟通是为了一个设定的目标，把信息、思想和情感在个人之间或群体间传递，并且达成共同协议的过程。沟通有三大要素，即有明确目标；达成共同协议；沟通信息、思想以及情感。沟通的四大工具分别是聆听、发问、反馈和表达，理解这四大工具并切实运用到供电所服务工作中来，对供电所人员优质服务能力的提升有重大意义。

沟通中有两个通用的定律：一个是黄金定律，另一个是白金定律。

黄金定律：你希望别人怎么对待你，你就怎么对待别人。

白金定律：别人希望你怎样对待他，你就怎样对待他。

黄金定律与白金定律是有本质区别的。黄金定律的特点是从自身出发，尤其是沟通特点也首先是从自身出发，利己的思维方式更浓厚一些。而白金定律的优势是沟通中以他人为主。在实际沟通中，能做好黄金定律是最基本的，一般人能做到就不错了。白金定律实际上要求沟通双方积极主动适应对方沟通的特点；要求沟通双方善于变化自己的行为以适应不同沟通对象，如果双方都意识到这个问题，沟通就更容易成功。

在服务中，应该更多地使用"白金定律"，但能做到"己所不欲，勿施于人"也是很难的，在实际服务沟通中常常会忘记这一点。窗口服务人员充分意识到沟通问题的重要性，有意识地应用这些定律，客户沟通会更顺畅。

（二）供电所服务的沟通现状

（1）应答式服务：当遇到客户服务问题，服务人员会习惯性应答，没有服务规范和应答流程，极易引起客户误解和不满。

（2）解释性服务：服务人员的定位是业务解释人员，很难站在客户的角度去理解问题和引导解决。

（3）主动式服务：主动服务的目的是第一时间正面影响客户的情绪与感知系统，建立良好印象。

（4）引导式服务：建立完备的服务流程和体系，在与客户沟通的过程中，要学会引导客户的思路，而不是被客户的思维牵着走。

二、供电所人员沟通的四大工具

（一）聆听

古希腊哲学家苏格拉底说过：自然赋予我们人类一张嘴，两只耳朵。也就是让我们多听少说。

1. 聆听的重要性

聆听可以调动对方的积极性；聆听可以给予对方表现的机会；聆听是获取信息的重要方式；聆听可以为沟通获取大量资源；聆听可以给对方留下良好的印

象;聆听可以化解不应有的矛盾;聆听可以把握沟通的主动权。

2. 聆听的供电所故事

一个老大爷急匆匆地来到供电所窗口。

客户说:"小姐,刚才你算错了50元……"

工作人员满脸不高兴:"你刚才为什么不点清楚,每天交电费的人这么多,要是每个都这样,我们工作怎么做啊,离柜概不负责。"

客户说:"那谢谢你多给的50元了。"

客户扬长而去,营业员目瞪口呆。所以,作为供电所人员,千万不要打断客户的话,除非你想他离你而去!

3. 聆听的五个层次

(1) 听而不闻。所谓听而不闻,即采取漠不关心的状态。听而不闻的表现是不做任何努力去理解客户传递的意思,可以从肢体语言识别:眼神没有交流,左顾右盼,身体可能会倒向一边。

(2) 假装聆听。假装聆听就是要做出聆听的样子让对方看到,并没有用心在听。假装在听的人会努力做出聆听的样子,他的身体大幅度地前倾,甚至用手托着下巴,而眼神涣散,注意力并没有集中在说话人的身上。

(3) 选择性聆听。选择性地聆听,就是只听一部分内容,倾向于只听希望得知的内容,自动过滤其他信息,容易产生断章取义的理解,作为服务人员应避免此类聆听。

(4) 专注地聆听。专注地聆听就是认真地听讲话的内容,同时与自己的亲身经历联结,达到理解对方的程度。

(5) 移情倾听。移情倾听是指不仅在听,并且能够努力理解讲话者所说的内容,从对方的角度和利益上出发,用心倾听,这才是设身处地的、供电所人员应采取的聆听方式。

【案例分析】 客户来供电所反馈电表肯定有问题,上个月用了200多度电,这个月怎么就用了600度电。

【要求】 学会用聆听的技巧和移情倾听给客户回复。

(二) 发问

1. 问的学问

(1) 问题的外延小而目的明确;

(2) 问题由浅入深而引导对方；

(3) 问题提出在对方的兴趣点；

(4) 问题提出目的是掌握信息；

(5) 提出问题的同时思考编辑；

(6) 通过问题反馈得到说什么。

2. 发问的小故事

两个基督教徒都在教堂里祷告，两个人都想抽烟，都跑去问神父。

甲问："神父您好，请问能在祈祷的时候抽烟吗？"

神父："当然不能，这样是对耶稣的不敬。"

乙问："神父您好，请问能在抽烟的时候祈祷吗？"

神父："当然可以，您非常的虔诚。"

同样一件事情，问的方式不一样，得出来的结论区别非常大！

3. 发问的方式

(1) 开放式提问：

优点：收集信息全面，谈话气氛愉快。

缺点：难以掌控内容和时间。

适合：了解详情和发泄不满。

【话术参考】 先生，您好！您先不要着急，事情的具体情况我还不是很了解，麻烦您详细讲解一下经过，好吗？/先生，您好！您是什么时候缴纳电费的呢？

(2) 封闭式提问：

优点：节省时间，控制内容。

缺点：收集信息不全，谈话气氛紧张。

适合：确认信息，引导谈话方向和结果。

【话术参考】 （面对发飙的客户）先生，您好！我相信您来一定是为了解决问题的，您说是吗？

【讨论】 雷雨天停电了，客户一直打供电所的营业电话，如何用封闭式的提问？

(3) 引导式提问：

优点：节约时间，引导客户。

适合：转移话题,放松谈话气氛。

【话术参考】 您肯定是希望马上缴清电费避免欠费停电吧？/先生,您好!请问您需要办理什么业务？

（4）选择式提问：

优点：方便客户做出决定,给出可行性方案。

适合：和客户沟通时陷入死胡同。

【话术参考】 先生,您好!你看是上午方便安排还是下午方便安排？

【讨论】 当客户资料不齐全来营业厅办理业务时,如何用选择式的提问和客户对答。

(三) 反馈

1. 反馈的学问

反馈,是在沟通中,信息接收者向信息发出者做出回应的行为。反馈可以去粗取精、去伪存真、由此及彼、由表及里,提高沟通效率。

2. 反馈的小故事

老板去外地出差,需要秘书复印一份资料,老板将资料交付并告诉她在老板出差回来时打好。等老板出差回来,秘书表示还没打完,关键是有很多图表她不会做。

老板很诧异:"不需要你绘图啊,只是复印。"由于缺少反馈,原来秘书将"打好"理解成了要将这份资料变成电子版的意思,造成误解。

3. 反馈的技巧

（1）本质是"确认"。确认事实是否被正确地表达,或正确地理解。

【话术参考】 先生,您好!您刚才说资料已经提交快一个月了,费用也缴纳了,可是到现在都没有装表接线,是这个意思吗？

（2）反馈中常见的问题。消极反馈：之所以消极,关键在于这种反馈没有起到确认和澄清对方信息的作用,相反还给对方"我明白了""我懂了""我知道了"等错误的、失真的信息。不反馈：对方无法得知他意图是否被真正理解了,其恶果可能造成信息的解码错误或缺失,同时也不利于交往双方信任的增加。

(四) 表达

1. 表达的学问

语言表达是一门学问。没有良好的表达力,再好的能力都会失去能见度。

如何做到表达更有效呢？

(1) 着急的事，慢慢地说；

(2) 大事要事，想清楚说；

(3) 小事琐事，幽默地说；

(4) 做不到的事，不随便说；

(5) 伤人的事，坚决不说；

(6) 伤心的事，不要逢人就说；

(7) 没有的事，不要胡说；

(8) 别人的事，谨慎地说；

(9) 自己的事，坦诚直说；

(10) 该做的事，做好再说；

(11) 将来的事，到时再说。

2. 表达的技巧

(1) 语言清楚准确。语音准确，吐字清晰，停顿得当，升降明显，节奏均匀，声情并茂。

(2) 语感表述自如。结构化思维表达法，主题明确，突出重点，理性了解与感性认知相结合，复杂事情简单化，简单事情条理化，正确进行语言解码（例如，不要经常用"虽然……但是……"，要使用"虽然……不过呢……"）

(3) 思维引导表达：

一是适当插话：服务过程中不抢话，要插话。

二是合理掐断：要及时掐断客户的思维。

三是适时引导：要引导客户的期望。

(4) 言辞礼貌、谦虚谨慎

表达中的"十六字"和"六声"：

"十六字"是"您、您好、请、谢谢、很抱歉、很高兴为您服务"。

"六声"是来有迎声（例如：您好，请问需要办理什么业务？/您好，好久不见）；去有送声（例如：再见/下雨天路滑，请慢走）；服务客户有称呼声（例如：先生/女士/老板/师傅/大姐/大爷/大妈）；接受批评有致歉声［例如：很抱歉，让您久等了/给您添麻烦了/请别介意/不好意思/对不起/感谢您提的宝贵意见（建议）］；客户表扬有致谢声（例如：谢谢/感谢您对我们工作的支持/感谢您的理解);客户交办事宜有回复声(例如:尽快/马上/第一时间/您的心情我们非常理解/有什么用电问题我们将竭诚为您服务)。

(5)失礼的语言不能讲。语言表达礼仪很重要,失礼的语言不能讲,请对比以下说法,哪种表达是失礼的表达?

喂,找谁?(您好!××供电所,请问您找哪一位?)

等一下。(很抱歉,请您稍等。)

他不在了。(不好意思,他现在不在办公室,我能否代为转告?)

一路走好。(再见,请慢走!)

你是谁呀?(先生,您好!请问您贵姓?)

你说完了吗?(您好!请问还有什么可以帮您的?)

办完了吧?(您好!请问您还有其他业务需要办理吗?)

那样可不行!(您好!恐怕不能按照您所希望的那样办理。)

什么?再说一遍!(先生不好意思,您能再复述一遍吗?)

把你的电话告诉我。(您好!方便留下您的联系方式吗?)

你的声音太小了(您好!能否再大声一点,我这边听不太清楚,谢谢!)

我忘不了!(请您放心,我已经记下来了,一旦有消息,我会尽快通知您!)

三、供电所人员服务客户的五个层次

(一)基本服务—用利(利益)服务—把客户当陌生人

"天下熙熙皆为利来,天下攘攘皆为利往。夫千乘之王,万家之侯,百室之君,尚犹患贫,而况匹夫……亲朋道义因财失,父子情怀为利休。急缩手,且抽头,免使身心昼心愁;儿孙自有儿孙福,莫与儿孙作远忧。"源于《史记·货殖列传》。意思是说天下人为了利益而蜂拥而至,为了利益各奔东西。普天之下芸芸众生为了各自的利益而劳累奔波乐此不疲。这是最基本的服务,也是最低层次的服务。

(二)期望服务—用力(力量)服务—把客户当朋友

我们的意识形态里是这样对朋友的:人不犯我,我不犯人;人若犯我,我必犯人。服务中应该这样对朋友:人不犯我,我不犯人;人若犯我,暂时容忍;人还犯我,换人换时间换地点解决客户的问题。

(三)优质服务—用智(智慧)服务—把客户当亲人

把客户当作自己的亲人对待,积极正面,亲和有礼,营业厅人员若秉承这个

理念,客户的满意度将大大提升。

(四) 惊喜服务—用心(真心)服务—把客户当贵人

《从一粒米成功的励志故事》:台湾地区富商王永庆当年送米,并非送到顾客家门口了事,还要将米倒进米缸里。如果米缸里还有陈米,他就将旧米倒出来,把米缸擦干净,再把新米倒进去,然后将旧米放回上层,这样,陈米就不至于因存放过久而变质。王永庆这一精细的服务令顾客深受感动,赢得了很多顾客的赞许。

回顾王永庆送米的故事,我们会为其服务的细致而感动,也会羡慕他遇见了贵人,改变了他的人生命运。其实对王永庆来说,"认真"才是真正的贵人,只要一个人工作认真,他所遇到的每一个人都可能是贵人。

(五) 超级服务—用情(感情)服务—把客户当恋人

一见钟情,投其所好;放大优点,忽视缺点;笑口常开,甜言蜜语。供电所人员若能将客户当作恋人看待,供电服务必将上一个新台阶。

四、供电所人员沟通问题典型案例分析

(一) 典型案例

【案例1】 客户暴跳如雷,进入供电所后,直接走到窗口,将工作人员桌子上的水杯掀翻,说是由于我们供电公司的电压不稳,造成他家电器被烧,现要求赔偿。接下来是供电所窗口工作人员和客户的对话:

工作人员:先生,您好!您先不要着急,请问您家烧坏了哪些电器?

客户:电视机之类。

工作人员:还有烧坏其他电器吗,我做个详细的记录。

客户:还有洗衣机、电冰箱、电饭煲……

工作人员:大概价值多少?

客户:电视机1.2万元、洗衣机5 000多元……

工作人员:怎么这么贵,都有发票吗?

客户:买的都是好的,发票早都丢了。

工作人员:我已经登记了,您耐心等处理结果吧,会有工作人员联系您!再见,慢走!

【讨论】 这个工作人员的回答专业吗?

【后续】 几天后,经工作人员现场勘查后,发现属于客户用电量超过了报装时的容量而造成的电器烧毁,和供电公司没有关系,可是客户不依不饶,说供电所的工作人员已答应了赔偿,会不会最后觉得他家烧毁的电器太贵重,所以才抵赖。

【讨论】 供电所窗口人员遇到此类问题,正确的应对话术是什么?

【案例2】 客户面色凝重,进入供电所,说自己是某电子有限公司老总,主要生产 0.25~0.5 μm 的硅晶片,对供电电压的下限十分敏感,由于一次电压跌落80%,持续20 ms以上,使设备停机,造成直接经济损失200万元人民币,要求供电公司必须给个说法。

【解析要点】 此类问题营业员需要做的是给客户一个情绪的发泄,记录事实,汇报上级来处理。即使了解此类事件的处理方式,作为供电所窗口人员也不能直接告知客户,约定俗成的解决方案需要根据现实情况做调整,不能草率地搪塞客户,一定要汇报上级处理。

【案例3】 供电所人员在上班期间一直打私人电话,不给客户办理业务,被居民拍照发到网站上面,引起舆论。

【真实情况】 供电所人员在上班期间接听营业电话,并非私人电话,客户来到柜台时。营业员已发现,由于在接电话,所以没有招呼客户。客户等了有10分钟之久,等营业员挂完电话才发现客户已离开。

【讨论】 供电所窗口人员遇到此类问题,应该怎么做?(服务沟通中其实很小的一个细节就可以解决问题)

【案例4】 客户反映在4月28日拨打营业电话咨询停电的相关事宜,受理业务的工作人员态度不好,为客户解决问题的态度不够积极,希望相关部门调查核实,妥善处理。

【真实情况】 供电所人员在上班期间接到该客户打来的电话,经过查询发现该客户由于欠费而造成的停电,工作人员与客户的对话截取了一段如下:

工作人员:经过查询发现是你没交电费造成的停电。

客户:那你们停电之前也应该给个通知吧?

工作人员:我们肯定有通知。

客户:那我没收到啊?

工作人员:我们通知过了,你没收到我们就不知道为什么了。

客户：那现在怎么办？

工作人员：缴清电费,24小时之内恢复供电。

客户：能不能早一点,着急用电。

工作人员：没有办法,我们也是按规定办事。

【讨论】 供电所窗口人员接到此类电话,应该怎么回答？

(二) 案例启示

1. 永远不要低估你的客户(心态迁善)

窗口人员在与客户沟通中如何做到心态迁善？一是对窗口人员自己要求做到不发怒、不辩解、不插话；二是对客户要求做到：关注客户的情绪、理解客户的行为、尊重客户的感受。沟通中做到先疏导情绪,再处理事情,不仅要疏导客户的情绪,更要疏导自己的情绪。

2. 仔细聆听客户明言或隐含的意见(关注需求)

窗口人员在与客户沟通中,客户往往会把真实的需求用情绪包装起来,只有拆开情绪的包裹,才能逐渐发现客户的真实需求。供电客户常见五种心理需求：发泄、尊重、关心、补偿、解决。要真正了解客户的需求,必须学会如何进行有效的倾听。在倾听中需要做到逆态度支持地听。逆态度支持(CAA),是指站在他人的立场来支持或达到与自己的态度相反的一个观点。逆态度支持地听有如下好处：① 减少自己的偏见；② 更好地理解客户所要表达的意思；③ 减少与客户的对抗与冲突；④ 有助于达成共识。

3. 主动询问、澄清要点并表露兴趣(明确目的)

窗口人员需要通过询问的方式,从客户毫无章法的言语中不断地抽丝剥茧,最终找到客户想要并可以接受的解决方案。这个过程中可以这么做：① 保持对客户的好奇心；② 用复述的方式,尝试理解客户的意思；③ 运用封闭/开放式提问法进行确认；④ 始终保持耐心,禁止使用"究竟""到底"等词语。

4. 解决问题,以满足客户的需求为己任(承担责任)

在沟通中要让客户知道,你将负责处理他的问题,直到他满意为止。如何承担责任呢？① 使用"我"而不用"我们"；② 承诺时,表现出充分的自信心、责任心和紧迫感；③ 告诉客户可以联系你的方法；④ 做记录；⑤ 感谢客户使你注意到这个问题。

> **思考题**
>
> 1. 营业厅服务中如何实现有效沟通？
> 2. 营业厅人员服务客户有哪几个层次？需提倡哪个层次？

第三节　营业厅应急处置

供电营业厅应急处置包含媒体应对、领导来访、营业厅设备故障、群体性事件、突发性事件以及其他应急事件。

一、媒体应对

（一）新闻媒体的功能

新闻媒体是指交流、传播信息的工具，如报刊、电视、广播、广告、网络、短信等。危机是指危险的根由，是有可能变好或变坏的转折点或关键时刻。媒体危机，顾名思义就是大众传媒对事件发生过程有可能产生重大影响的时候，我们如何应对和处理。

新闻媒体主要有以下7项功能：

（1）监测社会环境；

（2）协调社会关系；

（3）传承文化；

（4）提供娱乐；

（5）教育市民大众；

（6）传递信息；

（7）引导群众价值观。

（二）媒体应对案例分析

【案例提要】　某年计量宣传日，供电营业厅一窗口人员在没有请示公司领导的情况下，接受了新闻记者关于计量问题的采访，被写成"新闻头条"，引发社会对计量公正性的信任危机。

【事件过程】　某年计量宣传日前期，一记者来到某供电营业厅，随机采访了一些电力客户对于当前供电局计量的看法。接着，该记者采访一个年轻的客户代表:"您好,我是某新闻网的记者。请问您工作几年了?"

客户代表:"一年。"

记者:"您认为供电局的电表计量准吗?"

客户代表:"应该是准的,我们都有经过检定。"

记者:"怎么检定的?"

客户代表:"我们有自己的计量所啊,每个表都经过严格检定的。"

记者:"那您一年的工作中,是否遇到过客户反映电表不准的投诉?"

客户代表:"我们这儿的客户总计有近百万,总会有人怀疑电表不准的,我们都及时处理,该退钱退钱,该追补就追补。"

记者:"这样的投诉多吗?"

客户代表:"不清楚。"

第二天该新闻网就发表了以"电力员工自爆常发现电表不准"为题的报道,并成为新闻头条。

【造成影响】 事件发生后,引发一定的社会舆论,使电力计量的公正性受到客户质疑,要求第三方校检电表的客户增多,对供电公司服务形象造成较大负面影响。

【暴露问题】 (1) 未建立新闻媒体接待制度;(2) 窗口现场管理不到位。

【案例点评】 在当今信息时代,通过"信息共振"往往会引起"蝴蝶效应",会使企业非常被动。因此建立媒体接待归口管理的制度就显得非常必要。此外,当窗口管理人员发现记者在采访客户和只有一年窗口工作经验的新员工时,没有及时出面接待,而是听之任之、袖手旁观,说明管理人员缺乏风险防范意识,窗口现场管理不到位。建议制定指定媒体接待制度,规范新闻媒体的接待程序;同时,要加强窗口的现场管理,建立相关的情景接待模板。

(三) 供电所窗口人员应对媒体的注意事项

营业厅窗口人员在面对媒体时应避免沉默、掩盖事实或推诿他人,杜绝漠不关心的态度,绝不能对记者反唇相讥。在有多名窗口人员接受采访时,应统一口径,避免没有统一的信息源。

营业厅窗口人员在应对媒体时应注意以下事项:

(1) 礼貌对待记者,稳住场面,及时汇报领导,让专门的部门来处理;

(2) 不要随意回答记者关于该事件的提问;

(3) 永远不要对任何记者说"无可奉告";

(4) 一定要在记者面前表示出对自己企业的热爱。

营业厅人员不是专业的应对媒体的工作人员,即使知道问题的真相也不能随意回答,一定要稳住记者,尽量引导离开公共场合,到办公室或者大客户室比较隐蔽的场所,等待专业人员的到来,再进行沟通。

营业厅窗口人员应对媒体记者的话术参考:

先生/女士:您好!烦请您先到我们的大客户室稍等片刻,我们相关的工作人员会尽快为您解答,感谢您的支持!

二、明察暗访与故障应对

(一) 领导明察

1. 领导明察做好准备

(1) 迎接上级领导检查要做准备和时间的安排;

(2) 迎接上级领导检查的流程;

(3) 迎接上级领导检查的配合技巧。

2. 注意事项

(1) 注意精气神。一线工作人员士气高涨可以反映出精神面貌。上级来明察,第一印象就是窗口人员的精神面貌,从仪容、仪表、肢体语言、回答问话等细小的地方都可以看出窗口人员的基本素养。做好这方面工作,主要还是靠日常养成,靠习惯形成,否则就会发现太过紧张,而发挥不出实际的水平。

(2) 注意引导。现在很多供电所都有一些亮点和特色,完全可以让来视察的领导指导,视领导时间安排,积极引导其到能充分反映我们做出成绩的一些地方。需要介绍解说的,可以安排工作人员进行报告解说,介绍词内容精炼,简要说明,字数不超过150字。若是随机情况,窗口工作人员发现领导来明察,主动来向我们了解情况的,也须介绍有关我们供电所的一些基本情况,要说清、说准、说好,切忌猜着说、胡乱说、不知道。

(3) 注意主动。有些工作须主动向领导汇报说明,显得热情大方,情况熟悉。特别是领导问话,没必要局限于一问一答,死板消极。不过所有的回答都不能违背我们的政策、制度、规定。

3. 领导临时来供电所,窗口人员不知情时如何应对

(1) 辨识领导。

(2) 注意汇报。

(3) 做好本位工作。

(二) 神秘客户暗访

暗访是指暗中调查以寻求有效信息,是媒体和组织常用的一种调查手段。领导常常采用此种方式找到营业厅投诉问题的症结以对症下药,营业厅窗口人员在没有日常行为习惯的储备之下,面对暗访最容易暴露问题。

暗访的识别技巧主要有:

(1) 暗访者非本地人特征:口音,对本地区信息的熟悉程度等;

(2) 暗访者"领导者"特征;

(3) 暗访者言行、业务及情绪:逻辑严密,谈吐与一般客户群体不同,且一般对电力领域知识非常了解。

识别出暗访者后的注意事项:

(1) 即使辨别出来也不要揭穿对方身份;

(2) 巧妙暗示,提醒营业厅同事;

(3) 如果是媒体、律师等社会机构暗访要及时通知领导;

(4) 一如既往地提高服务品质。

(三) 设备硬件出现故障

营业厅窗口人员设备硬件出现故障的话术演练与异常对应要点:

短时间故障:"不好意思/很抱歉,由于机器故障暂时无法办理,我们正在进行紧急维修,预计20分钟内可以修好,给您带来不便,请您见谅!您看您是在附近先转一下,还是在我们的休息处稍作等待,故障排除后我们会第一时间为您办理,感谢您的支持和耐心等待!"

长时间故障:"不好意思/很抱歉,由于机器故障暂时无法办理,我们正在进行紧急维修,预计时间较长,给您带来不便,请您见谅!您看方便留下您的联系方式吗,故障排除后我们会电话告知您再来办理,感谢您的支持和配合!"

备注:如果是叫号机之类,可以疏导客户排队等候,也可以自制号码便签;如果是自助终端出现故障,可以建议客户采用其他缴费方式。

思考：

（1）营业中停电的话术演练及异常应对。

（2）客户服务技术支持系统故障的话术演练及异常应对。

三、群体和突发性事件应对

（一）群体性事件

1. 客户排队数量激增的应对重点

一是窗口实行 $n+1$ 模式，当窗口人员突增时，要协调后台人员尽快转前台至少一名工作人员，接待客户办理业务；二是引导员要进行合理的分流，如果是咨询的在引导台解决，打单、缴费、打发票等简单业务可以临时安排一个窗口办理，缩短这一部分客户的等待时间，业扩报装的用户可以如下告知："不好意思，由于今天客户数量较多，虽然我们已增加窗口人员和做了相应的应对措施，不过等待时间可能还会比较长，很抱歉，让您久等了，感谢您的配合和支持！"

2. 二人及以上客户来营业厅闹事的应对要点

先解决事情的主要矛盾和关键人物，辨别出关键人物或者带头闹事的，引导至大客户室或者办公室，不要在公开场合各执一词，也不要在公开场合和谈。如果确实比较棘手，超出了营业厅窗口人员的处理范围，及时汇报上级领导处理，切忌激化矛盾。

（二）突发性事件如何应对及处置

1. 客户营业厅现场昏厥的异常应对要点

不要破坏现场，不要随意挪动客户，更不能随意给客户喂药，首先拨打120，然后汇报领导。

2. 醉酒客户来营业厅办理业务的应对措施

如果客户醉酒意识不清，牵扯到钱财往来的最好建议他换个时间再来办理；如果客户醉酒来营业厅闹事、呕吐或神志不清，需紧急联系家人，如联系不到其家人可拨打110。

3. 客户情绪失控的话术演练

先生/女士：您好！您的心情我们非常理解，如果我是您，可能也会非常生气，同样我相信，您给倾诉的目的也是希望能够尽快解决问题，您先不要着急，喝杯水，坐下来慢慢讲，请您放心，有任何用电问题我们都竭诚为您服务。

(三) 其他应急及突发性事件如何应对及处置

（1）客户的要求违背企业的制度规定或者法律规定时,应引导客户,给客户一些可操作性的建议或者解决问题的方案。

话术演练与处置技巧:

首先我们窗口工作人员不能违背企业制度或者法律规定,学会引导客户,例如：先生/女士：您好！您的心情我们非常理解,我们也希望能够按照您的想法办理,不过如果这样就违反了我们企业的制度(或者法律的规定),也会受到相应的处罚,我相信您也理解我们的难处,确实没有办法按照您希望的方式办理,倒是我有几个建议,您看是否合适？

（2）接待老弱病残、接待外宾、接待少数民族客户的处置技巧。针对这类型的客户除了礼貌对待外,还要根据他们的特征、风俗、语言进行不同情况的处理。例如对待老年人,一定要人性化、耐心、细心、热心,不厌其烦,甚至在咨询业务时讲清楚后还要给他们一个类似于便签或者明细单,以防止记不住,包括要填写的表格在哪里填写签字都需要用铅笔标明。

思考题

1. 供电营业厅应急处置的核心是什么？
2. 营业厅人员在自媒体时代应对记者时应注意哪些问题？

第四节　营业厅话术口袋书

本节归纳了营业厅工作中的业务流程与常见问题,为具体的营业厅场景提供了相关的注意事项和话术参考模板。

一、交费业务

(一) 现金收费

说明：必须在收费前核对客户关键信息、金额以及双屏信息；收费时,唱收唱付,当面点清辨明真伪；收费后提醒客户核对发票信息；核对客户联系信息,如需要变更,请手工记录,通知客户经理上门收资更新。

话术参考:"您的户名是×××?地址是××××?双屏上的信息请您核对。""这是发票和找零,请核对发票信息。""您好,您是否为×××本人,能否耽误您一点时间核对下联系信息。您在系统中的联系电话是1×××××××××,请问号码对不对?"

(二) 查询户号

说明:根据客户提供的姓名、地址查询,必须提供电表编号以及营业厅联系电话给客户,提醒客户务必核实表号。

话术参考:"您好,这是我们通过姓名/地址查询出来的户号,为了保证您交费/用电的准确性,请您回家务必再核对一下电表编号,这是我们的联系电话,如果发现电表编号不对应,请立即与我们联系。"

(三) 处理重复交费

说明:对于客户在银行代扣成功后营销系统销账处理尚未结束,造成客户又通过其他渠道(支付宝、营业厅柜台、第三方代收费)交费成功,应安抚客户情绪,与账务核实,跟踪处理进程。

话术参考:"您好,请您放心,如果确实是重复交费,您多交的费用一定会退回到您账上,请您留下联系方式,我们会继续帮您跟进了解情况,及时与您联系,这是我们营业厅的联系方式,您可以随时与我们联系,谢谢您的配合。"

(四) 推广电子化交费渠道

说明:为加快推进电子化交费工作,在客户使用现金支付电费时,不可拒收客户现金,应在受理过程中将多种交费方式向客户进行推广。

话术参考:"您好!您还可以选择刷卡交费,避免因携带大量现金带来不必要的风险。""您看,为了减少排队的时间成本,您可以通过电e宝、支付宝等渠道轻松交费,或者直接办理银行、支付宝、电e宝代扣电费业务。"

(五) 复电

说明:对于已停电客户,确认客户欠费结清,留下客户准确的联系方式,告知复电时限,如客户明确表示无须复电,请用户自行断开表下空开。

话术参考:"我们会在您结清电费后 24 小时内恢复供电,不过我们尽可能当天送电。""您也需要确认家中表下空开是否合闸。""如果您暂时不需要用电,建议您可以将表下空开拉下,这样您就可以随时自行恢复用电了。"

二、业务受理

(一) 业务咨询

说明：礼貌应答客户，将客户咨询的所有业务向客户复述一遍，然后按照不同业务类型分别答复，给出简洁、有力、方便执行的建议，最后将纸质告知书及客户联系卡交给客户。

话术参考："您是要咨询居民增容办理的手续吗？""您需要提供×份资料，分别是房屋产权证、产权人身份证、经办人身份证以及委托书，需携带原件。这是一次性告知书，需要提供的资料我们都有备注。"

(二) 核对客户联系信息

说明：办理所有业务时，必须与客户核对户名、地址和联系电话。

话术参考："您好，您的户名是××，地址是××××，联系电话是1×××××××××××，请问这些信息对不对？"

(三) 变更用电

说明：必须明确客户目的，将客户语言转化为规范业务类型并和客户确认；首先通过系统查询客户信息了解客户基本用电情况，根据客户类型和客户表述确定业务类型，指导客户填写表单，最后再次和客户确认基本信息和办理结果。

话术参考：

1. 引导和确认业务类型

客户："我家是不是分时表，"回答："是的，请问您是不是需要办理分时业务？"

"您说要停止用电，是暂时停止用电吗，还是以后都不需要用电了？"

"您说要办新交费卡，是原先的交费卡丢了补办一张还是新买的房子需要更名过户呢？"

2. 验表

"您好，您如果对本期电费有疑义，可以申请验表。在申请验表前，请您结清所欠电费，以免产生违约金。如校验结果为表计异常，我们会依据校验结果对电费进行退补。如校验结果为表计正常，将收取××元验表费。""我们会在5个工作日内出具检测结果，您的联系电话是××××××，对吗？验表当天请务必到场，验表前工作人员会再与您联系预约。"

3. 更名过户

"您好！这是您的新交费卡,按交费卡信息,您是逢单/双月交费,请再次核对一下户名和地址是否正确。"

(四) 居民新装

说明：应了解客户原用电情况,与客户确认合用总表无欠费、发放一次告知书并逐条解释收费标准、业务流程、业务时限("1+1"、业扩直通车、一证受理等现行政策);受理时确认是否开通分时电、阶梯电价的执行情况、正常交费期限、推荐线上渠道(掌上电力、"电e宝"、微信等),告知多种交费方式等,并发放客户联系卡。

话术参考："对不起,您原合用总表上有欠费,请您结清电费后再办理新装用电申请。""请问您是否需要开通分时电价,这是分时电价标准和时段,您看一下。开通后一年内不可更改。""请填写申请表,这是样本。"

(五) 高压新装

说明：应了解客户用电需求,发放一次告知书并逐条解释收费标准、业务流程、业务时限(业扩直通车、一证受理等现行政策);发放客户联系卡。

话术参考："请收好客户联系卡,客户经理现场查勘后与您协商确认具体供电方案。"

(六) 实名制

说明：在办理业务时,如发现客户未实名制,应主动提示先办理实名制,并说明实名制的好处,询问客户身边携带的证件,办好后请客户在《客户联系信息确认单》中签字盖章。

话术参考："您好,我看您还没有办理实名制,您如果带着身份证,现在我就可以帮您办理。办理后您关注我们的微信公众号,可以激活您的电力积分,还能兑换电费充值卡。"

若客户未带证件："您下次过来时可以带上身份证明和房产证明,在柜台或者自助机上办理实名制,也可以在家通过我们的微信公众号拍照上传证件,实名制后您可以激活电力积分兑换充值卡,还能远程办理复电等业务,很方便的。"

三、其他类

(一) 由于业务手续规范化引发客户不满

说明：遇到如必须携带户主身份证、必须实名制等、必须提供产权证明等引起客户不满时,应礼貌应答客户,引导客户转换观念,将冷冰冰的"规章制度"解释成特意为客户提供的一种"升级服务",使客户充分享受被尊崇感。

话术参考:"规范的手续可以更好地保障您的用电权益,让您安心用电,放心交费,也能保护您的个人隐私。""您也不希望他人可以查询您家的用电情况吧?"

(二)由于不能满足客户不合理诉求引发客户不满

说明:遇到如五口人基数办理、非居住用房更改电价等引起客户不满时,应首先安抚客户的情绪,询问和分析客户家庭情况和用电情况,引导客户的关注点从"供电公司不给我办理"向"如何满足政策/规定要求才能办理"转变,利用同理心使客户明白"需要这样规范操作的不止他一个人"。

话术参考:"您是过来帮子女照顾小孩的,是吧。其实迁户口并不麻烦,之前有客户办理过。""您的心情我非常理解,我同事家跟您的情况一模一样,但是这个政策是物价局制定的,我们只能按照规定执行,希望您能理解,谢谢。"

(三)客户表达不满直接要求找领导

说明:遇到客户要求领导出面的问题,首先应安抚客户情绪,询问客户因何事不满,引导客户对自己产生信任感,表达倾听的欲望,让客户明白"我也可以帮您解决您所遇到的问题"。

话术参考:"看您这么着急,您先跟我说说看,指不定我能快点帮您解决问题呢?""您先不要着急,我相信您找领导也是为了解决问题,您把具体情况告诉我,我能处理的一定会在更快的时间内处理,请您放心。"

(四)非职责范围内首问负责

说明:问清客户所要办理的业务确实不在本职范围内,向客户说明所属管理部门,帮助客户当场联系确认,将联系人和具体地点告知客户,将客户送至营业厅门口。

话术参考:"您好,刚才我已经和×××联系过了,你需要到×××找×××。如果有什么问题,您也可以打电话给我们,我们再帮您催办。"

(五)遇到无法独立解决的问题

说明:当遇到无法独立提供解决方案的问题,应向客户致歉,礼貌地请客户稍等(避免说"我不知道/我不清楚"),请其他工作人员帮助客户解决问题。

话术参考:"很抱歉,您询问的业务请我们专员帮您解决,请您稍候。""您好,我是新来的实习生,您说的问题我请专业人士/值长帮您解决。"

第二章　客户服务规范与沟通技巧

(六) 客户有投诉倾向

说明：当识别客户的情绪不稳定有投诉倾向时，应向客户致歉，委婉阻止客户离开或拨打投诉电话，站在客户角度提出替代方案，或立刻通知班长或值班经理前来协助，将客户引导至接待室或办公室进一步处理。

话术参考："对不起，如果我刚才的解释有什么不到位或没说清楚的地方，我再帮您确认一下。""您先别着急打电话/您先别着急离开，您来肯定是想解决问题的，对吧，虽然这个业务无法办理，我们可以帮您想想，还有没有其他变通的方法。""真的很抱歉，让您白跑一趟，按照目前的政策，我们确实无法受理您的申请，也请您能够理解我们的工作。如果政策以后有变化，我们肯定会第一时间向社会公告，请您关注我们的掌上电力 APP 或者官方微信，以便及时收到公告，日后有什么问题和建议也可以随时在微信上回复。"

(七) 遇到故障无法受理业务

说明：当因设备故障造成业务受理的延迟，应向客户致歉，问清客户所要办理的业务，提供其他办理渠道，并再次致歉。

话术参考："很抱歉，目前因为网络故障无法缴纳电费，您可以在手机上用支付宝缴纳，我可以帮您操作一次，下次您就不用特地跑过来交费啦。""对不起，因系统故障暂时无法办理您的业务，现在还不能确定恢复时间，要不您改天再来办理吧？""很抱歉，让您久等了，非常感谢您的耐心等待。"

(八) 因工作失误向客户致歉

说明：如因工作失误导致客户不满，应从公司角度出发，无论发现的失误是否本人引起的都应向客户郑重致歉，第一时间向客户表明会尽快更正失误。如涉及费用应首先保证客户利益不受损，处理完毕后再次向客户表示歉意和感谢。

话术参考："很抱歉，因为我们的工作失误给您带来了麻烦，我们马上就帮您更正。""这是退给您的钱，一共×××，请您点清收好，让您跑这一趟真的很不好意思，也谢谢您帮我们指出问题，我们以后会更加用心的。""先生，请您先消消气，喝杯水，我们肯定会将问题调查清楚，给您一个满意的答复！"

(九) 离岗或其他行为造成客户等待的

说明：如因离岗、接听电话或者正在办理前一业务，让客户等候，首先应向客户致歉，表明业务办理时间。

话术参考："很抱歉让您久等了，我这就为您办理！""不好意思请您稍等一

57

下,我正在为您查询!""不好意思,请您稍等一下,我正在为前一位客户办理业务,我稍后为您办理好吗?"

(十)送客

说明:客户办理业务的全过程应包含送客环节,应再次确认客户业务是否全部受理完毕,提醒客户带好随身物品,并目送客户离开。

话术参考:"您还有其他业务需要办理么?""请您检查一下随身物品,慢走!""您如果没有其他业务要办理,请允许我暂时离开一下/请允许我回个电话。"

四、可承诺事项

(一)欠费停复电

对欠电费客户依法采取停电措施,提前7天送达停电通知书,费用结清后24小时内恢复供电。

(二)电表数据异常

受理客户计费电能表校验申请后,5个工作日内出具检测结果。客户提出抄表数据异常后,7个工作日内核实并答复。

(三)零星居民类业扩报装(含变更用电)时限

16千瓦以下具备直接装表条件的零散单相居民新装、增容用电,提供"1+1"便捷服务。即,如用电现场具备直接装表条件,在受理用电申请后的下一个工作日完成接电(也可以预约其他工作日上门)。

其他居民业扩报装(含变更)时限为:受理申请后2个工作日内和客户联系,并到现场勘查;供电方案答复不超过3个工作日;受电工程检验合格并办结相关手续后,装表接电不超过3个工作日。

(四)低压非居民类业扩报装(含变更用电)时限

受理申请后2个工作日内和客户联系,并到现场勘查;供电方案答复不超过7个工作日;对客户受电工程启动竣工检验的期限不超过3个工作日;受电工程检验合格并办结相关手续后,装表接电不超过5个工作日。

(五)高压客户业扩报装(含变更用电)时限

受理申请后2个工作日内和客户联系,并到现场勘查;

高压单电源客户供电方案答复不超过15个工作日,高压双电源客户供电方案答复不超过30个工作日;

客户受电工程设计文件和有关资料审核的期限不超过20个工作日；用户受电工程启动中间检查的期限不超过5个工作日；对客户受电工程启动竣工检验的期限不超过5个工作日；受电工程检验合格并办结相关手续后，装表接电不超过5个工作日。

(六) 电动汽车充换电设施业扩报装时限

1. 低压充换电设施

受理申请后1个工作日内和客户联系，并到现场勘查；供电方案答复不超过2个工作日；对客户受电工程启动竣工检验的期限不超过1个工作日；受电工程检验合格并办结相关手续后，当场装表接电。

2. 高压充换电设施

受理申请后2个工作日内和客户联系，并到现场勘查；高压单电源客户供电方案答复不超过15个工作日，高压双电源客户供电方案答复不超过30个工作日；客户受电工程设计文件和有关资料审核的期限不超过5个工作日；对客户受电工程启动竣工检验的期限不超过5个工作日；受电工程检验合格并办结相关手续后，装表接电不超过5个工作日。

(七) 分布式电源项目

受理申请后2个工作日内和客户联系，并到现场勘查；接入系统方案答复的时限为：第一类分布式电源项目35个工作日（其中分布式光伏单点并网项目20个工作日、多点并网项目30个工作日）；第二类分布式电源项目60个工作日；客户工程设计文件和有关资料审核的时限为：第一类分布式电源项目5个工作日；第二类分布式电源项目10个工作日；电能计量装置安装工作时限为：380(220)伏接入项目5个工作日，35千伏、10千伏接入项目8个工作日；启动并网验收调试的工作时限为10个工作日。

五、服务忌语

(一) 推诿类

"我不知道……"

"马上放假了，你节后再来吧。"

"我要下班了，你去别的窗口吧。"

"办业务/开票（客户要找）的人不在，办不起来。"

"我们这儿没这个业务。"

"材料不全不好办。"

"你这个要到××××营业厅才能办。"

(二) 敷衍类

"估计/有可能/大概……"

"应该是发错短信了……"

"短信是群发的,我们也不知道。"

"你要这样想我也没办法。"

"你在旁边等一等吧。"

(三) 不耐烦

"你怎么解释不通/不能理解呢?"

"你的电费不是交给我的,你交给谁找谁。"

"不是跟你说过了吗?我刚才跟你讲过了呀!"

"不能每次都给你查!"

"你要投诉就直接投诉好了。"

"没看我忙着吗?有事快说。"

(四) 随意承诺

"急什么,迟早帮你装好。"

"三四个小时就有电了。"

"要不然你就去找领导看看能不能办。"

"肯定会有人跟你联系的。"

第三章 营业业务

第一节 新装、增容业务收资

业务扩充,是受理客户用电申请,根据客户用电需求和电网供电的实际情况,办理用电与供电不断扩充的有关业务工作,即从受理客户用电申请,到向其正式供电为止的全过程。

业务扩充是电力营销业务工作的起点,业务扩充的实质是寻找和发展新客户(新装),扩大老客户的需求(增容)。业务扩充是市场开拓的结果,是电力企业向用电客户销售电力商品的受理环节,属售前服务行为。

一、电力客户建户原则(出处:《江苏省电力公司关于进一步明确营业管理若干问题的通知》苏电营〔2014〕731号)

电力客户办理电力新装业务,应以房屋产权证明、项目(土地、规划)等行政许可文件认定的项目范围为依据,建立供用电关系。行政许可文件认定的相连(无规划市政道路、建筑等间隔)用电范围内,原则上只能设置一个受电点,按一个用电客户进行管理和计费,并按不同电价类别分别安装用电计量装置。

(一)居民客户

(1)零散居民客户以房产证明或宅基地证明为建户依据。

(2)新建居住区(包括商住两用小区、酒店式公寓)的住宅部分实行"一户一表"供电,以规划、土地、房产等文件认定的产权分割方式为建户依据。

(二)商业、办公客户

(1)在满足技术条件的前提下,商业、办公客户宜以房产、规划、土地等文件认定的产权分割方式为依据分开建户。建户方式应与房产开发单位协商确定，并经房产开发单位书面确认。

(2) 商业、办公楼宇：

① 同一规划红线内的所有楼宇产权属同一产权人，设立一户；相邻规划红线(无规划市政道路、建筑等间隔)包括的所有楼宇产权属同一产权人，设立一户。

② 同一规划红线内的楼宇分属不同产权人，可按楼宇建户。

③ 同一栋楼内若用电场所以固定墙壁相互物理隔绝，配线分开，且分属不同产权人时，可分别建户。

(3) 沿街店铺产权分属不同产权人时，应分别建户。

(三) 工业客户

(1) 同一规划红线内的工业项目，设立一户；相邻规划红线(无规划市政道路、建筑等间隔)属同一用电主体，设立一户。

(2) 规划红线不相邻或以市政道路分隔的同一用电主体，可分别建户。

(3) 经县级及以上发改、规划、国土等部门批准，主要为中小企业集聚发展和外来工业投资项目提供生产经营场所的经济开发区、工业园，且属同一规划红线范围内，由政府(或下属投资管理公司)建设的工业厂房项目，可按建筑分开建户。规划红线内相邻建筑物为同一实际用电主体的，应按同一用电主体设立一户；规划红线内非相邻的同一用电主体，可分别建户。供电方案应按照项目总体规划，确定总用电容量和外部电网接入方式，并适当留有远景发展余地，相关接入工程应一次性建设完成。

(四) 公共开放场所

对开放式公园、观景走廊、广场等占地面积较大、负荷密度较低且呈点状分布的公共开放场所，在不满足集中供电技术条件的前提下，可结合负荷分布情况，分别建户供电。

二、居民新装、增容收资

《供电营业规则》第 16 条规定，任何单位和个人需新装用电、增加用电容量等，都需要到供电企业办理用电手续。供电企业应在营业场所公告办理各项用电业务的程序、制度和有关的收费标准。

(一) 受理用电申请的方式

可通过供电营业厅、掌上电力 APP 或 95598 智能互动网站提交正式用电申请，也可通过 95598 客服电话、95598 智能互动网站等渠道咨询用电业务办理流程。我们提供全省异地业务受理服务，城区各营业厅均可受理全省范围内的用电申请。

(二) 房屋产权证明

房产证明是客户用电地址（建筑物）合法性的重要证明资料。可以是房产证、建房许可证、房管公房租赁证、房屋居住权证明、宅基地证明、购房合同等。

(三) 产权人有效身份证明

可以是身份证、军官证、护照等有效证件。说明：在收到用户的房产证明或身份证明材料后，可请用户填写书面承诺后为用户提供"一证受理"服务，在现场装表接电时补齐其他资料。

(四) 承诺书

承诺书

国网×××供电公司：

　　本人申请办理用电，用电地址_____，申请容量_____千伏安（千瓦）。因_____原因，目前暂仅能提供房屋产权证，其他用电申请资料在以下时间点提供：

　　在装表前提交资料：《　　　　　》。

　　在装表前提交资料：《　　　　　》。

　　为保证能够及时用电，请供电公司先行启动相关服务流程，本人承诺：

1. 我已清楚了解上述各项资料是完成用电报装的必备条件，不能在规定的时间提交将影响后续业务办理，甚至造成无法送电。若因我无法按照承诺时间提交相应资料，由此引起的流程暂停或终止、延迟送电等相应后果由我自行承担。

2. 我已清楚了解所提供各类资料的真实性、合法性、有效性、准确性是合法用电的必备条件。若因我提供资料的真实性、合法性、有效性、准确性问题造成无法按时送电，所造成的法律责任和各种损失后果由我全部承担。

用电人（承诺方）：

年　月　日

三、低压非居民新装、增容收资

个人客户：(1)房屋产权证明；(2)房屋产权人身份证明；(3)经办人身份证明。

企业客户：(1)用电人主体资格证明材料(营业执照、法人证书等)；(2)法人代表(负责人)身份证明或法人代表(负责人)开具的委托书及被委托人的身份证明；(3)房产证明材料(如用电人租赁房屋，需提供房屋租赁合同及房屋产权人授权用电人办理用电业务的书面证明)；(4)负荷组成和用电设备清单。

说明：如用户递交申请时，暂只能提供主体资格证明材料，可请用户填写书面承诺后为用户提供"一证受理"服务，在现场装表接电前补齐所缺资料。

四、高压新装、增容收资

(1)用电人主体资格证明材料(营业执照、法人证书等)；

(2)法人代表(负责人)身份证明或法人代表(负责人)开具的委托书及被委托人的身份证明；

(3)政府投资主管部门批复文件；

(4)土地和房产证明材料(如用电人租赁房屋，需提供房屋租赁合同及房屋产权人授权用电人办理用电业务的书面证明)；

(5)主要电气设备清单，影响电能质量的用电设备清单；

(6)宗地测量成果报告或规划红线图，厂区总平面图或用电地址平面图，综合管线图。

说明：(1)高耗能行业客户还需提供环评批复、节能评估报告。(2)如用户递交申请时，暂只能提供主体资格证明材料，可请用户填写书面承诺后为用户提供"一证受理"服务，在现场装表接电前补齐所缺资料。

五、光伏收资

分布式光伏业务按投资主体可分为：(1)居民客户；(2)企业客户。

分布式光伏业务按上网方式可分为三种：(1)全部上网；(2)自发自用余电上网；(3)全部自用。

居民客户光伏收资：(1)身份证原件及复印件；(2)房产证等项目合法性支

持性文件；(3)对于利用居民楼宇的屋顶或外墙等公共部位建筑的项目，应征得同一楼宇内其他住户和物业对安装的书面同意意见。

企业客户光伏收资：(1)经办人身份证原件及复印件和法人委托书原件(或法定代表人身份证原件及复印件)；(2)企业法人营业执照、土地证；(3)发电项目前期工作资料；(4)政府投资主管部门同意项目开展前期工作的批复(仅适用需核准项目)；(5)用户电网相关资料(仅适用大工业用户)。

六、电动汽车充电桩收资

低压客户：(1)客户有效身份证明；(2)固定车位产权证明或产权单位许可证明；(3)街道办事处或物业出具同意使用充换电设施及外线接入施工的证明材料；(4)充电桩技术参数资料。

高压客户：(1)客户有效身份证明(包括营业执照或组织机构代码证、法人身份证等)；(2)固定车位产权证明或产权单位许可证明(包括土地或房产证明)；(3)充电桩技术参数资料；(4)高压客户负责充换电设施外线接入部分所涉及的政策处理、市政规费、青苗赔偿。

七、资料说明

2011年6月30日省公司下发苏电营〔2011〕1025号《转发国网公司关于进一步规范高耗能、高排放行业业扩报装管理的紧急通知》文件，文件规定：严格规范高耗能行业业扩报装管理工作，高耗能行业用电项目在申请用电时必须提供与当前用电项目内容及时间相匹配的县级及以上政府部门审批(核准、备案)文件、环评报告以及土地预审批文、生产许可证等其他必要申请资料。

(一)项目批准文件

(1)立项部门：根据分工、职责不同，立项的部门分别为发改委或经信委。即项目批准文件的发文单位应该是发改委或经信委。

(2)项目批文的形式：根据投资体制改革有关政策要求，分为审批、备案、核准三类。

(3)审批：对政府投资建设的项目，实行审批制。

(4)核准和备案：对企业不使用政府投资建设的项目，区别不同情况实行核准制和备案制。其中，政府仅对重大项目和限制类项目从维护社会公共利益角度进行核准，其他项目无论规模大小，均为备案制。

根据需要，项目核准机关对符合产业政策的项目可向项目申报单位出具同意开展前期工作的意见，如《关于同意××项目开展前期工作的通知》。该通知的出具是为了便于相关职能部门进行环境保护、土地使用、资源利用、安全生产、城市规划等专业审查，不等于项目批文。对持有该通知的项目，最终还是应该有正规的项目批文。

（5）项目批文的有效期：一般情况下，各类项目批文的有效期为两年，自签发之日起计算。对某些大型建设项目，可以适当延长有效期到五年或更长。

（二）建设工程规划许可证

2007年12月30日《国务院办公厅关于严格执行有关农村集体建设用地法律和政策的通知》规定："对未取得合法用地手续的建设项目……电力和市政公用企业不得通电。"

2008年6月30日经苏州市经济贸易委员会同意，对不能提供项目批文和用地规划许可材料的项目，供电公司拒绝受理其用电申请；对已受理申请的项目，如客户原申请资料中没有提供项目批文和用地规划许可材料的，客户应在通电前补齐相关材料。否则，供电公司有权拒绝办理接电手续。

相邻城市同等规定，如南京。2009年，南京市委发文明确："城市市政公用、供电等部门没有查验《建设用地规划许可证》《建设工程规划许可证》或《建设用地批准书》等合法用地、建设手续，给予新装供水、供气、供电的，以及接到违法用地或违法建设告知后，没有在限定时间内停止供水、供气、供电的，对相关职能部门主要责任人和直接责任人分别给予诫勉谈话。"

八、业务收资不全潜在的经营风险

（一）经营风险

（1）承担不必要的法律风险；

（2）电费回收的风险；

（3）用电主体缺失后，现场遗留设备有潜在安全风险，准容量虚占后，影响电网运行资源的有效利用。

(二) 案例

1. 意迪蔺业

2004年该项目所处车坊属于吴中区,时吴城公司在受理时未要求客户提供建设工程规划许可文件。待客户通电前,车坊行政区域划归园区娄葑镇,镇政府认为该户在工程规划许可方面手续不齐全,采用了行政政令要求供电公司不予接电。

2. 园区唯亭镇

2008年10月10日,在园区管委会领导的专项指示下,园区经发局和规划建设局、国土房产局对唯亭范围无证施工项目开展了清理处理。其中三个项目因不涉及规划性质的调整,作为临时建筑予以保留,但要求补办所有手续。一个项目与规划性质不符,责令限期拆除。

3. 常熟航达钢铁

2004年有项目前期文件后常熟公司受理其申请。该项目最终因环评未通过,2007年2月份国家环保总局勒令限期关停。欠交电费400多万元,占当时全市电费总欠费额的一半以上。

思考题

1. 分布式光伏业务如何收资？
2. 电动汽车充电桩如何收资？

第二节　业扩业务流程

一、居民新装、增容业务流程

(一) 居民"1+1"

(1) 适用范围：16千瓦以下单相供电的零星居民客户。

(2) 受理方式：可通过供电营业厅、掌上电力APP或95598智能互动网站提交正式用电申请,也可通过95598客服电话、95598智能互动网站等渠道咨询用电业务办理流程。我们提供全省异地业务受理服务,城区各营业厅均可受理全省范围内的用电申请。

(3) 办理流程：递交用电申请；缴纳业务费用并签订供用电合同；装表接电。

(4) 服务时限：如用电现场具备直接装表条件，在受理用电申请后的下一个工作日完成接电（也可以预约其他工作日上门）。

(二) 居民非"1+1"

(1) 适用范围：16千瓦及以上零散居民新装、增容用电及三相居民新装、增容用电。

(2) 受理方式：可通过供电营业厅、掌上电力APP或95598智能互动网站提交正式用电申请。城区各营业厅均可受理全省范围内的用电申请。

(3) 办理流程：递交用电申请；现场勘查及确定供电方案；缴纳业务费用；签订供用电合同及相关协议；装表接电。

(4) 服务时限：受理申请后2个工作日内和客户联系，并到现场勘查；供电方案答复不超过3个工作日；受电工程检验合格并办结相关手续后，装表接电不超过3个工作日。

二、低压非居民新装、增容业务流程及服务时限

(1) 受理方式：可通过供电营业厅、掌上电力APP或95598智能互动网站提交正式用电申请，也可通过95598客服电话、95598智能互动网站等渠道咨询用电业务办理流程。我们提供全省异地业务受理服务，城区各营业厅均可受理全省范围内的用电申请。

(2) 业务流程，见图3.1。

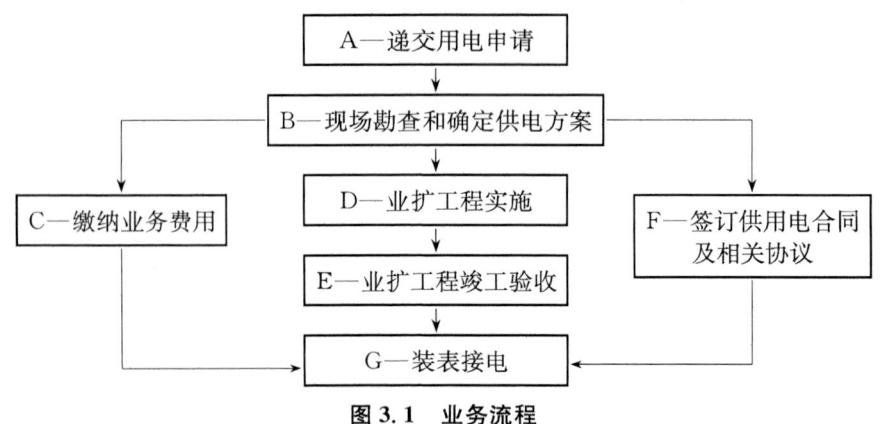

图3.1 业务流程

客户做的：A、C、D；公司提供的服务：E、G；双方共同完成：B、F。

(3) 服务时限：受理申请后2个工作日内和客户联系，并到现场勘查；供电方案答复不超过7个工作日；供电方案有效期3个月；对客户受电工程启动竣工检验的期限不超过3个工作日；受电工程检验合格并办结相关手续后，装表接电不超过5个工作日。

三、高压新装、增容业务流程及服务时限

（一）受理方式

可通过供电营业厅、掌上电力APP或95598智能互动网站提交正式用电申请，也可通过95598客服电话、95598智能互动网站等渠道咨询用电业务办理流程。我们提供全省异地业务受理服务，城区各营业厅均可受理全省范围内的用电申请。

（二）办理流程

见图3.2。

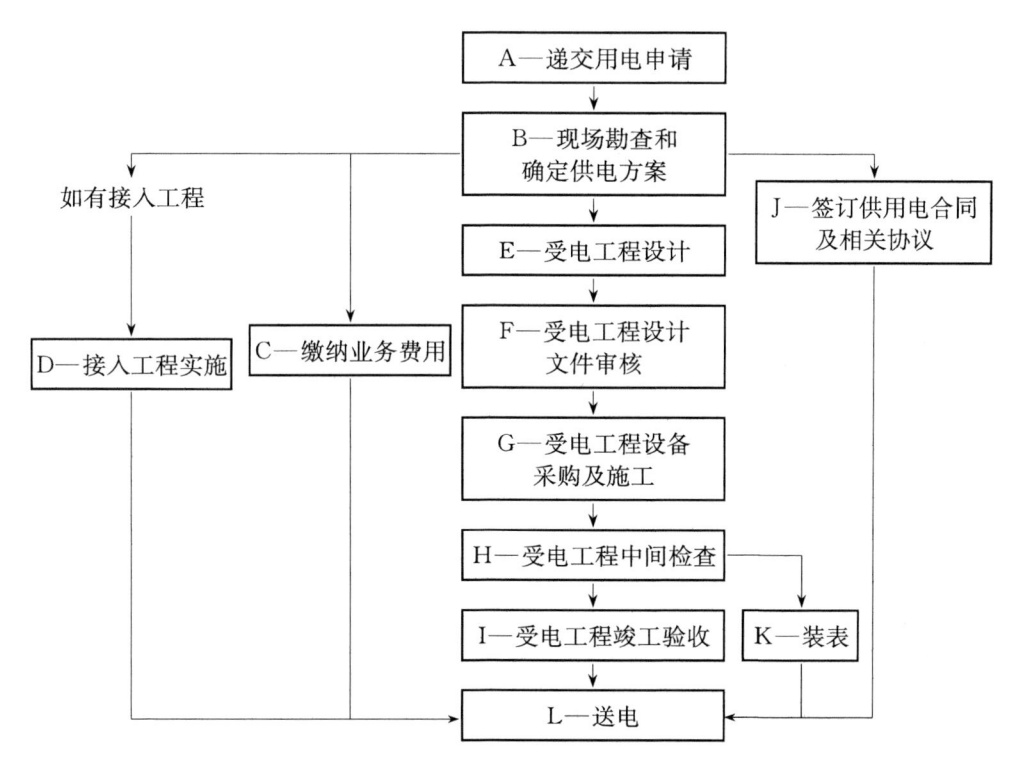

图3.2 办理流程

客户做的：A、C、E、G；公司提供的服务：D、F、H、I、K、L；双方共同完成：B、J。

(三) 服务时限

受理申请后2个工作日内和客户联系，并到现场勘查；高压单电源客户供电方案答复不超过15个工作日，高压双电源客户供电方案答复不超过30个工作日；供电方案有效期一年；客户受电工程设计文件和有关资料审核的期限不超过20个工作日；用户受电工程启动中间检查的期限不超过3个工作日；对客户受电工程启动竣工检验的期限不超过5个工作日；受电工程检验合格并办结相关手续后，装表接电不超过5个工作日。

(四) 高压新装业务流程环节要点

1. B—现场勘查和确定供电方案

(1) 服务方式：受理您的用电申请后，我们会与您预约时间勘查用电现场供电条件，初步确定供电方案。在经过技术经济比较和与您充分协商的基础上，我们将在承诺时限内向您提供供电方案书面答复意见。

(2) 服务时限：自受理您的用电申请之日起，高压单电源客户方案答复期限不超过15个工作日，高压双电源客户方案答复期限不超过30个工作日。

(3) 供电方案有效期限：自供电方案通知书正式发出之日起，至缴纳相关费用并受电工程开工日止，高压供电方案有效期为一年，逾期注销。如您遇有特殊情况需延长供电方案有效期的，应在有效期到期前10天向我公司提出申请，我们将视情况为您办理延长手续。

2. D—接入工程实施

服务方式：您需委托具备资质的工程设计、施工、监理及供货单位实施接入工程，我们免费为您提供项目建设管理服务。

接入工程的几个阶段：(1) 工程设计；(2) 设计审核；(3) 设备购置、工程施工；(4) 工程验收。其中：

(1) 设计审核：

① 设计任务完成后，客户递交设计资料(含概算)至营业厅，营业厅记录审核申请受理日期。

② 供电公司应在规定的时限内出具书面审核意见。

③ 营业厅记录审核答复日期和客户签收日期。

④ 设计单位根据返回的审查意见，完成设计文件的修订后应再次报审，直至审核合格通过。

(2) 设备购置、工程施工：

① 设计审核通过后，营销客户经理提请客户根据设计单位提供的设备清册，选择大宗物资供货厂商。

② 建设管理部门负责与客户、施工(监理)单位签订施工(监理)三方合同。设计单位编制的工程概算、客户盖章确认的大宗物资供货厂商选择结果应作为施工(监理)合同的附件材料。

③ 施工(监理)三方合同签订后，营业厅通知客户缴纳接入工程费。在接入工程收费后，营业厅暂开具收款收据，告知客户须待工程结束，结算确认并结清费用后凭收款收据换取施工和监理发票。

④ 接入工程实行项目经理负责制，由建设管理部门落实项目经理全程跟踪工程进展，组织工程实施。

⑤ 项目经理组织设计、施工、监理等相关人员，对接入工程进行现场交底，对涉及工程内容、安全、质量、工期等进行明确。

⑥ 施工单位应编制工程技术、安全、组织措施，出具开工报告，营业厅记录开工报告递交日期。

(3) 工程验收：

① 中间检查：

- 施工单位应提交中间检查申请书，营业厅记录受理日期。
- 项目经理应在5个工作日内组织完成接入工程中间检查工作，出具书面检查意见。
- 营业厅将检查意见书交施工单位，并存档施工单位签收记录。营业厅记录检查意见答复日期和施工单位签收日期。

② 竣工验收：

- 施工单位应提交竣工验收申请书，经营业厅受理后将竣工验收材料交项目经理组织验收。营业厅记录受理日期。
- 项目经理应在5个工作日内完成接入工程竣工验收工作，出具书面验收意见。
- 营业厅将验收意见书交施工单位，并存档施工单位签收记录。营业厅记录验收答复日期和施工单位签收日期。
- 若工程实施过程中发生重大变更，项目经理应提请客户根据变更方案重新联系设计单位出具设计变更及工程概算书,经运维检修部门审核通过后继续实施(如工程概算增加,客户需补缴相关费用)。

3. E—受电工程设计委托

服务方式:请您在确认我们出具的《供电方案答复通知书》后,以供电方案为依据,自主选择具备资质的设计单位进行受电工程设计。

4. F—受电工程设计文件审核

(1)服务方式:请您在受电工程设计完成后,设备订货前,填写《受电工程图纸审核登记表》,并附上设计文件和有关资料送我公司审核。审核合格后,我们将出具《受电工程设计文件审核结果通知单》,同时交还您一份加盖供电部门"审验章"的设计图纸,作为施工依据。

(2)服务时限:自受理之日起,高压供电客户设计图纸审核不超过20个工作日。图审合格后,如因您自身原因需要变更设计的,应将变更后的设计文件再次送审,通过审核后方可进行设备采购及施工。

(3)工程设计文件:受电工程设计及说明书;用电负荷分布图;负荷组成、性质及保安负荷;影响电能质量的用电设备清单;主要电气设备一览表;节能措施及主要生产设备、生产工艺耗电以及允许中断供电时间;高压受电装置一、二次接线图与平面布置图;用电功率因数计算及无功补偿方式;继电保护、过电压保护及电能计量装置的方式;隐蔽工程设计资料;配电网络布置图;自备电源及接线方式;供电企业认为必需的其他资料。

(4)审查主要内容:受电工程设计单位资质是否符合有关规定。受电工程设计是否根据经供用电双方确认的供电方案,设计内容是否严格遵守国家、地方有关电力工程的规范、标准及规程要求。

5. G—受电工程设备采购及施工

服务方式:您可以依据经供电公司审核的设计文件,自主选择具备资质的施工单位及设备供货单位进行受电工程建设。

6. H—受电工程中间检查

(1)服务方式:受电工程中的隐蔽工程(指受电工程的接地装置、暗敷管线等)须经供电企业组织中间检查。在隐蔽工程施工期间,请向我们递交《受电工程中间检查登记表》及相关资料,通知我们进行受电工程中间检查。我们将在受理后,及时与您预约时间并进行中间检查。对中间检查中发现的缺陷,我们将出具《中间检查结果通知单》。请您按《中间检查结果通知单》督促施工单位消除缺陷。消缺完成后申请复验,复验合格后方可继续施工。

（2）服务时限：自接到申请之日起,我们将在5个工作日内组织中间检查。

7. I—受电工程竣工验收

（1）服务方式：您的受电工程完工后,请您向供电公司递交《竣工验收申请表》及相关资料,我们将在受理后,及时与您预约时间进行工程竣工检验。对竣工检验中发现的缺陷,我们将出具《竣工验收结果通知单》。请您按《竣工验收结果通知单》督促施工单位消除缺陷,消缺完成后通知我们再次检验,直至合格。

（2）服务时限：自接到受电装置竣工报告和检验申请之日起,我们将在5个工作日内组织竣工验收。

（3）竣工报验资料：工程竣工图及说明;电气试验及保护整定调试记录;安全工器具试验报告;隐蔽工程的施工及试验记录;运行管理的有关规定和制度;值班人员名单及资格;设计、施工单位的资质证书复印件;电气主设备的型式试验报告和3C认证证书复印件;供电企业认为必要的其他资料或记录。

（4）验收主要内容：受电工程建设是否符合受电工程设计文件要求。受电工程施工单位资质是否符合有关规定。受电工程电气设备是否符合有关规定。客户值班电工配备是否符合有关规定。

客户值班电工配置相关要求如表3.1所示。

表3.1　　　　　　　　客户值班电工配置相关要求

电压等级	电工配置达标数量	备 注
220 kV	8	专职电工
110 kV	8	专职电工
35 kV	6	专职电工
10(20)kV （高供高计双电源）	4	专职电工
10(20)kV （高供低计双电源）	2	专职电工
10(20)kV （单电源高供高计正式用电）	2	可兼职

续 表

电 压 等 级	电工配置达标数量	备 注
10(20)kV （单电源高供低计正式用电）	2	可兼职
10(20)kV 临时用电	2	可兼职（兼职户数不限，但需提供劳务合同）

E~I 受电工程的几个阶段：① 工程设计，② 设计审核，③ 设备购置，工程施工，④ 工程验收。

8. J—签订供用电合同及相关协议

服务方式：在正式接电前，我们将与您签订供用电合同，并根据情况与您签订电费结算协议、电力调度协议、重要电力客户自备应急电源管理协议书、电力设施保护安全协议、供用电安全协议等，作为供用电合同的附件，约定双方的权利和义务。供用电合同及相关协议依据国家、行业、地方法律法规，按照平等自愿、协商一致的原则签订。

9. K—装表接电

（1）服务方式：工作人员为您安装电能表并组织启动送电。

（2）服务时限：在您的受电装置检验合格并办结相关手续、结清费用后，我们将在5个工作日内为您装表接电。

（五）供用电合同

（1）供用电合同的定义：《合同法》规定《供用电合同》是供电人向用电人供电，用电人支付电费的合同。

（2）合同管理的重要性：一是维护供电企业自身合法权益的需要；二是供电企业诚信经营、优质服务的需要；三是实时管理供用电合同，减少供用电纠纷。

（3）合同管理存在的问题：一是缺失专门的合同管理机构；二是忽视过程管理；三是缺乏合同的履行监督。

（4）有下列情形之一的，合同无效：

① 一方以欺诈、胁迫的手段订立合同，损害国家利益；

② 恶意串通，损害国家、集体或者第三人利益；

③ 损害社会公共利益；

④ 违反法律、行政法规的强制性规定。

【案例 1】 某化肥厂由安装公司担保向供电公司借现金 35 万元,化肥厂与供电公司签订了借款合同,约定期限为 6 个月,月利率为 2‰,安装公司法人代表也在担保栏内签字盖印。借款到期后,化肥厂没有归还供电公司本金,供电公司遂起诉化肥厂,要求返还本金 35 万元及约定的利息。

法院审理认为:原被告签订的借款合同虽属双方的真实意思表示,但违反了有关法律规定,属于无效合同,被告应返还本金 35 万元。据此,法院依据《合同法》的规定,判处化肥厂返还供电公司 35 万元。

(5) 合同签订前的准备:供电人的主体资格审查、用电人的主体资格审查。

【案例 2】 林某以装修公司的名义与万某签订了装修协议,协议对装修价款和工期等做了约定。万某付款 6 万元后林某开始装修,装修过程中林某施工给楼下业主造成损失,万某发现已完工部分的工程质量严重不合格,工程也没有按照约定完工。万某遂向法院起诉,要求林某退还全部工程款,赔偿楼下住户漏水的修复费用。

法院判决:装修协议无效,林某返还工程款 2 万元,支付修复费 1.3 万元,赔偿楼下住户损失 3 000 元。

评析:本案林某没有营业执照,不具备主体资格承揽装修工程,林某与万某签订的合同属于无效合同,林某不具有相应的民事行为能力。

启示:供电企业的分支经营机构乡镇供电所,未经持有供电营业许可证并具有法人资格的供电公司的授权,与客户签订供用电合同,一旦发生纠纷,也会面临合同无效而导致经济损失的后果。一个供电营业区只能设立一个供电营业机构,即县市级供电公司,下设的供电所不具备法人资格,不能直接与客户签订供用电合同。

(6) 合同审核:合同审核人员对合同条款是否齐全严密,意思表示是否确切,内容是否符合法律法规和政策的规定进行评价和审查。审查人员对合同的合法性和严密性负责。一般来说,任何合同未经审查不得签约,不得签订在前,审查在后。

(7) 合同审批:合同法定代表人或授权委托代理人行使合同的批准权。批准人对合同负责。

> 思考题

1. 有一零散居民客户星期五下午3点申请居民新装,要求本周六为其接电。请问可否满足客户需求?

2. 有一零散居民客户星期四下午3点申请居民新装。星期五上午客户打电话到营业厅,因出差,家中无人配合,要求改期到下周一接电。营业厅客户受理员应做好哪些事项?

3. 请画出低压非居民新装、增容的业务流程图,并说出哪些是客户做的?哪些是供电公司做的?哪些是需要双方共同完成的?

第三节　业务收费

省物价局《关于公布供电经营服务性收费情况结果的通知》(苏价工〔2016〕179号),自2016年9月1日起执行。

一、取消项目

包括复电费(非居民用户和居民用户的远程自动复电费取消,保留对居民用户提供上门复电服务时收取复电费)、移表费、复验费、用户受电及配电方案咨询费、用电启动方案编制费、电力负荷管理装置迁移费、临时用电定金及超期收入7项。临时用电预交的接电费用由用户与供电企业以合同方式约定。

二、放开项目

包括单相峰谷分时电能表和三相峰谷分时电能表、应急移动发电车有偿服务三个收费项目实行市场调节价,具体收费标准由双方协商确定。其中应急移动发电车服务对重大公益项目和突发事件应提供免费服务。

三、保留(降低)项目

包括居民用户上门复电服务费、居民电力增容费、电费交费卡补办工本费、电动汽车充换电服务费、港口船舶岸基供电服务费、电力负荷管理终端设备费等六项。电力负荷管理终端设备费100 kVA及以上(Ⅰ型)降为5 000元/户、

50 kVA～100 kVA(Ⅱ型)降为 2 000 元/户。电力负荷管理终端设备费的征收对象为新装电力用户,该收费标准已含设备安装、维护、迁移和通信等费用。

备注:2017 年 5 月份已取消电力负荷管理终端费。

四、高可靠性供电费

(一) 适用范围

对申请新装及增加用电容量的两路及以上多回路供电(含备用电源、保安电源)用电户,在国家没有统一出台高可靠性电价前,除供电容量最大的供电回路外,对其余供电回路收取高可靠性供电费用。

(二) 收费标准

见表 3.2。

表 3.2　　　　　　　　　　　收费标准

用户受电电压等级 (千伏)	高可靠性供电费用 (元/千伏安)	自建本级电压外部供电工程应缴纳的 高可靠性供电费用(元/千伏安)
0.38/0.22	270	220
10	220	160
20	200	125
35	170	90
110	90	

(三) 注意事项

(1) 对新增双电源或多路电源用电户,按合同约定容量最大的一路电源停收高可靠性供电费用;其余各路电源按合同约定容量收取高可靠性供电费用。

(2) 每一回路的约定容量为合同约定的该路电源最大供电容量,即在其他回路电源失电情况下,该路电源为保证用户认可的重要负荷运转而允许供给的最大容量,有别于变压器容量。在全容量备用情况下,双回路电源的合同约定容量均为变压器总容量。

(3) 地下电缆供电工程高可靠性供电费用标准按架空线路供电工程高可靠性供电费用标准的 1.5 倍执行。

(4) 对于两路及以上多回路供电(含备用电源、保安电源)的用电客户,对除供电容量最大的供电回路以外的每回路区分电缆及架空线不同标准分别计收高可靠性供电费用。客户业扩工程电网接入点电源侧为地下电缆接入的,其高可靠性供电费用按架空线标准的1.5倍计收。

(5) 对两路及以上多回路供电(含备用电源、保安电源)的电力客户,业扩工程中有接入工程的(或系统变电站新出线路),其高可靠性供电费用按自建本级电压外部工程标准收取;业扩工程中无接入工程的,其高可靠性供电费用按非自建本级电压外部工程标准收取。

(6) 对于居民集中居住区内部的电梯、泵房、消防设施、应急照明用电、超市等由两路及以上多回路供电(含备用电源、保安电源)的用电客户,按供用电合同约定的电压等级和容量,按自建本级电压外部工程标准收取高可靠性供电费用。其中高压双(多)回路供电客户根据居住区电网接入点电源侧区分电缆和架空线接入方式,收取相应标准高可靠性供电费用;低压双(多)回路供电客户按架空线进线标准收取。

(7) 新装及增容的两路及以上多回路的工业客户,在2016年7月1日至2017年12月31日期间缴纳高可靠性费用时,除供电容量最大的供电回路外,其余供电回路按供用电双方约定的容量减半收取高可靠性费用。对2016年7月1日前已缴纳高可靠性费用且在2016年7月1日至2017年12月31日期间送电的工业客户,应按减半标准执行。工业客户是指用电类别为大工业或普通工业的客户。

(四) 相关问题

问:何谓高可靠性费用?

答:高可靠性电费是指对供电可靠性要求高的客户即要求两路及以上多回路供电(含备用电源、保安电源)的客户所收取的费用。

问:如何计算高可靠性电费?

答:(1) 新装用电客户高可靠性供电费计算方法为:

高可靠性供电费 = (多回路总容量 − 最大一路回路容量) × 收费标准

(2) 增容用户高可靠性供电费计算方法为:

高可靠性供电费 = (增容后多回路总容量 − 增容后最大一路回路容量 − 增容前除最大一路回路以外的其余容量) × 收费标准

(3) 双回路(双电源)供电客户高可靠性供电费计算方法为：

高可靠性供电费＝(较小一路用电容量)×收费标准

问：高可靠性供电费用的收取范围和方式分别有哪些？

答：(1) 收取范围：只对申请新装及增加用电容量的两路及以上多回路供电(含备用电源、保安电源)的客户收取。

(2) 收取方式：按客户的供电电压等级及供电容量收取，且只对除供电容量最大的供电回路以外的其余供电回路收取。

问：对两路及以上多回路供电(含备用电源、保安电源)的电力客户，如出现两条及以上回路容量最大且相同，但建设形式不同，应如何收取高可靠性供电费用？

答：应按就低原则收取高可靠性供电费用。

问：对于使用电力蓄能技术装置(指整台或整组容量在50千瓦及以上且具备计量条件的电热锅炉、蓄冷(冰、水)空调)的客户，应如何收取高可靠性供电费用？

答：先按一般客户计算应收高可靠性供电费用的容量，再扣除电力蓄能技术装置的设备容量，所余容量(正值)计收高可靠性费用。

五、居民电力增容费

居民电力增容收费标准如表3.3所示。

表3.3　　　　　江苏省城乡居民电力增容收费标准

分　类	收费标准(元/户)
容量≤8 kW	280
8 kW＜容量≤12 kW	850～980
12 kW＜容量＜16 kW	1 300～1 400
容量≥16 kW	按实收取

注：具体收费标准见各地市物价部门发文。

六、业扩接入工程费

(1) 按国家、省、市有关职能部门核定的电力行业定额及标准收取。

(2) 苏价工〔2006〕264号文明确，非居民用户申请新装、增容用电而引起的接入工程发生的实际费用由非居民用户按实承担。

(3) 接入工程范围包含用户受电装置至电网同等电压等级公用供电设备之间的工程。

七、其他经营性和劳务性收费

(一) 居民用户上门复电服务费

(1) 收费标准：20元/户。

(2) 收费范围：仅限于对居民提供上门复电服务时收取该费用。

(3) 文件号：苏电财〔2016〕920号，苏价工〔2016〕179号。

(二) 电费交费卡补办工本费

(1) 收费标准：3元/张。

(2) 收费范围：在用户办理新装用电、增容用电、变更用电业务提供免费电费交费卡的基础上，对因用户遗忘、遗失等原因需要补办交费卡的。

(3) 文件号：苏电财〔2016〕920号，苏价工〔2016〕179号。

(三) 赔表费/赔互感器费

(1) 收费范围：在如因供电企业责任或不可抗力致使计费电能表出现或发生故障的，供电企业应负责换表，不收费用；其他原因引起的，用户应承担赔偿费或修理费。

(2) 收费标准：按省公司发布的年度电能表、电流互感器中标均价执行。

(3) 文件号：《供电营业规则》第77条。

(四) 违约使用电费

具体标准见《供电营业规则》第100条、第102条。（中华人民共和国电力工业部令第8号《供电营业规则》）

(五) 应急移动发电车有偿服务费

实行市场调节价，具体收费标准由双方协商确定，其中应急移动发电车服务对重大公益项目和突发事件，应提供免费服务。（苏电财〔2016〕920号、苏价工〔2016〕179号）

(六) 港口船舶岸基供电服务费

2020年前，船舶岸基服务费委托各市人民政府价格主管部门实行政府指导价管理,其服务费标准上限由各市根据本地船舶岸基供电设施运营的实际情况制定并调整。(苏电财〔2016〕920 号、苏价工〔2016〕179 号)

(七)电动汽车充换电服务费

换电服务按照车辆行驶里程收取,充电服务价格按充电电度收取,具体执行价格水平由当地价格主管部门会同有关部门定期测算,公布最高执行价格。(苏电财〔2016〕920 号、苏价工〔2016〕179 号)

八、案例

【案例 1】 某居住区内公办幼儿园申请新装 250 kVA 变压器一台,另需 0.4 kV 50 kW 备用电源。供电公司答复的供电方案为:10 kV 林唐线东方配电所 101 高压开关电缆出线供;10 kV 跨塘线居住区内高浜配变 0.4 kV 架空接户线供。请问涉及应缴纳的业务费用项目是什么?标准是多少?

答:高可靠性供电费用,11 000 元(按 0.4 kV 架空自建标准,即 220 元/kW,计费容量为 50 kW)。

【案例 2】 某居住区内超市申请新装 250 kVA 变压器一台,另需 0.4 kV 50 kW 备用电源。供电公司答复的供电方案为:20 kV 林唐线东方配电所 101 高压开关电缆出线供;10 kV 跨塘线居住区内高浜配电所 302 低压开关电缆出线供。请问涉及应缴纳的业务费用项目是什么?标准是多少?

答:高可靠性供电费用 11 000 元(按 0.4 kV 架空自建标准,即 220 元/kW,计费容量为 50 kW)。

思考题

1. 对于双电源或多电源改压变更用电客户该如何收取高可靠性供电费用?还用注意哪些问题?

2. 某用户原两路供电各供 800 kVA,供电方式为两路电源同时供电,申请增容 800 kVA,增容后一路供电容量为 800 kVA,另一路供电容量为 1 600 kVA(原 800 kVA 增容至 1 600 kVA),由 189 光明线 2#杆供 1 600 kVA,无外部工程。则应收取多少高可靠性供电费用?

3. 请结合物价局公布的供电经营服务性收费情况,目前供电公司业务的哪些项目还需收取经营性费用?

第四节 变更用电

一、变更用电类别

(一) 变更用电定义

变更用电是指电力客户在不增加用电容量和供电回路数的情况下,由于自身经营、生产、建设、生活等变化而向供电企业申请,要求改变原供用电合同中约定用电事宜的业务。

(二) 变更用电类别

《供电营业规则》中包括:减容、暂停、暂换、迁址、移表、暂拆、更名(过户)、分户、并户、销户、改压、改类十二种变更用电,如图3.3所示。

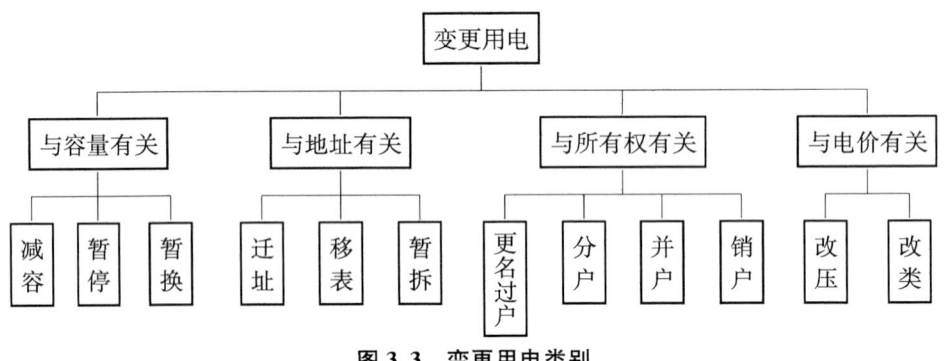

图3.3 变更用电类别

二、改类

定义:在同一受电装置内,电力用途发生变化而引起用电类别改变时,允许办理改类手续。(《供电营业规则》)

(一) 居民开通、关闭分时

(1) 适用范围:已安装分时段计费电能表的居民生活用电客户(不含合表用户、多个计量点用户)。

(2) 办理要求:实名制客户、结清电费、一年之内仅可变更一次,满足收资要求。

（二）更改电价、增加计量点

（1）适用范围：同一受电装置内，电力用途发生变化的用电客户。

（2）办理要求：实名制客户、结清电费、满足收资要求。

（3）注意事项：企事业单位用户需先至营业厅领取《其他业务申请表》，并加盖与户名一致的单位公章。

（三）基本电费计费方式变更（调需量、调容量）

（1）定义：基本电价按变压器容量或按最大需量计费，由用户选择。电力用户可提前15个工作日向电网企业申请变更下3个月的基本电价计费方式。

（2）适用范围：实行两部制电价的高压电力客户。

（3）办理要求：提前15个工作日申请、结清电费、次月生效。

（4）参考文号：苏价工〔2016〕189号、苏电财〔2016〕829号。

（四）约定需量核定值（调核定值）

（1）定义：电力用户可提前5个工作日向电网企业申请变更下一个月的合同最大需量核定值，电力用户增容可同时调整接电当月最大需量核定值。

（2）适用范围：实行两部制电价且按需量计收基本电费的高压电力客户。

（3）办理要求：提前5个工作日、结清电费、次月生效。

（4）参考文号：苏价工〔2016〕189号、苏电财〔2016〕829号。

（五）案例分析

【案例1】 用户原容量为500 kVA，最大需量核定值为300 kW，当月完成增容到1 000 kVA。现用户提出重新约定当月最大需量核定值550 kW，问是否可以办理。

答：此核定值大于可能同时运行的最大运行容量1 000 kVA的40%，同时也未超出主供电源的供电容量即1 000 kVA，允许其办理。

【案例2】 用户电源运行方式为一路主供、一路备用，主供容量1 000 kVA，备用容量500 kVA，现用户提出约定最大需量核定值为550 kW。问是否可以办理。

答：电力用户实际最大需量超过核定值105%的部分的基本电费加一倍收取，105%以内部分按核定值收取。电力用户实际最大需量未超过核定值105%的，按核定值收取。

如因电网企业的计划检修或其他非用户原因造成用户增大的需量,其增大部分可合理扣除。

【案例3】 用户电源运行方式为两路同供(电源A、电源B),分别供两台容量为1 000 kVA的变压器,每路电源供电容量分别为1 000 kVA,不允许一路电源供两台变压器。① 当月若该户电源A实际抄见最大需量为800 kW,电源B为800 kW,② 若当月该户约定最大需量核定值为1 550 kW,问本月该用户基本电费计费需量。

答:(1) 最大需量合计值为1 600 kW(800+800),超过核定值1 500 kW的105%,则超过105%部分的基本电费需加一倍收取。因此本月基本电费计费需量=1 500+(1 600-1 500×1.05)×2=1 550 kW。

(2) 当月若该户最大需量合计值为1 550 kW,介于核定值(1 500)和核定值的105%(1 575)之间,因此本月基本电费计费需量按核定值1 500 kW计收。

三、暂停

(一) 暂停概述

(1) 定义:客户可申请全部(含不通过受电变压器的高压电动机)或部分用电容量的暂时停止用电。

(2) 适用范围:此业务适用于高压用电客户,居民用户及低压非居民用户不受理暂停业务。

(3) 办理要求:结清电费,提前5天申请暂停/恢复,满足收资要求。

(4) 业务流程:业务受理→现场勘查→封停/启用用电设备→完整归档。

(5) 业务收费:无。

(二) 注意事项

(1) 电力用户申请暂停、减容不受次数限制。

(2) 暂停时间每次应不少于15日,且一个日历年内累计时间不得超过6个月。

(3) 选择最大需量计费方式的,申请减容、暂停的期限应以日历月为基本单位。

(4) 执行文号:苏价工〔2016〕189号,苏电财〔2016〕829号。

(三) 案例

【案例 1】 用户有两台变压器 a 和 b,其中变压器 a 暂停时间为 1 月 1 日～3 月 31 日。变压器 b 暂停时间为 4 月 1 日～6 月 30 日,请问该用户当年是否可以再申请暂停业务?

【案例 2】 用户有两台变压器 a 和 b,其中变压器 a 暂停时间为 1 月 1 日～3 月 31 日。变压器 b 暂停时间为 3 月 1 日～5 月 31 日,请问该用户当年是否可以再申请暂停业务?

四、减容(临时性、永久性)

(一) 减容概述

(1) 定义:客户申请减容必须是整台或整组变压器的停止或更换小容量变压器用电。

(2) 适用范围:此业务适用于高压用户,居民用户及低压非居民用户不受理减容业务。

(3) 办理要求:结清电费、提前 5 天申请、满足收资要求。

(4) 业务流程:业务受理→现场勘查→答复供电方案→业务收费→(竣工报验→竣工验收→签订合同→)装表接电→完整归档。

(5) 业务收费:业扩接入工程费(有接入工程);非永久性减容无工程费用。

注:减容期限不受时间限制,2017 年 12 月 31 日前申请减容的期限不少于 1 个月。之后暂时无规定。

(6) 注意事项:

① 电力用户申请暂停、减容不受次数限制。

② 减容期限不受时间限制,2017 年 12 月 31 日前申请减容的期限不少于 1 个月,减容超过两年恢复的按新装或增容手续办理。

③ 选择最大需量计费方式的,申请减容、暂停的期限应以日历月为基本单位。

(7) 执行文号:苏价工〔2016〕189 号、苏电财〔2016〕829 号。

(二) 减容(暂停)对基本电费计算的影响

(1) 减容(暂停)自设备加封之日起,减容(暂停)部分免收基本电费。但减容时间必须满 1 个月,未满 1 个月的不减收基本电费;暂停时间必须满 15 日,未满 15 日的不减收基本电费。

（2）选择最大需量计费方式的，申请减容、暂停的期限应以日历月为基本单位。减容、暂停可同时约定次月最大需量核定值，当月最大需量核定值不变。

注：应按照单一制计费，执行相应的分类电价标准、峰谷分时电价标准。两部制电价用户因减容（暂停）后需改为单一制的，功率因数调整电费标准仍按现供用电合同执行。按容量方式计费的，变压器停用或减容接电当月，电度电费、基本电费分段计算。

（三）减容（暂停）对执行电价的影响

（1）减容（暂停）后容量达不到实施两部制电价规定容量标准的，应改为相应类别的单一制电价计费。

（2）功率因数调整电费标准按照供用电合同执行。

（3）其中按容量方式计收的基本电费按实际执行天数计算。

（4）按最大需量方式计费的，当月1日变压器停用或减容接电的满足整日历月要求，调整后的电价计费参数在当月1日起生效；不满足整日历月要求的，调整后的电价计费参数次月1日生效。

（四）案例

【案例1】 用户变压器容量为500 kVA，电价执行标准为两部制电价（按变压器容量计费方式），执行分时，功率因数调整电费标准为0.90。现于10月20日减容至80 kVA，减容期限2个月。问该户电费计算方式如何变化。

答：由于运行容量已低于两部制电价执行标准，则10月20日前仍按原500 kVA执行两部制电价，10月20日起改按单一制电价执行，不执行分时电价（减容后的容量小于100 kVA），功率因数调整电费标准仍为0.90。

【案例2】 用户变压器容量为500 kVA，电价执行标准为两部制电价（按最大需量计费方式），执行分时，功率因数调整电费标准为0.90。现申请于10月20日~11月30日减容至80 kVA。问该户电费计算方式如何变化。

答：10月仍执行原两部制电价、执行分时，功率因数调整电费标准为0.90；11月份按单一制电价执行，不执行分时电价（减容后的容量小于100 kVA），功率因数调整电费标准仍为0.90。

五、更名过户

（1）定义：客户依法变更用户名称或居民用户变更房主可申请更名、过户业务。

(2) 适用范围：在用电地址、用电类别、用电容量不变的条件下的供电企业用电客户。

(3) 办理要求：原用户与供电企业结清电费(含违约金)、居民客户确认是否清算阶梯基数、满足收资要求。

(4) 收资要求：因各地市收资要求略有不同，按本地要求执行。

六、其他常见业务类型

(一) 暂拆

(1) 定义：用户因修缮房屋等原因需要暂时停止用电并拆表，最长不超过6个月。

(2) 适用范围：此业务适用于低压用户，高压用户不办理暂拆业务。

(3) 承诺时限：5天内拆表。

(4) 注意事项：申请时需携带有效产权证明及户主身份证明原件；户主应携带有效证件至拆表现场签字确认拆表示数等信息；现场有矛盾或纠纷应建议客户协调一致后拆表；建议结清电费至当前示数。

(二) 销户

(1) 定义：用户需永久停止全部用电容量的使用可申请销户。

(2) 适用范围：此业务适用于所有供电企业用电客户。

(3) 业务流程：业务受理→现场勘查→拆除表计→缴纳电费→确定业务收费→终止合同→完整归档。

(4) 业务受理环节注意事项：

① 客户应提供有效产权证明及户主身份证明原件；

② 客户已结清已发行电费(含电费违约金)和其他业务费用；

③ 按同期或近期用电量或按实时采集数据收取并预存电费或提醒客户拆表后及时缴纳拆表结算电费；

④ 告知客户携带有效证件至拆表现场签字确认拆表示数等信息；

⑤ 如现场计量装置等供电设施失窃或损坏，须交清赔表费等相应费用后方可拆表销户。

(三) 注意事项

问：客户到营业厅申请：将营业用电电价改为居民生活电价。作为客户受理员应做哪些工作？

答：（1）首先应热情接待，与客户交流，了解客户用电信息，并通过营销系统核实客户信息与用电信息。

（2）指导客户填写《其他业务申请表》：填写客户信息；申请类型勾选"更改电价"；申请事由：用户申请更改电价，现场无营业用电，申请改为居民生活电价；申请人签字（盖章）。

（3）核查申请表无误后，立即通过营销系统发起传票，走改类流程，并传递。（记录用户编号和申请编号）

（4）跟踪督办，对拒绝更改电价业务要做好解释工作。

（5）核对传票信息，做好电子归档和归档工作。

问：居民客户申请分时电价方面业务应注意哪些？

答：（1）客户申请执行分时电价，如果该户的档案不相符，应首先进行档案变更——走"档案变更"流程，需将用户分类改为低压居民。

（2）需查看该户的户名是否是自然人。户名是自然人的，办理改类业务。不是自然人——走"过户"流程，变更为自然人（实名）。

（3）如果客户需要取消分时电价，按照江苏省物价局《关于试行居民生活用电阶梯式电价的通知》（苏价工〔2012〕182号）文件中的相关规定执行："在执行峰谷电价的地区，继续由居民用户自愿选择执行居民峰谷分时电价。一经选定，一年内不得变更。"走改类流程。

问：居民客户申请开通分时，从什么时间开始执行？

参考答案：（1）需要更换分时电表的客户：

① 安装分时电表时同时申请开通分时电价，则原表拆表电量将按照普通居民电价执行，新表电量将按照居民分时电价执行。

② 安装分时电表时没有同时申请开通分时电价，后期再开通的，按下述情况（2）处理。

（2）不需换表的客户：在客户申请开通分时电价的业务流程归档后的第一次抄表电量，即执行分时电价。例如：抄表周期为双月的客户，8月5日申请开通分时电价并于当日流程已归档，8月10日才抄表结算电费，因该户在本次抄表前已开通了分时电价，所以8月份的电费按照分时电价结算。

思考题

1. 改类的定义是什么?
2. 办理暂拆业务的时候,需注意哪些事项?

第四章　电价电费

第一节　电价电费相关概念及政策

一、电价相关知识

电价是电能价值的货币表现,由电力生产成本、税金和利润三部分组成。按所处环节的不同,可分为电力生产企业的上网电价、电网间的互供电价、电网销售电价三类。

电价实行统一政策,统一定价原则,分级管理。

制定电价,应当合理补偿成本、合理确定收益、依法计入税金,坚持公平负担,促进电力建设。

跨省、自治区、自辖市电网和省级电网的销售电价,由电网经营企业提出方案,报国务院物价行政主管部门或其授权的部门核准。独立电网的销售电价,由电网经营企业提出方案,报有管理权的物价行政主管部门核准。

根据我国《电力法》第 41 条规定及国家最新的相关政策,国家实行分类电价、分时电价和阶梯电价。分类标准和分时办法由国务院确定,对同一电网内、同一电压等级、同一用电类别的用户,执行相同的电价标准。

二、江苏省电网销售电价

随着电力体制改革的逐步深入,更多的售电方式和售电价格在工作中出现,由于本书的实际编制目的主要针对供电所人员,本节内容主要讲解江苏电网销售电价,以下从用电分类、电压等级、用电时间、用电容量、用电量五个方面分别介绍江苏电网销售电价,有利大家理解和记忆。

(一)按用电分类

根据江苏省物价局文件,江苏省电网统一销售电价分为三类:(1)城乡居民生活用电价格;(2)农业生产电价;(3)工商业及其他电价。

分类电价具体适用按江苏省物价局文件《江苏省物价局印发江苏省电网销售电价分类适用范围说明的通知》(苏价工〔2015〕334号)执行。

具体划分如下:

1. 居民生活用电

(1)城乡居民住宅用电:城乡居民住宅用电是指城乡居民家庭住宅,以及机关、部队、学校、企事业单位集体宿舍的生活用电,不包括以居民住宅为场地,进行餐饮、网吧、食品加工、商品零售、美容美发、仓储物流等生产经营活动的用电。

(2)城乡居民住宅小区公用附属设施用电:是指城乡居民家庭住宅小区内的公共场所照明、电梯、水泵、电子防盗门、电子门铃、消防、绿地、门卫、车库等非经营性用电,不包括物业管理办公场所、经营性场所、收费经营的车场车库、市政管理的小区路灯以及通信运营商等位于小区内的用电设施等从事生产、经营活动用电。

(3)学校教学和学生生活用电:是指学校的教室、图书馆、实验室、体育用房、校系行政用房等教学设施,以及学生食堂、澡堂、宿舍等学生生活设施用电。执行居民用电价格的学校,是指经国家有关部门批准,由政府及其有关部门、社会组织和公民个人举办的公办、民办学校,包括:① 普通高等学校(包括大学、独立设置的学院和高等专科学校);② 普通高中、成人高中和中等职业学校(包括普通中专、成人中专、职业高中、技工学校);③ 普通初中、职业初中、成人初中;④ 普通小学、成人小学;⑤ 幼儿园(托儿所);⑥ 特殊教育学校(对残障儿童、少年实施义务教育的机构)。不包括各类经营性培训机构,如驾校、烹饪、美容美发、语言、电脑培训等,以及机关、企事业单位培训机构、学校兼营经营性培训、非学生参加劳动实习为主的校办企业等生产经营用电。

(4)社会福利场所生活用电:是指经县级及以上人民政府民政部门批准,由国家、社会组织和公民个人举办的,为老年人、残疾人、孤儿、弃婴提供养护、康复、托管等服务场所的生活用电。

(5)宗教场所生活用电:是指经县级及以上人民政府宗教事务部门登记的

寺院、宫观、清真寺、教堂等宗教活动场所常住人员和外来暂住人员的生活用电，不包括举办宗教活动的场所以及供游客参观、购物、餐饮、住宿等经营性场所用电。

(6) 城乡社区居民委员会服务设施用电：是指城乡居民社区居民委员会工作场所及非经营公益服务设施的用电。包括：城乡社区居民委员会办公场所用电；附属的非经营公益性的图书阅览室、警务室、医务室、健身室等用电；附属的为老年人提供膳宿服务的养老服务设施的用电；附属的托儿所、幼儿园的生活用电。不包括街道办事处用电。

(7) 监狱单位用电：主要是指监狱监房生活用电。包括监狱单位的警戒设施、执勤住房办公照明、监房生活照明、驻监狱武警部队生活照明等用电。

(8) 农村饮水安全工程供水用电：是指列入国家和省农村饮水安全规划，经省水利部门、物价部门核准的，以解决农村居民饮用水为主要目标的乡镇及其以下供水工程生产性用电，不包括办公、生活等照明用电。

(9) 农村医院用电：是指经县级及以上卫生行政主管部门执业资质认证，郊区的乡镇、县城以下（不含县城）的乡镇卫生院、村卫生室等医疗机构用电，不包括疗养院、按摩院、药店、兽医院、宠物医院。

(10) 农村路灯照明用电：是指由村委会（农村社区）及村内其他组织、单位、个人承担的村庄内公用路灯照明用电，不包括农村亮化照明用电。

(11) 居民阶梯电价执行范围为省级电网供电区域内实行"一户一表"的城乡居民用户。对未实行"一户一表"的合表居民用户和执行居民电价的非居民用户（如学校等），暂不执行居民阶梯电价。居民用户自愿选择是否执行峰谷分时电价，一经选定，一年内不得变更。

2. 农业生产用电

(1) 农业、林业、牧业和渔业用电。

① 农业用电：是指各种农作物的种植活动用电。包括谷物、豆类、薯类、棉花、油料、糖料、麻类、烟草、蔬菜、食用菌、园艺作物、水果、坚果、含油果、饮料和香料作物、中药材及其他农作物种植用电。

② 林木培育和种植用电：是指林木育种和育苗、造林和更新、森林经营和管护等活动用电。其中，森林经营和管护用电是指在林木生长的不同时期进行的促进林木生长发育的活动用电，不包括木材和竹材采运、林产品采集等用电。

③ 畜牧业用电：是指为了获得各种畜禽产品而从事的动物饲养活动用电。包括昆虫及皮毛类动物的饲养、繁育、孵化用电，不包括专门供体育活动和休闲等活动相关的禽畜饲养用电。

④ 渔业用电：是指在内陆水域对各种水生动物进行养殖、捕捞，以及在海水中对各种水生动植物进行养殖、捕捞活动用电，包括鱼塘排涝的抽水、灌水用电。不包括专门供体育活动、休闲和钓鱼等活动用电以及水产品的加工用电。

（2）农业灌溉用电：是指为农业生产服务的灌溉及排涝用电。包括打井、防汛临时用电。不包括电力排灌、防洪设施、河道疏浚等用电。

（3）农产品初加工用电：农业服务业中的农产品初加工用电，是指对各种农产品（包括天然橡胶、纺织纤维原料）进行脱水、凝固、去籽、净化、分类、晒干、剥皮、初烤、沤软或大批包装以提供初级市场的用电。不包括农产品的保鲜、保温、冷藏、冷冻等用电。

（4）秸秆初加工用电：是指个人或单位对秸秆进行捡拾、切割、粉碎、拉捆、压块等工作程序的用电，不包括此后应用秸秆制沼气、发电、生产肥料或饲料、造纸或生产板材等深加工生产程序用电。

（5）禽畜养殖污染防治设施运行用电：是指禽畜养殖场、养殖小区的禽畜养殖污染防治设施运行用电。包括经当地环境保护主管部门确认，对禽畜养殖污染物进行集中处理设施的用电。

3. 工商业及其他用电

（1）大工业用电：是指受电变压器（含不通过受电变压器的高压电动机）容量在 315 千伏安及以上的下列用电：

① 以电为原动力，或以电冶炼、烘焙、熔焊、电解、电化、电热的工业生产用电；

② 铁路（包括地下铁路、城铁）、航运、电车及石油（天然气、热力）加压站生产用电；

③ 自来水、工业实验、电子计算中心、垃圾处理、污水处理生产用电；

④ 农副产品加工业用电：是指直接以农、林、牧、渔产品为原料进行的谷物磨制、饲料加工、植物油和制糖加工、屠宰及肉类加工、水产品加工，以及蔬菜、水果、坚果等食品的加工用电。

（2）一般工商业及其他用电：是指除居民生活用电、农业生产用电以及大工业用电以外的用电。

4. 其他

（1）中小化肥用电：是指年生产能力为 30 万吨以下（不含 30 万吨）的单系列合成氨、磷肥、钾肥、复合肥料生产企业中化肥生产用电。其中复合肥料是指含有氮磷钾两种以上（含两种）元素的矿物质，经过化学方法加工制成的肥料。2016 年 4 月 20 日起，取消化肥用电价格分类，按相同用电类别的工商业用电价格执行。

（2）电动汽车充换电设施用电：对向电网经营企业直接报装接电的经营性集中式充换电设施用电，执行大工业用电价格。2020 年前，暂免收基本电费。其他充电设施按其所在场所执行分类目录电价。其中，居民家庭住宅、居民住宅小区、执行居民电价的非居民用户中设置的充电设施用电，执行居民用电价格中的合表用户电价；党政机关、企事业单位和社会公共停车场中设置的充电设施用电执行"一般工商业及其他"类用电价格。

（3）船舶岸基供电设施用电：对港口船舶岸基供电设施用电应单独装表计量，并实行扶持性电价政策。2020 年前，用电价格按江苏省电网销售电价表中大工业用电相应电压等级的电度电价执行（电压等级不满 1 千伏的，参照 1～10 千伏电度电价水平执行），免收基本电费，不执行峰谷分时电价政策。

相关政策的最新变化：

一是关于两部制：江苏省自 2017 年 8 月 1 日起，扩大了两部制电价的执行范围，自 2017 年 8 月 1 日起，受电变压器容量（含不通过变压器接用的高压电动机容量）在 315 千伏安（千瓦）及以上的批发和零售业、住宿和餐饮业、商务服务业和仓储物流业的商业用户，可选择执行两部制峰谷分时电价，也可选择继续执行原有的一般工商业及其他电价，选定后在 12 个月之内应保持不变，各商业用户可结合自身实际，合理确定需用容量，提高电力设备利用效率。

二是关于电动汽车。经商省物价局，自 2017 年 7 月起电动汽车用电价格按以下标准执行：

（1）对向我公司直接报装接电的经营性集中式充换电设施用电执行相应电压等级的大工业用电电度电价值，同时执行峰谷分时。

（2）对其他场所的充电设施，具备安装分表计量条件的，按其所在场所执行分类目录电价,同时执行相应的峰谷分时电价。

(3) 对执行居民用电价格中的合表用户电价的电动汽车充电设施,待物价局确定合表电价的峰谷分时电度电价值后执行。

(二) 按电压等级

目前江苏省销售电价电压等级分为六个,即不满 1 千伏、1~10 千伏、20~35 千伏、35~110 千伏、110 千伏、220 千伏及以上。

1. 江苏电网销售电价

江苏电网销售电价见表 4.1。

表 4.1　　　　　　　江苏电网销售电价表　　　　　单位:元/kWh

用电分类	电度电价						基本电价	
	不满1千伏	1~10千伏	20~35千伏	35~110千伏	110千伏	220千伏及以上	需量方式(元/千瓦每月)	容量方式(元/千伏安每月)
1. 居民生活电价	0.5283	0.8183						
2. 农业生产电价	0.5090	0.4990	0.4930	0.4840				
3-1. 大工业电价		0.6418	0.6358	0.6268	0.6118	0.5968	40	30
限制类高耗能产品用电		0.7418	0.7358	0.7268	0.7118	0.6968		
淘汰类高耗能产品用电		0.9418	0.9358	0.9268	0.9118	0.8968		
3-2. 一般工商业及其他	0.8183	0.8033	0.7973	0.7883				
限制类高耗能产品用电	0.9183	0.9033	0.8973	0.8883				
淘汰类高耗能产品用电	1.1183	1.1033	1.0973	1.0883				

2. 基金和附加

(1) 表 4.1 所列价格,均含国家重大水利工程建设基金,具体标准为:居民生活用电 0.23 分,其他用电 1.12 分。除农业生产用电外,其他用电均含国家大中型水库移民后期扶持资金 0.62 分。

(2) 表 4.1 所列价格,大工业用电、一般工商业及其他用电含可再生能源电价附加 1.9 分。

(3) 惩罚性电价标准:单位产品能耗超过限额标准一倍以上的,比照淘汰类高耗能生产用电加价标准执行;超过限额标准一倍以内的,比照限制类高耗能生产用电加价标准执行。

(4) 对国家明确规定执行居民用电价格的非居民用户,按其他居民生活用电价格标准执行。

(5) 对城乡"低保户"和农村"五保户"家庭每户每月给予 15 度免费用电基数,电价标准为 0。

表 4.2　　　　　　江苏省电力公司基金附加分流表　　　单位:元/kWh

用电分类	国家重大水利工程建设基金	国家大中型水库移民后期扶持资金	地方小型水库后期扶持资金	可再生能源电价附加	合计
一、城镇居民生活用电	0.002 3	0.006 2	0.000 5	—	0.009
执行居民电价的非居民	0.002 3	0.006 2	0.000 5	—	0.009
农村居民生活用电	0.002 3	0.006 2	0.000 5	—	0.009
二、农业生产用电	0.011 2	—	—	—	0.011 2
三-1 大工业用电	0.011 2	0.006 2	0.000 5	0.019	0.036 9
三-2 一般工商业及其他	0.011 2	0.006 2	0.000 5	0.019	0.036 9

(三) 按用电时间

1. 分时电价

(1) 居民分时电价

2003 年起江苏省试行居民用电峰谷分时电价,按照统一政策、逐步实施,实事求是、用户自愿的原则,有计划有步骤地全面推开。

目前江苏省居民分时时段为:

峰时段 8:00～21:00　　峰电价 0.558 3 元/kWh

谷时段 21:00～8:00　　谷电价 0.358 3 元/kWh

居民客户可以选择分时或是不分时,但一旦选定必须执行一年。

（2）非居民分时电价

① 工业分时

江苏电网范围内，工业企业保安电源与市政类的工业户不执行分时电价，其余工业用户容量为 100 kVA 及以上的客户用户都执行峰谷分时电价。

对执行分时电价，执行峰平谷三段制分时电价具体时段：

峰：08：00～12：00　　17：00～21：00

平：12：00～17：00　　21：00～24：00

谷：00：00～8：00

电价：

峰电价 = 平电价 × 5 ÷ 3

谷电价 = 平电价 ÷ 3 + 0.10 元

江苏电网工业用电分时销售电价如表 4.3 所示。

表 4.3　　　　　　　　江苏电网工业用电分时销售电价

类别	时段 价格	高峰 8：00～12：00 17：00～21：00	平段 12：00～17：00 21：00～24：00	低谷 0：00～8：00
大工业用电	1～10 千伏	1.069 7	0.641 8	0.313 9
	20～35 千伏	1.059 7	0.635 8	0.311 9
	35～110 千伏	1.044 7	0.626 8	0.308 9
	110 千伏	1.019 7	0.611 8	0.303 9
	220 千伏及以上	0.994 7	0.596 8	0.298 9
100 千伏安（千瓦）及以上普通工业用电	不满 1 千伏	1.363 8	0.818 3	0.372 8
	1～10 千伏	1.338 8	0.803 3	0.367 8
	20～35 千伏	1.328 8	0.797 3	0.365 8
	35～110 千伏	1.313 8	0.788 3	0.362 8

② 电力蓄能技术分时政策

· 电力蓄能技术装置是指整台或整组容量在 50 千瓦及以上且具备计量条件的电热锅炉、蓄冷（冰、水）空调。

· 对居民小区集中供冷供暖系统以及高校学生公寓生活用电的电力蓄能

技术装置,执行居民生活电价,按平谷二段制执行分时电价,低谷时段为 0:00～8:00,其他为平时段。

· 对宾馆、饭店、商场、办公楼(写字楼)、医院等电力客户的电力蓄能技术装置,执行非普工业二段制分时电价。对用于大工业生产车间用电的电力蓄能技术装置,执行大工业峰谷分时电价;对大工业用电范围内除生产车间用电以外的电力蓄能技术装置,执行二段制非普工业分时电价。

· 达到本条第 1 款容量、计量要求的热水热泵机组,除用于居民生活类用电执行二段制分时电价外,用于其他用电一律执行峰平谷三段制分时电价。

· 电力蓄能技术电价,对执行居民电价的电力蓄能技术装置的:

谷段价格 = 平段价格÷3 + 0.08 元

对执行执行二段制非普工业分时电价的:

谷段价格 = 平段价格÷3 + 0.10 元

对执行峰平谷三段制价格的:

峰电价 = 平段价格÷3×5

谷段价格 = 平段价格÷3 + 0.10 元

2. 季节性尖峰电价

自 2015 年起江苏省开始对大工业户执行季节性尖峰电价,具体实施条件及有关事项明确如下:

实施条件:日气温超过 35 度(不含)。具体以中央电视台一套每晚新闻联播节目后天气预报中发布的南京次日最高温度为准,次日予以实施,不符合条件的日历天,尖峰段电价执行峰电价。

实施时间:7、8 两月上午 10:00～11:00。

尖峰电价 = 峰电价 + 0.10 元

江苏电网电热锅炉(蓄冰制冷)峰谷分时销售电价如表 4.4 所示。

(四) 按用电容量

1. 两部制电价

两部制电价把电价分成两部分:基本电价、电度电价。

基本电价:又称容量电价,反映电力企业的固定成本(也称容量成本)。在计算每月基本电费时,以客户用电设备容量(kVA)或最大需量(kW)进行计算,与客户每月实际用电量无关。

表 4.4　　江苏电网电热锅炉(蓄冰制冷)峰谷分时销售电价

类别	时段 价格	平段 8：00～24：00	低谷 0：00～8：00
服务于居民生活的电热锅炉(蓄冰制冷)用电	不满 1 千伏	0.548 3	0.262 8
	1～10 千伏	0.538 3	0.259 4
一般工商业及其他类别的电热锅炉(蓄冰制冷)用电	不满 1 千伏	0.818 3	0.372 8
	1～10 千伏	0.803 3	0.367 8
	20～35 千伏	0.797 3	0.365 8
	35～110 千伏	0.788 3	0.362 8

江苏省两部制电价价格和具体政策规定如下：

价格：目前两种基本电价：

最大需量：40 元/kW

容量：30 元/kVA

具体政策规定：

(1) 基本电价按变压器容量或按最大需量计费，由用户选择。电力用户提前 15 个工作日向电网企业申请变更下 3 个月的基本电价计费方式，申请变更当月的基本电费仍按原方式计收。每次基本电价计费方式变更生效时间间隔不小于 3 个月，到期后若用户未提出新的变更申请，仍按上月计费方式继续执行。

(2) 电力用户选择按变压器容量计收基本电费的，基本电费计算容量为各路电源可能同时运行的最大容量(含热备用变压器和不通过专用变压器接用的高压电动机)。

(3) 电力用户选择按最大需量方式计收基本电费的，对同时运行的各路电源，按每路电源分别计算最大需量，累加最大需量后计收基本电费；对主供和备用方式运行的各路电源，按其中最大需量较大的一路电源计收基本电费。

(4) 电力用户应与电网企业签订合同，其中选择按最大需量方式计收基本电费的，应按合同最大需量核定值计收基本电费。电力用户增容可同时调整接电当月最大需量核定值。电力用户实际最大需量超过合同核定值 105％时，超过 105％部分的基本电费加一倍收取；未超过合同核定值 105％的，按合同核定值收取。最大需量核定值按户申请,不低于可能同时运行的最大容量(含热备用变压器和不通过专用变压器接用的高压电动机)的40%,也不高于各路主供电源供电容量的总和。(此项内容最新文件规定:电力用户选择按最大需量方式计收基本电费的,实际最大需量超过合同值105%时,超过105%部分的基本电费加50%收取,两部制电价的其他政策按现行有关规定执行。本政策执行期暂定为2017年10月1日至2018年12月31日。)

(5)电力用户申请暂停、减容不受次数限制,但暂停时间每次应不少于15日,且一个日历年内累计时间不得超过6个月。超过6个月的可由用户申请办理减容。减容期限不受时间限制,2017年12月31日前申请减容的期限不少于1个月。减容超过2年恢复的按新装或增容手续办理。选择最大需量计费方式的,申请减容、暂停的期限应以日历月为基本单位。

(6)减容(暂停)后容量达不到实施两部制电价规定容量标准的,应改为相应类别的单一制电价计费,功率因数调整电费标准按照供用电合同执行,其中按容量方式计收的基本电费按实际执行天数计算。

电量电价:又称电度电价,反映电力企业的变动成本。在计算每月电量电费时,以客户每月实际用电量(kWh)进行计算,与客户用电设备容量或最大需量无关。一般情况下两部制电价用户还应执行功率因数调整电费办法。

2. 单一制电价

单一制电价也称一部制单价。它是完全按用户用电数量和相对应的电价计收电费的计价方式。它主要用于生活照明、非工业、普通工业及农业生产用电。用户根据电表记录的用电数量,多用电多付款,少用电少付款。如果容量达到100 kW的非居民,也需执行功率因数考核。

(五) 按用电量

主要是针对居民即阶梯电价。

1. 苏价工〔2012〕182号《江苏省物价局关于明确电价执行有关问题的通知》

(1)实施范围。实行"一户一表"的城乡居民用电户。居民用户原则上以住宅为单位,一个房产证明对应的住宅为一"户"。没有房产证明的,以供电企业为居民安装的电表为单位。

(2)分档及加价标准。居民月用电量分为三个档次:第一档为230度及以内,维持现行电价标准;第二档为231度~400度,在第一档电价的基础上,每度加价 0.05 元；第三档为高于 400 度部分，在第一档电价的基础上，每度加价 0.3 元。

对家庭户籍人口在 5 人（含 5 人）以上的用户，每月增加 100 度阶梯电价基数。

（3）执行周期。考虑我省的气候特点，居民夏、冬季用电较多的实际情况，阶梯电价按年为周期执行。全年分档电量按照月度电量标准乘以月份计算，执行相应分档的电价标准。

居民用户发生用电变更，按照实际用电月份数计算分档电量，用电不足一个月的按一个月计算。

（4）免费用电基数。对城乡"低保户"和农村"五保户"家庭每户每月给予 15 度免费用电基数。采取"即收即返"的方式，供电企业根据民政部门定期提供的"低保户"和农村"五保户"家庭清单，从抄表月份第一档电量中扣除对应的免费电量后计算当月应收电费。免费电量按年清算。

（5）合表用户的执行。对未实行"一户一表"的合表居民用户，电力公司应立即进行"一户一表"改造，改造工作完成后，按居民阶梯电价执行。对明确不愿意进行"一户一表"改造的合表用户和企事业单位暂无条件改造的下属合表用户，电价每度提高 2 分。

（6）执行居民用电价格的非居民用户。对国家明确规定执行居民用电价格的非居民用户，电价每度提高 2 分。

（7）居民峰谷分时电价的执行。在执行峰谷电价的地区，继续由居民用户自愿选择执行居民峰谷分时电价。一经选定，一年内不得变更。实施阶梯电价后，居民用户电费按照"先峰谷、后阶梯"的方式计算。

（8）执行日期。2012 年 7 月 1 日起执行，居民阶梯电价的执行周期为年，2012 年按半年的分档电量计算。

2. 居民阶梯电价相关业务办理规定

（1）居民阶梯电价业务实施方案

业务管理：

① 根据附件五、六、七方案要求，开展合表居民用户的受理及改造、低保户和五保户免费用电基数业务受理、家庭户籍人口用电基数业务受理等工作。

② 各类业务受理时，均增加客户身份证、联系方式的确认及登记环节，全力

推进客户"实名制"工作。

③ 居民新装。业务人员在办理居民客户新装业务时，应明确告知客户阶梯电价政策执行的内容，须准确设置执行居民阶梯电价标志，准确录入表计送电时间，并在一个抄表周期内完成流程归档、编本，并及时完成首次发行。

④ 居民更名过户。业务人员在办理居民客户更名过户业务时，应明确告知客户阶梯电价政策执行的内容，并提示客户是否需要对本年度阶梯电价用电进行清算，如客户需要清算，则安排人员至现场进行抄表。

⑤ 居民增容。业务人员在办理居民客户增容业务时，应明确告知客户阶梯电价政策执行的内容，须及时、准确录入表计装拆时间，并在一个抄表周期内归档，避免影响客户正常抄表。

⑥ 居民改类（包括电价变更、开通分时、居民改非居等）。

⑦ 业务人员在办理居民客户改类业务时，如涉及表计换装，必须及时、准确录入表计装拆时间和示数，并在一个抄表周期内归档，并设置分段计算标志。

⑧ 居民销户。业务人员在办理居民客户销户业务时，必须及时、准确录入拆表时间和示数，提醒客户将按实际用电月份进行阶梯电价计算。

注：用户在一个年度周期内申请销户、新装不得超过两次，即该户（以房产证明为准）销户后，又申请新装，则不受理其再次申请销户。

⑨ 居民缴费方式变更（电卡表改费控或坐收）。用电信息采集系统建设时，应优先将执行居民电价的购电制电卡表统一替换为智能电表，并将缴费方式调整为远程费控方式，告知客户居民阶梯电价起算时间。

⑩ 执行居民电价非居民用户。对居民小区电梯、水泵、学校等执行居民电价的非居民用户，严格按照公司规定选择相应的行业分类和电价代码，不得与居民客户相混淆。

(2) 家庭户籍人口用电基数业务实施方案。根据江苏省阶梯电价政策规定，对家庭户籍人口在5人（含5人）以上的用户，每月增加100度阶梯电价基数，具体业务实施方案如下：

① 办理原则：

• 居民家庭人口以公安部门注册的户籍人口为准，户籍人口达5人（含5人）以上的家庭，每月增加100度阶梯电价基数。即：第一档为330度及以内，维持现行电价标准；第二档为331~500度，在第一档电价的基础上，每度加价0.05元;第三档为高于500度部分,在第一档电价的基础上,每度加价0.3元。

- 申请增加家庭户籍人口阶梯电价分档电量基数时,采用户籍证明、房产证明、身份证明等材料共同登记制度。
- 每个有效身份证号码只能参加一个用电地点的阶梯电价用电基数计算,不得在多个用电地点重复计算。
- 每一个用电户对应一个住宅证明、一本户口簿。当一个住宅证明下对应多个户口簿时,以户籍人口总数进行核定。
- 各供电公司应逐步完善客户登记信息,推进实名制用电管理。

② 业务办理:

- 户籍人口申请。居住人口数量达到5人(含5人)以上的居民用户,可持电费缴费卡(或近期电费发票)、与用电地址一致的房产证明材料原件和公安户籍证明原件、房屋产权人身份证原件、户籍内所有人口身份证明原件等资料,由房屋产权人到供电营业厅办理申请。房屋产权人与用电户名不一致时,办理实名制手续后方可办理人口增加阶梯电价用电基数申请。
- 登记客户信息。供电营业厅受理人员受理客户申请后,核对客户提供缴费卡、房产证明、户籍证明、身份证明等资料是否完整一致,审核无误后在营销信息系统内登记该用电户内户口簿上所有居民的身份证信息,并与已增加电量基数的用户登记身份信息进行比对。

如身份证号在系统内已办理增加电量基数的,则将该户户口簿复印件、房产证明复印件等材料存档,系统自动关联该户业务档案信息。

如身份证号重复,由办理人员告知客户重复的身份证号只能在一个用电户中享受电量基数增加。客户确认继续办理的,原户中对应核减重复的身份证信息。

- 户籍人口调整申请。居民用户家庭人口减少时,携带与申请增加电量基数时一致的公安户籍证明原件、户主身份证原件到供电营业厅办理用电户内人口注销手续。供电营业厅受理人员核对资料无误后,在营销信息系统内做好用电户内身份信息维护。

③ 电量基数管理:

- 居民客户申请增加阶梯电价电量基数后,对符合条件的客户,自申请下个月份起开始增加本年度剩余月份电量基数,年度内前期已结算电量电费不做调整。

• 用户申请调整人口数后,将在变更后的首次电费结算时,按照新的人口数计算阶梯分档电量。

• 用户实际人口减少至5人以下时,自户籍人口变更月份起下一个月份减少电量基数定额。

④ 相关居民业务办理:

• 针对低压居民新装(增容)、居民变更户名、迁址、移表、分户、并户等居民用电业务,需在办理申请时,在系统中录入用电人户名下对应的所有身份证号码,为今后调整阶梯电价电量基数提前做好数据储备。

• 各单位应定期和公安部门核对居民家庭户籍人口,对户籍变更情况进行跟踪,对户籍人口已变更至5人以下的用户,可根据公安部门出具的证明材料及时减少电量基数。

(3) 免费用电基数返还业务实施方案。根据江苏省居民试行阶梯电价政策要求,对城乡"低保户"和农村"五保户"家庭每户每月给予15度免费用电基数,为确保国家政策的准确落实,现制定具体返还操作方案如下:

① 操作模式。免费用电基数的返还采取"即收即返"的模式,即供电企业根据民政部门定期提供的城乡"低保户"和农村"五保户"家庭清单,在不超过相关用户正常电费的范围内,将抄表月份免费电量按照居民用电第一档电价计算后,直接抵减当月应收电费。

② 操作流程:

• 民政部门向供电企业提供截至6月份我省城乡"低保户"和农村"五保户"的明细清单(盖章),信息需包括低保证或五保证编号、证件有效起始时间、地区、户名、身份证号码、联系方式等,其中"低保户"和农村"五保户"应以家庭为单位。

• 供电企业将民政部门提供的明细数据,在营销信息系统中进行登记,并通过媒体、现场张贴等渠道告知"低保户"和"五保户"到供电营业厅进行阶梯电价免费用电基数的申请登记。

• 供电公司营业厅人员在受理申请时,应先行核对"低保户"和"五保户"的证件编号及身份证编号,与民政部门提供的信息一致后,登记相关客户的户口簿信息、用电户号、联系方式、身份证等信息,并请相关客户签字确认。

• 城乡"低保户"和农村"五保户"在供电企业完成登记,在登记完成后首次抄表结算时,从第一档电量扣除对应的免费电量后计算当月应收电费。

• 城乡"低保户"和农村"五保户"为合表或集中供养,则按提供用电户号登记,并在相应户上扣减免费电量后,计算当月应收电费。

• 居民电价实施后,每月5日前,各级民政部门向供电公司提供上月城乡"低保户"和农村"五保户"的变更明细清单。供电公司进行核对并完成信息的更新(以低保证或五保证编号、身份证号码为唯一标识),并根据最新信息返还免费用电基数。其中新增的"低保户"和农村"五保户"需到供电营业厅进行申请登记。

③ 电费结算:

• 低保及五保户完成用电户号申请及确认后,将在完成后的首次抄表中给予免费用电基数返还。

• 对于在阶梯电价实施前登记有效的低保及五保户,至供电公司申请及确认后,从阶梯电价实施起,给予免费用电基数返还。

• 在民政部门提供低保及五保户清单的时间与抄表结算周期不一致情况下,应按照民政部门提供的信息给予退补免费用电基数。

• 如因返还免费用电基数而产生电费暂存款,则用于冲抵下期电费,不允许退还现金。如该用电户销户,则给予返还用电客户。

• 如客户实际用电量不足免费用电基数的,则按照实际用电量计算免费用电电费,年度内可以滚存,年度进行清算。

④ 具体算法:

免费用电基数返还时,阶梯电价的各分档电量标准及计算规则不变,只在第一档电量中扣减15免费基数电量后进行第一档电费计算,其中执行峰谷分时的,则按照峰谷电量及峰谷电价给予免费电量计算。实际用电量不足免费用电基数的,按实际用电量计算免费用电电费。

三、功率因数与功率因数调整电费办法

(一) 功率因数

电网中的电力负荷如电动机、变压器等,属于既有电阻又有电感的电感性

负载。电感性负载的电压和电流的相量间存在着一个相位差,通常用相位角的余弦来表示,称为功率因数,又叫力率,其大小由电路负载中的电阻与阻抗的比值来决定。功率因数是反映电力客户用电设备合理使用状况、电能利用程度和用电管理水平的一项重要指标。在实际中,可用电量值代替相应的功率。

$$\cos\varphi = P/S \qquad \tan\varphi = Q/P$$

其中:P——有功功率(kW);

Q——无功功率(kvar);

S——视在功率(kVA)。

也可表示为:$\cos\varphi = P/\sqrt{P^2+Q^2} = 1/\sqrt{1+(Q/P)^2}$

(二) 功率因数调整电费办法

鉴于电力生产的特点,客户用电功率因数的高低,对发、供、用电设备的充分利用,节约电能和改善电压质量有着重要影响。为了提高客户的功率因数并保持其均衡,使供用电双方和社会都能取得最佳经济利益,达到改善电压质量、提高供电能力、节约用电的目的,原水利电力部、国家物价局,以(83)水电财字第215号文《关于颁发功率因数调整电费办法的通知》,对客户的用电功率因数进行考核。

功率因数考核有三个标准值,分别为 0.90、0.85 和 0.80。

(1) 功率因数标准 0.90,适用于:

① 160 千伏安以上的高压供电工业客户;

② 装有带负荷调整电压装置的高压供电电力客户;

③ 3 200 千伏安及以上的高压供电电力排灌站。

(2) 功率因数标准 0.85,适用于:

① 100 千伏安(千瓦)及以上的其他工业客户;

② 100 千伏安(千瓦)及以上的非工业客户;

③ 100 千伏安(千瓦)及以上的电力排灌站。

特别注意点:160 千伏安高压供电工业客户的功率因数标准值为 0.85 而不是 0.90。

(3) 功率因数标准 0.80,适用于:

100千伏安(千瓦)及以上的农业户和趸售客户,但大工业客户未划由电业部门直接管理的趸售客户功率因数标准应为0.85。

(三)功率因数调整增减率计算

1. 功率因数的计算

由于电费是按月计算发行,所以目前电费计算客户功率因数不用瞬时值而用月加权平均值。

$$\cos\varphi = \text{有功电量}/\sqrt{\text{有功电量}^2 + \text{无功电量}^2}$$
$$= 1/\sqrt{1 + (\text{无功电量}/\text{有功电量})^2}$$

说明:功率因数计算一律取小数后二位,二位以后四舍五入,如0.855为0.86,0.754为0.75。

2. 功率因数调整电费增减率计算

(1) 查表法:详见"功率因数调整电费表"。

(2) 公式法:

考核标准为0.90时:

COS Φ>=0.95:zj%=-0.75

COS Φ>=0.91:zj%=(0.9-COS Φ)×15

COS Φ>=0.70:zj%=(0.9-COS Φ)×50

COS Φ>=0.65:zj%=(0.7-COS Φ)×100+10

COS Φ<0.65:zj%=(0.65-COS Φ)×200+15

考核标准为0.85时:

COS Φ>=0.94:zj%=-1.10

COS Φ>=0.91:zj%=(0.90-COS Φ)×15-0.5

COS Φ>=0.85:zj%=(0.85-COS Φ)×10

COS Φ>=0.65:zj%=(0.85-COS Φ)×50

COS Φ>=0.60:zj%=(0.65-COS Φ)×100+10

COS Φ<0.60:zj%=(0.60-COS Φ)×200+15

注:zj%为功率因数电费增减率;

zj%为负值时减收功率因数调整电费;

zj%为正值时加收功率因数调整电费。

（四）江苏省适用范围

"苏电营〔2006〕1638号"文件规定：江苏电网范围内，除临时用电、工业企业的保安电源、执行居民生活电价的路灯和城市亮化用电、居民客户及与住宅建筑配套的消防设施、电梯、水泵、公灯外，凡受电容量在100千伏安（千瓦）及以上的高、低压客户均执行《功率因数调整电费办法》，计算功率因数均包括照明的有功、无功电量，计算功率因数调整电费时均包括照明电费。若照明表与动力表并接且照明表不具备记录无功电量功能的，照明电量不参加功率因数计算，照明电费也不参加功率因数调整电费。功率因数计算按照每路电源分别进行。

实际上，我国现行的《功率因数调整电费办法》，目的是鼓励客户为改善功率因数而增加投资，客户可以在功率因数高于标准值时从电力企业所减收的电费中得到补偿，回收所付出的投资、降低生产成本，这实质上是电力企业出钱向客户收购无功电力。若客户不装无功补偿设备或补偿设备不足，而使功率因数未达到规定标准时，电力企业将增收电费，也就是客户理应负担的超购无功电力所付出的无功电费，以补偿电力企业为此增加的开支。

思考题

1. 苗圃用电执行什么用电价格？
2. 南水北调翻水站执行什么用电价格？
3. 居民客户怎么样执行分时才合算？
4. 防洪设施执行什么用电价格？

参考文献

[1] 江苏省电力.电力营销知识问答.北京：中国电力出版社，2004
[2] 国家电网公司电费抄核收管理规则.国网（营销/3）273-2014
[3] 国家电网公司电费抄核收工作规范.国家电网营销〔2009〕475号

第二节　电费发票解读

一、小发票解读

（一）小发票格式及各项目标示

小发票名称为"江苏省电力公司××供电公司通用机打发票"，尺寸为190×100 mm，外形尺寸小，主要用于居民和一些非居民小用户，通常是不考核功率因数以及计量点比较少的或者收费方式为坐收的用户，因此一般称为小发票。如图4.1所示。

图 4.1　小发票

发票框内第一栏有户号、段户号、结算年月、发票页数等，户号在公司营销系统内有唯一性，即一个用户只有一个户号，输入某一户号，系统内只能查到唯一这一个用户，没有重复的可能。段户号是指抄表的一个区段的号，一个区段中会有地域相邻或者用电性质供电电压一样或容量相同的一些用户。结算年月是指跟用户结算电费截止月份，发票页数是指该户该次结算共有几张发票。

第二栏，户名，是用户正式名称，一般是办理新装时的名称，可能在同地区用电可能有不止同一个户名。

第三栏,地址是指该户实际用电地址。

发票内框上分别显示本月示数、上月示数、电量、单价、金额等,分别表示对应该列下的数字所指内容,上月示数与电量两列之间有个 1 字是表示该表计倍率为 1,电量,框内最左侧一列总峰谷分别表示总、峰、谷电量,总电量应为本月示数减去上月示数乘以倍率,峰电量、谷电量应为计费电量,一般等于本月示数减去上月示数乘以倍率,有时抄见峰谷电量不一定等于计费电量,对低保户和五保户等执行优惠基数用户,需减去优惠基数后再按峰谷比例计算出计费电量;单价表示该电量应执行的价格,金额是计费电量乘以单价得到的数额。

居民阶梯电价发票中有第一档基数、第二档基数和一档已用、二档已用等,分别表示已经用掉的该基数电量。阶梯 2、阶梯 3 分别表示应执行第二档和第三档加价的电量和相应的价格最右侧一列是算出该档电费。

下面一行加减和违约金分别表示该户有无存在加减电量和应缴纳的违约金项目,小计,表示该户当月基础电费阶梯电费和上期转入电费合计后取整的金额数,即发行电费数,其尾数转入下期。

发票内框外右侧有上期转入,是指上月发行完整数电费后余下的尾数,应当合并到本月电费当中。

上期转入下栏有转入下期,是本月电费除去整数后的尾数,转入下期的电费金额。

(二) 发票解读实例

1. 小发票案例一(见图 4.2)

该发票为居民阶梯电价执行户,单月抄表本月为 11 月,应为本年第五次结算。

本年累计电量已经达到 5 019 kWh,本月抄见电量为 722 kWh。

基础电费:

峰电量 457 kWh,谷电量 265 kWh

峰电费:$457 \times 0.558\ 3 = 255.14$(元)

谷电费:$265 \times 0.358\ 3 = 94.95$(元)

$255.14 + 94.95 = 350.09$(元)

阶梯电费:

第二档电量 503 kWh,第三档电量 219 kWh

江苏省电力公司通用机打发票
核查票

注:本发票作为核查,不作收费报销凭证
开票日期: 20141201　　行业分类:电力　　供电服务热线:95598

户号:		段户号:		/ 2	201411 月页数:	1 / 1
户名:						
地址:						

本月示数	上月示数		电量	单价	金额(元)	上期转入: 0.82 元
总 27653	26931	1	722		350.09	转入下期: 0.76 元
峰 16587	16130	1	457	0.5583	255.14	本期抄表: 20141101
谷 11066	10801	1	265	0.3583	94.95	
一档基数2760	二档基数2040		阶梯2 503	0.05	25.15	
一档已用2760	二档已用2040		阶梯3 219	0.3	65.7	收费员: 3000658009
加减	违约金			小计	441 元	抄表员: 2803178103
金额: 肆佰肆拾壹元整						销售单位:
已缴: 0		剩余: 0		应补: 441		开票地址:

图 4.2　小发票案例一

第二档电费:503×0.05 = 25.15(元)

第三档电费:219×0.30 = 65.7(元)

上期转入:0.82 元

本月合计:基础电费 + 阶梯电费 + 上月转入 = 350.09 + 25.15 + 65.7 + 0.82 = 441.76(元)

本月发行电费 441 元整,剩余 0.76 元转入下月。

2. 小发票案例二(见图 4.3)

该户为不执行阶梯电价的居民电价户,应在每 kWh 加收 0.02 元。

抄见电量 44 kWh。

电费:

本月 44×0.548 3 = 24.13(元)

上月转入:0.33 元

合计:本月 + 上月转入 = 24.13 + 0.33 = 24.46(元)

本月发行电费 24 元,剩余 0.46 元转入下月。

3. 小发票案例三(见图 4.4)

该户为低保户,应享受每月 15 kWh 免费基数优惠,上月优惠基数应没有结

图 4.3 小发票案例二

图 4.4 小发票案例三

余,本次优惠应该为两月基数共 30 kWh。

本月抄见电量 650 kWh,峰电量 297 kWh,谷电量 353 kWh

本月基础电费:

峰电量：(650 - 30) × 297 ÷ 650 = 283(kWh)

谷电量：(650 - 30) × 353 ÷ 650 = 337(kWh)

峰电费：283 × 0.558 3 = 158(元)

谷电费：337 × 0.358 3 = 120.75(元)

158 + 120.75 = 278.75 元

阶梯电费：本月抄见电量 650 kWh，全年电量已达 3 398 kWh，超过第一档 2 760 kWh 电量 638 kWh，超过部分执行加价 0.05 元。

638 × 0.05 = 31.9(元)

上月转入：0.47 元

本月合计：基础电费 + 阶梯电费 + 上月转入 = 278.75 + 31.9 + 0.47 = 311.12(元)

本月发行电费 311 元，剩余 0.12 元转入下期。

4. 小发票案例四（见图 4.5）

图 4.5　小发票案例四

该户为一般工商业电价户，执行不满 1 千伏一般工商业电价 0.818 3 元/kWh。

抄见电量 598 kWh。

本月产生电费：598 × 0.818 3 = 489.34(元)

上月转入 0.86 元,合计:490.2 元

本月发行电费 490 元,剩余 0.2 元转入下月。

5. 小发票案例五(见图 4.6)

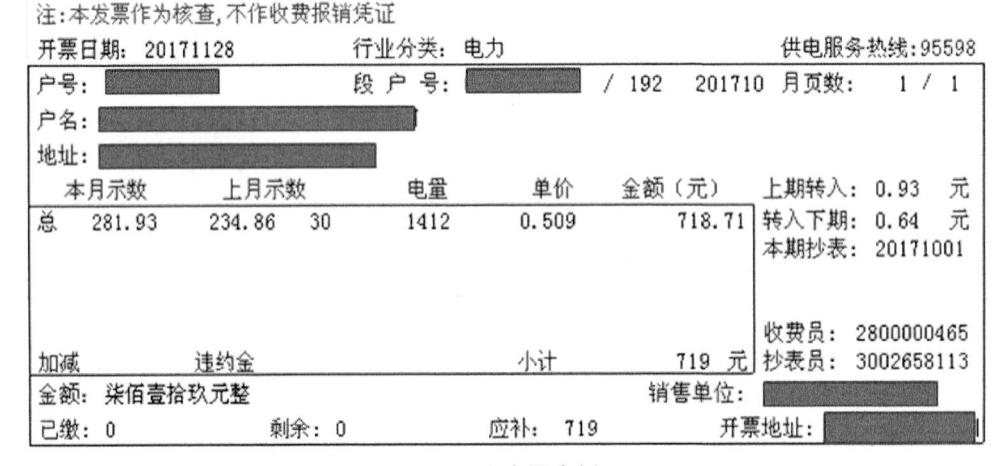

图 4.6 小发票案例五

从发票看出,该户有 30 的倍率,说明该户电表是经互感器接入,电价为不满 1 千伏农业生产电价。

抄见电量:(281.93 - 234.86)×30 = 1 412(kWh)

本月产生电费:1 412×0.509 = 718.71(元)

上月转入 0.93 元,合计:719.64 元

本月发行电费 719 元,剩余 0.64 元转入下月。

二、大用户电费发票解读

(一) 一些术语和定义

1. 综合倍率

综合倍率 = 电压互感器比×电流互感器比

2. 电量计算

电量计算是指根据抄见电量、变压器损耗电量、线路损耗电量、扣减电量(主

分表、转供、定比定量)、退补电量各种类型电量进行计算,得出结算电量的过程。

3. 电费计算

通过结算电量和相应的电价,计算出各种电费。电费计算包括目录电度电费、基本电费、功率因数调整电费、代征电费等各电费类型的计算。

4. 高供高计

高供高计是指 10 千伏及以上电压等级的用电客户用电设备在一次侧安装计量装置进行计量的一种供电计量方式。

5. 高供低计

高供低计是指 10 千伏及以上电压等级的用电客户用电设备在二次侧安装计量装置进行计量的一种供电计量方式。

6. 变损电量计算

变损电量计算是指根据变损损耗系数和变压器参数计算出变压器损耗电量以及损耗电量的分摊。

7. 线损电量计算

线损电量计算是指根据线损系数等计算出线路损耗电量。根据产权分界的原则,专线用户在无法计量线路损耗电量的情况下,通过计算方法来得到应收取的线损电量。

8. 功率因数调整电费

功率因数调整电费是指按用户实际功率因数及该户所执行的功率因数标准,对其承担的电费按功率因数调整电费表系数算出相应的应调整的电费。

9. 农村低压电网维护费

农村低压电网维护费是指经省级物价部门批准对农村综合变以下低压电量收取的,用于农村电网维护管理的资金。农村电网维护费由农村低压电网运行费用、农村原集体资产折旧和修理费用及电能损耗等费用组成。

10. 变损计费标志

在系统的档案计量点描述中有变损计费标志,设置为"是"表示计量方式高供低计时应计收变压器损耗,当设置为"否"时表示不计变压器损耗。

11. 变损分摊标志

在系统的档案计量点描述中有变损分摊标志,设置为"是"表示分表分摊变压器铁损,当设置为"否"时表示分表不分摊变压器铁损。

(二) 大发票格式及项目标示

大发票名称与小发票相同,为"江苏省电力公司××供电公司通用机打发票",外形尺寸为 210×178 mm,尺寸比小发票大,一般用于有功率因数考核用户和 10 千伏及以上的用户,称为大电力用户发票。总户号、段户号、户名、地址发票、计费年月以及发票页数与小发票一样都已标明,不同之处在于有开户银行、账号纳税号等相关信息的添加。如图 4.7 所示。

江苏省电力公司通用机打发票
核查联

注:本发票作为核查,不作收费报销凭证

开票日期:20171211			行业分类: 电力							
页数	1/1		供电服务热线:95598				纳税号			
户名					段户号			开户行		
地址					总户号			账号		201711 月
基本电费	受电容量	需量示数	乘率	实际需量	核准需量数	超标准需量	计费容量	单价	金额(元)	
	800	1.057	300	317	0		800	30	24000	
无功电量	本月示数	上月示数	乘率	加减电量	实用电量	功率因数	97 %	增减率	−0.75 %	
	1778.7	1718.74	300	铜 2986	无功总 20615	项目	单价	金额(元)	项目	单价	金额(元)
	2193.27	2146	300	铁 8568	有功总 87288					
				加减 0	抄 17988				力调费	−180
有功电量	270.86	270.86	300	0	尖峰	1.0697	0		力调费	
	5370.45	5232.67	300	铜 853	38609	峰	1.0697	41300.05		−299.07
	5308.79	5194.21	300	铁 1109	32108	平	0.6418	20606.91		−145.67
	1607.99	1575.92	300	加减	8987	谷	0.3139	2821.02		−18.67
	12558.1	12273.68	300	扣 7584	抄 85326					
	0	0	40	铜 75		尖峰				
	2988.76	2895.83	40	铁		峰			力调费	
	2051.38	1990.27	40	加减	7584	平	0.8033	6092.23		−43.59
	903.11	869.41	40	扣		谷				
	5943.26	5755.53	40	抄 7509						
				铜		尖峰			力调费	
				铁		峰				
				加减		平				
				扣	抄	谷				
金额合计 ¥	94133.21		金额(大写)	玖万肆仟壹佰叁拾壹元贰角壹分				违约金 ¥		
已收金额 ¥	4600		应补金额 ¥	89533.21		账户余额 ¥	0	小计金额 ¥	94133.21	
销售单位			开票地址			抄表员	3003070386	收费员	3002586088	

图 4.7 大发票

计费参数分为三栏:基本电费栏,无功电量栏,有功电量栏。基本电费行中自左起有受电容量、需量示数、乘率、实际需量、核准需量、超核准容量、计费容量、单价和金额等列;无功电量行中有本月示数、上月示数、乘率、加减电量、实用电量、功率因数、增减率等列,在本月示数和上月示数中,上面一行为正向无功抄见示数,下面一行为反向无功抄见示数加减电量列中列示该户无功铜损和无功铁损,其中无功铜损等于有功铜损乘以 K 值,铁损为固定值;有功电量行中分别有本月示数、上月示数、乘率、加减电量、实用电量、项目、单价、金额等列,其中本

116

月示数和上月示数显示行分别是峰平谷总,加减电量中铜为变压器有功铜损,为抄见电量乘以铜损系数(高供低计变压器有功铜损系数 315 及以下 1.5%,315 以上 1%,4 000 及以上 0.5%),铁为变压器有功铁损,为固定值(有功铁损、无功铁损、K 值在营销系统用户档案内都能查到);扣是指该表计下应扣减的电量,实用电量即为计费电量,项目分别对应峰平谷,单价对应峰平谷单价,金额为计费电量乘以单价所得,力调费右侧列分别为该项目功率因数调整电费金额,功率因数调整电费等于该项目计费电量乘以该项目目录电价减去基金和附加后的值再乘以该户当月功率因数考核得出的增减率。

计费参数行下为金额合计、金额大写、违约金等项,再下面一行为已收金额、应收金额、账户余额、小计金额等列,最后一行为供电公司信息。

(三)发票解读实例

解读过程中,首先运用前面所学的相关内容,对所需解读的发票户从合同容量、用电分类、电压等级、计量方式、有无基本电费、基本电费计收方式、主分表执行电价、主分表倍率、功率因数考核标准等进行初步的描述,然后对发票中每一计费数据的产生进行逐一解读。

1. 大发票实例一(见图 4.8)

该户为执行一般工商业电价户,受电容量 500 kVA,10 kV 供电高供高计,主表执行一般工商业及其他 10 kV 电价,主表倍率 600,分表为其他照明也执行一般工商业及其他电价,分表倍率 20,功率因数考核标准应为 0.85。

主表有功抄见电量:$(189.07 - 183.44) \times 600 = 3\,378 (\text{kWh})$

正向无功抄见电量:$(65.28 - 62.9) \times 600 = 1\,428 (\text{kvarh})$

反向无功抄见电量:$(0 - 0) \times 600 = 0 (\text{kvarh})$

根据高供高计计量方式下无功总电量计算公式:

无功总电量 = 正向无功电量 + |反向无功电量| = $1\,428 (\text{kvarh})$

功率因数:$\cos \varphi = \dfrac{1}{\sqrt{1+(Q/P)^2}} = \dfrac{1}{\sqrt{1+(1\,428/3\,378)^2}} = 0.92$

查表或计算可得出增减率应该为 -0.8%。

分表电量:$(1\,311.21 - 1\,270.17) \times 20 = 821 (\text{kWh})$

主表计费电量:有功总电量扣减分表计费电量后得:

$3\,378 - 821 = 2\,557 (\text{kWh})$

江苏省电力公司通用机打发票
核查联

注：本发票作为核查，不作收费报销凭证
开票日期：20171201　　　行业分类：电力

页数	1/1		供电服务热线:95598				纳税号			
户名	管理有限公司			段户号			开户行			
地址				总户号			账号			201711 月
基本电费	受电容量	需量示数	乘率	实际需量	核准需量数	超核准需量	计费容量	单价	金额（元）	
	500	0.0475	600			0				
无功电量	本月示数	上月示数	乘率	加减电量	实用电量	功率因数	92 %	增减率	-0.8 %	
	65.28	62.9	600	铜 0	无功总 1428	项目	单价	金额(元)	项目 单价	金额(元)
	0	0	600	铁 0	有功总 3378					
				加减 0	抄 1428			力调费		
有功电量	62.82	60.87	600	铜		尖峰		力调费		
	62.26	60.28	600	铁	2557	平	0.8033	2054.04		-15.68
	63.98	62.28	600	加减		谷				
	189.07	183.44	600	扣 821	抄 3378					
	515.76	499.85	20	铜		尖峰		力调费		
	0	0	20	铁	821	平	0.8033	659.51		-5.03
	795.44	770.32	20	加减		谷				
	1311.21	1270.17	20	扣	抄 821					
				铜		尖峰		力调费		
				铁		平				
				加减		谷				
				扣	抄					
金额合计￥	2692.84		金额(大写)	贰仟陆佰玖拾贰元捌角肆分				违约金￥		
已收金额￥	8798.04		应补金额￥	0			账户余额￥	6105.2	小计金额￥	2692.84
销售单位			开票地址				抄表员	2800004738	收费员	2800000465

图 4.8 大发票实例一

主表电费：

$2\,557 \times 0.803\,3 = 2\,054.04$(元)

主表功率因数增减电费：

$2\,557 \times (0.803\,3 - 0.036\,9) \times (-1.1\%) = -15.68$(元)

分表电费：$821 \times 0.803\,3 = 659.51$(元)

分表功率因数增减电费：

$821 \times (0.803\,3 - 0.036\,9) \times (-0.8\%) = -5.03$(元)

该户当月电费合计：8 798.04 元。

2. 大发票实例二（见图4.9）

该户受电容量630 kVA,高供低计计量方式,主表电价无法分析其电压,但分表电价可看出该户为10 kV 供电,为执行居民电价的学校用电,主表应执行城镇居民生活电价,不执行阶梯,每 kWh 加价 0.02 元,分表为其他照明,主表倍率200,分表倍率为40,功率因数考核标准应为 0.85。（该型号变压器有功铁损为

第四章 电价电费

江苏省电力公司通用机打发票
核查联

注：本发票作为核查，不作收费报销凭证
开票日期：20171201　　行业分类：电力

页数	1/1		供电服务热线：95598				纳税号			
户名	学校			段户号			开户行			
地址				总户号			账号		53	201711 月
基本电费	受电容量	需量示数	乘率	实际需量	核准需量数	超核准需量	计费容量	单价	金额（元）	
	630	1.7409	200			0				
无功电量	本月示数	上月示数	乘率	加减电量	实用电量	功率因数	95 %	增减率	-1.1 %	
	1447.39	1353.81	200	铜 2938	无功总 29746	项目	单价	金额（元）	项目	单价	金额（元）
	1.81	1.7	200	铁 8114	有功总 89479						
				加减 0	抄 18716						
有功电量	0	0	200			尖			力调费		
	3020.57	2851.28	200	铜 877		峰			力调费		
	2662.22	2525.72	200	铁 936	71598	平	0.5383	38541.2			-416.86
	2184.31	2051.76	200	加减		谷					
	7867.11	7428.78	200	扣 17881	抄 87666						
	0	0	40	铜 177		尖			力调费		
	5637.42	5325.09	40	铁	17881	峰	0.8033	14363.81			-150.74
	0	0	40	加减		平					
	2100.13	1969.88	40	扣	抄 17704	谷					
	7737.56	7294.97	40								
				铜		尖			力调费		
				铁		峰					
				加减		平					
				抄		谷					
金额合计¥	52337.41			金额（大写）	伍万贰仟叁佰叁拾柒元肆角壹分				违约金¥		
已收金额¥	0			应补金额¥	52337.41			账户余额¥	0	小计金额¥	52337.41
销售单位				开票地址				抄表员	2800004738	收费员	2800000465

图 4.9　大发票实例二

936 kWh，变压器无功铁损为 8 114 kvarh，由无功铜损和有功铜损算出 K 值为 3.35）

主表有功抄见电量：(7 867.11 − 7 428.78) × 200 = 87 666(kWh)

高供低计用户应计收变压器损耗

有功铁损：936 kWh

有功铜损：87 666 × 1‰ = 877(kWh)

有功总电量：87 666 + 936 + 877 = 89 479

正向无功抄见电量(1 447.39 − 1 353.81) × 200 = 18 716(kvarh)

反向无功抄见电量(1.81 − 1.7) × 200 = 22(kvarh)（此项数据在发票中不显示，但计算时需要用上）

根据高供低计计量方式下无功总电量计算公式：

无功总 = 正向无功 + |反向无功 − 无功铁损 − 无功铜损|
　　　 = 18 716 + |22 − 8 114 − 877 × 3.35| = 29 746(kvarh)

功率因数：$\cos\varphi = \dfrac{1}{\sqrt{1+(Q/P)^2}} = \dfrac{1}{\sqrt{1+(29\,746/89\,479)^2}} = 0.95$

查表或计算可得出增减率应该为 -1.1%。

分表电量：(7 737.56 - 7 294.97)×40 = 17 704(kWh)

该分表分摊变压器铜损,系统内标志变损计费标志为"是",但未分摊铁损,系统内标志变损分摊标志为"否",因此出现只分摊变压器铜损未分摊变压器铁损情况。

分表计费电量：17 704 + 17 704×1‰ = 17 704 + 177 = 17 881(kWh)

主表计费电量：有功总电量扣减分表计费电量后得：

89 479 - 17 881 = 71 598(kWh)

主表电费：

71 598×0.538 3 = 3 068.23(元)

主表功率因数增减电费：

71 598×(0.538 3 - 0.009)×(-1.1%) = -416.86(元)

分表电费：17 881×0.803 3 = 14 363.81(元)

分表功率因数增减电费：

17 881×(0.803 3 - 0.036 9)×(-1.1%) = -150.74(元)

该户当月电费合计：52 337.41 元。

3. 大发票实例三(见图4.10)

该户 250 kVA 容量,0.803 3 且分时的电价说明该户为 10 kV 普通工业用户,计量方式为高供低计,主表倍率 80,分表为直接表,功率因数考核标准为 0.90,变压器有功铁损 288 kWh,无功铁损 986 kvarh,K 值 3.19(由无功铜损 351 除以有功铜损 110 得出)。

有功抄见：(1 383.31 - 1291.5)×80 = 7 345(kWh)

变压器铁损 288 kWh

变压器铜损为抄见电量乘以铜损系数：7 345×1.5% = 110(kWh)

有功总 = 7 345 + 288 + 110 = 7 743(kWh)

无功抄见正向 = (276.72 - 243.39)×80 = 2 666(kvarh)

反向 = (25.94 - 23.64)×80 = 184 kvarh(发票中该项不显示,但计算时需要)

图 4.10 大发票实例三

无功铁损：986 kvarh

无功铜损：有功铜损乘以 K 值 = 110×3.19 = 351

该型号变压器 K 值为 3.19

无功总 = 正向无功 + |反向无功 − 无功铁损 − 无功铜损|

= 2 666 + |184 − 9 869 − 351| = 3 819 (kvarh)

根据有功总无功总可以算出功率因数：

功率因数：$\cos\varphi = \dfrac{1}{\sqrt{1+(Q/P)^2}} = \dfrac{1}{\sqrt{1+(3\,819/7\,743)^2}} = 0.90$

查表可得，功率因数考核值为 0，即不罚不奖。

分表抄见电量：(33 874.87 − 32 840.42) = 1 034(kWh)

分摊铜损：1 034×1.5% = 16(kWh)

从票中看出，该户分表未分摊变压器铁损。

分表计费电量 = 抄见电量 + 分摊损耗 = 1 034 + 16 = 1 050(kWh)

主表计费电量等于有功总减去分表计费电量：

7 743 − 1 050 = 6 693(kWh)(该数字在发票中不显示)

将主表计费电量按主表抄见峰平谷比例进行分摊：

峰差：542.06 − 506.43 = 35.63

平差：538.76 − 503.35 = 35.41

谷差：302.49 − 281.71 = 20.78

差数合计：7.34 + 126.7 + 112.78 + 47.2 = 91.82

计费峰电量：35.63 ÷ 91.82 × 6 693 = 2 597(kWh)

计费谷电量：20.78 ÷ 294.02 × 6 693 = 1 514(kWh)

计费平电量：6 693 − 2 597 − 1 514 = 2 582(kWh)

峰电费：2 597 × 1.338 8 = 3 476.86(元)

峰力调费：0

平电费：2 582 × 0.803 3 = 2 074.12(元)

平力调费：0

谷电费：1 514 × 0.367 8 = 556.85(元)

谷力调费：0

分表电费：1 050 × 0.803 3 = 843.47(元)

分表力调费：0

该户当月电费合计：6 951.3 元

4. 大发票实例四(见图 4.11)

该户为大工业户,受电容量 1 880 kVA,10 kV 高供高计,需量方式计收基本电费,主表倍率 3 000,执行 10 kV 大工业非优待电价,执行分时电价,分表倍率 30,执行一般工商业及其他电价,功率因数考核标准应为 0.90,当月需量约定值为 850 kW。

需量计费,抄见需量值 0.265 1,

0.265 1 × 3 000 = 795.3 取 795 kW,

795 与约定值 850 kW × 1.05% 相比较,因 795 小于 850 × 1.05%

故计费需量取 850 kW,单价 40 元/kW。

主表有功抄见电量：(2 693.87 − 2 574.01) × 3 000 = 359 580(kWh)

有功总电量：高供高计无线损时有功总即为抄见有功总 359 580(kWh)

江苏省电力公司通用机打发票
核查联

注:本发票作为核查,不作收费报销凭证

开票日期:20171026　　行业分类:电力

页数	1/1		供电服务热线:95598				纳税号				
户名				段户号			开户行				
地址				总户号			账号			4037	201709 月
基本电费	受电容量	需量示数	乘率	实际需量	核准需量数	超核准需量		计费容量	单价	金额(元)	
	1880	0.2651	3000	795	850	0		850	40	34000	
无功电量	本月示数	上月示数	乘率	加减电量	实用电量	功率因数	95 %		增减率	-0.75 %	
	1143.07	1104.58	3000	铜 0	无功总 116010	项目	单价	金额(元)	项目	单价	金额(元)
	37.14	36.96	3000	铁 0	有功总 359580						
				加减 0	抄 115470				力调费		-255
有功电量	23.86	22.69	3000		2889	尖峰	1.0697	3090.36			-22.38
	872.65	830.8	3000	铜 103321		峰	1.0697	110522.47	力调费		-800.32
	1073.21	1027.15	3000	铁 113671		平	0.6418	72982.29			-515.9
	724.13	693.36	3000	加减 75966		谷	0.3139	23845.73			-157.82
	2693.87	2574.01	3000	扣 63689	抄 359580						
	21503.38	20629.36	30	铜		尖峰					
	22603.79	21762.3	30	铁	63689	峰平	0.8033	51161.37	力调费		-366.08
	15536.06	15128.61	30	加减		谷					
	59643.25	57520.28	30	扣 63689							
				铜		尖峰					
				铁		峰平			力调费		
				加减	抄	谷					
				扣							
金额合计¥	293484.72		金额(大写)	贰拾玖万叁仟肆佰捌拾肆元柒角贰分					违约金¥		
已收金额¥	254700		应补金额¥	38784.72			账户余额¥	0	小计金额¥	293484.72	
销售单位			开票地址				抄表员	3003070386	收费员	3000658009	

图 4.11　大发票实例四

正向无功抄见电量:(1 143.07 − 1 104.58)×3 000 = 115 470(kvarh)

反向无功抄见电量:(37.14 − 36.96)×3 000 = 540(kvarh)(该数字发票中不显示)

无功总电量 = 正向无功电量 + 反向无功电量

115 470 + 540 = 116 010(kvarh)

功率因数:$\cos\varphi = \dfrac{1}{\sqrt{1+(Q/P)^2}} = \dfrac{1}{\sqrt{1+(116\,010/359\,580)^2}} = 0.95$

查表或计算可得出增减率应该为 − 0.75%。

分表电量:(59 643.25 − 57 520.28)×30 = 63 689(kWh)

分表计费电量:高供高计即为分表抄见电量 63 689(kWh)

主表计费电量:有功总电量扣减分表计费电量后得:

359 580 − 63 689 = 295 891(kWh)

将 295 891 kWh 电量根据主表峰平谷比例进行分摊,算出峰平谷计费电量:

本月尖差数：23.86 − 22.69 = 1.17

本月峰差数：872.65 − 830.8 = 41.85

本月平差数：1 073.21 − 1 027.15 = 46.06

本月谷差数：724.13 − 693.36 = 30.77

差数合计：1.17 + 41.85 + 46.06 + 30.77 = 119.85

计费尖电量：1.17 ÷ 119.85 × 295 891 = 2 889(kWh)

计费峰电量：41.85 ÷ 119.85 × 295 891 = 103 321(kWh)

计费谷电量：30.77 ÷ 119.85 × 295 891 = 75 966(kWh)

计费平电量：295 891 − 2 889 − 103 321 − 75 966 = 113 715(kWh)

基本电费：850 × 40 = 34 000(元)

基本电费力调费：34 000 × (−0.75%) = −255(元)

尖电费：2 889 × 1.069 7 = 3 090.36(元)

尖力调费：2 889 × (1.069 7 − 0.036 9) × (−0.75%) = −22.38(元)

峰电费：103 321 × 1.069 7 = 110 522.47(元)

峰力调费：103 321 × (1.069 7 − 0.036 9) × (−0.75%) = −800.313 9(元)

平电费：113 715 × 0.641 8 = 72 982.29(元)

平力调费：113 715 × (0.641 8 − 0.036 9) × (−0.75%) = −515.9(元)

谷电费：75 966 × 0.313 9 = 23 845.73(元)

谷力调费：75 966 × (0.313 9 − 0.036 9) × (−0.75%) = −157.82(元)

分表电费：63 689 × 0.803 3 = 51 161.37(元)

分表力调费：63 689 × (0.803 3 − 0.036 9) × (−0.75%) = −366.08(元)

该户当月电费合计：293 484.72 元

5. 大发票实例五（见图 4.12）

该户为大工业户，400 kVA 容量，容量计收基本电费，10 kV 高供低计（与高供高计相比多了变压器损耗的计算），主表倍率 120，执行 10 kV 大工业非优待电价，应执行分时电价；分表为其他照明，倍率 30，执行一般工商业及其他电价，该户变损计费标识为"是"，变损分摊标志为"是"，功率因数考核标准 0.90。

容量计收基本电费，计费容量 400 kVA

有功抄见：(22 382.12 − 22 088.1) × 120 = 35 282(kWh)

江苏省电力公司通用机打发票
核查联

注：本发票作为核查，不作收费报销凭证
开票日期：20171026 行业分类：电力

页数	1/1	供电服务热线:95598			纳税号			
户名				段户号		开户行		
地址				段户号		账号		20763 201709 月
基本电费	受电容量	需量示数	乘率	实际需量	核准需量数	超核准需量	计费容量	单价	金额（元）
	400	1.2069	120	144		0	400	30	12000
无功电量	本月示数	上月示数	乘率	加减电量	实用电量	功率因数	80 %	增减率	5 %
	5986.36	5768.66	120	铜 907	无功总 27294	项目	单价	金额（元）	项目	单价	金额（元）
	1247.85	1185.3	120	铁 5429	有功总 36297						
				加减 0	抄 26124					力调费	600
有功电量	237.91	230.57	120		856	尖峰 1.0697	915.66		44.2
	9854.1	9727.4	120	铜 353	14773	峰 1.0697	15802.68	力调费	762.88
	8721.68	8608.9	120	铁 662	13150	平 0.6418	8439.67		397.72
	3568.42	3521.22	120	加减 5503		谷 0.3139	1727.39		76.22
	22382.12	22088.1	120	扣 2015	抄 35282				
	0	0	30	铜 20		尖峰			
	414.74	384.47	30	铁 37	2015	峰		力调费	
	335.29	311.16	30	加减		平 0.8033	1618.65		77.21
	193.87	183.01	30	扣 1958		谷			
	943.91	878.65	30						
				铜		尖峰		力调费	
				铁		峰			
				加减		平			
				抄		谷			
金额合计¥	42462.28		金额（大写）	肆万贰仟肆佰陆拾贰元贰角捌分			违约金¥	
已收金额¥	9894.64		应补金额¥	32567.64		账户余额¥	0	小计金额¥	42462.28
销售单位			开票地址			抄表员	2800000399	收费员	3000658009

图 4.12 大发票实例五

变压器铁损：662 kWh

变压器铜损为抄见电量乘以铜损系数：35 282×0.01 = 353(kWh)

有功总 = 35 282 + 662 + 353 = 36 297(kWh)

无功抄见：

正向 = (5 986.36 − 5 768.66)×120 = 26 124(kvarh)

反向 = (1 247.85 − 1 185.3)×120 = 7 506(kvarh)

无功铁损：5 429

无功铜损：有功铜损乘以 K 值 = 353×2.57 = 907

该型号变压器 K 值为 2.57

无功总 = 正向无功 + |反向无功 − 无功铁损 − 无功铜损|
     = 26 124 + |7 506 − 5 429 − 907| = 27 294(kvarh)

根据有功总无功总可以算出功率因数：

$$\cos\varphi = \frac{1}{\sqrt{1+(Q/P)^2}} = \frac{1}{\sqrt{1+(27\,294/36\,297)^2}} = 0.80$$

查出增减率：5%

分表抄见电量：(943.91－878.65)×30＝1 958(kWh)

分摊铜损：1 958×0.01＝20(kWh)

分摊铁损：1 958÷35 282×662＝37(kWh)

分表计费电量＝抄见电量＋分摊损耗＝1 958＋20＋37＝2 015(kWh)

主表计费电量等于有功总减去分表计费电量：

36 297－2 015＝34 282(kWh) （该数字在发票中不显示）

将主表计费电量按主表抄见峰平谷比例进行分摊：

尖差：237.91－230.57＝7.34

峰差：9 854.1－9 727.4＝126.7

平差：8 721.68－8 608.9＝112.78

谷差：3 568.42－3 521.22＝47.2

差数合计：7.34＋126.7＋112.78＋47.2＝294.02

计费尖电量：7.34÷294.02×34 282＝856(kWh)

计费峰电量：126.7÷294.02×34 282＝14 773(kWh)

计费谷电量：47.2÷294.02×34 282＝5 503(kWh)

计费平电量：34 282－856－14 773－5 503＝13 150(kWh)

基本电费：400×30＝12 000(元)

基本电费力调费：12 000×5%＝600(元)

尖电费：1 856×1.069 7＝915.66(元)（非尖峰条件下，尖峰电价等于峰电价）

尖力调费：856×(1.069 7－0.036 9)×5%＝44.2(元)

峰电费：14 773×1.069 7＝15 802.68(元)

峰力调费：14 773×(1.069 7－0.036 9)×5%＝762.88(元)

平电费：13 150×0.641 8＝8 439.67(元)

平力调费：13 150×(0.641 8－0.036 9)×5%＝397.72(元)

谷电费：5 503×0.313 9＝1 727.39(元)

谷力调费：5 503×(0.313 9－0.036 9)×5%＝76.22(元)

分表电费：2 015×0.803 3＝1 618.65(元)

分表力调费：2 015×(0.803 3－0.036 9)×5%＝77.21(元)

该户当月电费合计：42 462.28 元

6. 大发票实例六（见图 4.13）

开票日期:	20150128		行业分类:	电力					
页数	1 / 1		供电服务热线:95598				纳税号		
户名				段户号			开户行		
地址				总户号			账号		201501月
基本电费	受电容量	需量示数	乘率	实际需量	核准需量数	超核准需量	计费容量	单价	金额（元）
	100	0.424	20			0			
无功电量	本月示数	上月示数	乘率	加减电量	实用电量	功率因数	55 %	增减率	15 %
	181.98	181.6	20	铜 95	无功总 5415	项目	单价	金额（元）	项目	单价	金额（元）
	108.86	104.44	20	铁 5400	有功总 3608						
				加减 0	抄 8				力调费		
有功电量	1089.61	1037.95	20	铜 46		峰			力调费		
	1040.66	993.9	20	铁 526	3337	平	0.499	1665.16			242.31
	897.19	843.83	20	加减		谷					
	3027.47	2875.69	20	扣 271	抄 3036						
	5097.3	4984	1	铜 4		峰			力调费		
				铁	271	平	0.5383	145.88			
	2568.7	2415	1	加减		谷					
	7666	7399	1	扣	抄 267						
				铜		峰			力调费		
				铁		平					
				加减		谷					
				扣	抄						
金额合计¥	2053.35		金额（大写）	贰仟零伍拾叁元叁角伍分				违约金¥		
已收金额¥	0		应补金额¥	2053.35			账户余额¥	0	小计金额¥	2053.35
销售单位			开票地址				抄表员	2803156078	收费员	3000658008

图 4.13 大发票实例六

该户为执行农业生产电价户，受电容量 100 kVA，10 kV 高供低计，主表倍率 20 执行 10 kV 农业生产电价，分表为直接表，居民合表户执行非阶梯居民电价，该户功率因数考核标准应为 0.80。（该型号变压器有功铁损 526 kWh，无功铁损 5 400 kvarh，K 值 2.07）

主表有功抄见电量：(33 207.47 − 2 875.69)×20 = 3 036(kWh)

高供低计用户应计收变压器损耗：

有功铁损：526 kWh

铜损：3 036×1.5‰ = 46(kWh)

有功总电量：3 036 + 526 + 46 = 3 608(kWh)

正向无功抄见电量：(181.98 − 181.6)×20 = 8(kvarh)

反向无功抄见电量：(108.86 − 104.44)×20 = 88(kvarh)

无功总 = 正向无功 + |反向无功 − 无功铁损 − 无功铜损|
　　　 = 8 + |88 − 5 400 − 95| = 5 415(kvarh)

功率因数：$\cos\varphi = \dfrac{1}{\sqrt{1+(Q/P)^2}} = \dfrac{1}{\sqrt{1+(5\,415/3\,608)^2}} = 0.55$

该户功率因数考核标准为 0.80，课查出该月电费增减率为 15%。

分表抄见：7 666 - 7 399 = 267(kWh)

根据系统设定：未分摊变压器有功铁损，只分摊铜损

分表计费电量：267 + 267 × 1.5% = 267 + 4 = 271(kWh)

主表计费电量等于有功总电量减去分表计费电量：

3 608 - 271 = 3 337(kWh)

主表电费：3 337 × 0.499 = 1 665.16(元)

主表力调费：3 337 × (0.499 - 0.014 91) × 15% = 242.31(元)

分表电费：271 × 0.538 3 = 145.88(元)

居民照明不执行力调。

该户当月电费合计：2 053.35 元。

练习题

请对下列发票进行解读：

1.

江苏省电力公司通用机打发票
核查票

注：本发票作为核查，不作收费报销凭证

开票日期：20171213　　行业分类：电力　　供电服务热线：95598

户号：		段户号：		201707	月页数：	1 / 1
户名：						
地址：						

本月示数	上月示数	电量	单价	金额（元）	上期转入：	0.13 元
总 79462	77358　1	2104		1088.86	转入下期：	0.19 元
峰 62093	60418　1	1675	0.5583	935.15	本期抄表：	20170703
谷 17369	16940　1	429	0.3583	153.71		
一档基数2760	二档基数2040	阶梯2 1364	0.05	68.2		
一档已用2760	二档已用2040	阶梯3 740	0.3	222	收费员：	2800000465
加减	违约金		小计	1379 元	抄表员：	3002658097

金额：壹仟叁佰柒拾玖元整　　　　　销售单位：

已缴：0　　剩余：0　　应补：1379　　开票地址：

2.

江苏省电力公司通用机打发票
核查联

注：本发票作为核查，不作收费报销凭证
开票日期：20171213　　　行业分类：电力

页数	1 / 1	供电服务热线:95598				纳税号				
户名	▓▓站幼儿园			段户号	▓▓		开户行	▓▓		
地址	▓▓			总户号	▓▓		账号	0000		201711月
基本电费	受电容量	需量示数	乘率	实际需量	核准需量数	超核准需量	计费容量	单价	金额（元）	
	250	0.5011	80			0				
无功电量	本月示数	上月示数	乘率	加减电量	实用电量	功率因数	79 %	增减率	3 %	
	2931.21	2882.86	80	铜 251	无功总 4636	项目	单价	金额（元）	项目	单价	金额（元）
	71.37	70.56	80	铁 582	有功总 5908				力调费		
				加减 0	抄 3868						
有功电量	2561.75	2529.62	80	铜 83		尖峰			力调费		
	2182.84	2160.76	80	铁 284	4394	峰					
	1114.03	1098.98	80	加减		平	0.5383	2365.29			69.77
	5858.62	5789.36	80	扣 1514	抄 5541	谷					
	763.63	753.36	60	铜 21		尖峰			力调费		
	496.97	492.55	60	铁 73	1514	峰					
	534.12	525.14	60	加减		平	0.5383	814.99			24.04
	1794.72	1771.05	60	扣	抄 1420	谷					
				铜		尖峰			力调费		
				铁		峰					
				加减		平					
				扣	抄	谷					
金额合计¥	3274.09		金额(大写)	叁仟贰佰柒拾肆元零玖分				违约金¥		
已收金额¥	0		应补金额¥	3274.09			账户余额¥	0	小计金额¥	3274.09
销售单位	▓▓		开票地址	▓▓			抄表员	3003070393	收费员	2800000465

3.

江苏省电力公司通用机打发票
核查联

注：本发票作为核查，不作收费报销凭证
开票日期：20171213　　　行业分类：电力

页数	1 / 1	供电服务热线:95598				纳税号				
户名	▓▓电机厂			段户号	▓▓		开户行	▓▓		
地址	▓▓			总户号	▓▓		账号			201712月
基本电费	受电容量	需量示数	乘率	实际需量	核准需量数	超核准需量	计费容量	单价	金额（元）	
	250					0				
无功电量	本月示数	上月示数	乘率	加减电量	实用电量	功率因数	84 %	增减率	3 %	
	20190.54	19966.56	80	铜 1326	无功总 30915	项目	单价	金额（元）	项目	单价	金额（元）
	5424.95	5424.95	80	铁 11671	有功总 47325				力调费		
				加减 0	抄 17918						
有功电量	39861.74	39618.16	80	铜 687	19423	尖峰	1.3388	26003.51	力调费		758.6
	37605.81	37394.79	80	铁 864	16827	峰	0.8033	13517.13			386.89
	25396.54	25278.94	80	加减	9377	平	0.3678	3448.86			93.09
	102864.09	102291.89	80	扣 1700	抄 45776	谷					
				定量700		尖峰			力调费		
				铜	700	峰					
				铁		平	0.8033	562.31			16.09
				加减		谷					
				扣	抄						
				定量1000		尖峰			力调费		
				铜	1000	峰					
				铁		平	0.8033	803.3			22.99
				加减		谷					
				扣	抄						
金额合计¥	45612.77		金额(大写)	肆万伍仟陆佰壹拾贰元柒角柒分				违约金¥		
已收金额¥	0		应补金额¥	45612.77			账户余额¥	0	小计金额¥	45612.77
销售单位	▓▓		开票地址	▓▓			抄表员	3003070393	收费员	2800000465

4.

江苏省电力公司通用机打发票
核查联

注：本发票作为核查，不作收费报销凭证
开票日期：20171213　　行业分类：电力

页数	1 / 1	供电服务热线:95598			纳税号			营业1
户名	教师进修学校		段户号		开户行			
地址			总户号		账号			201712 月

基本电费	受电容量	需量示数	乘率	实际需量	核准需量数	超核准需量	计费容量	单价	金额(元)
	200	0.3935	80			0			

	本月示数	上月示数	乘率	加减电量	实用电量	功率因数	89 %	增减率	-0.4 %
无功电量	231.2	217.74	80	铜 152	无功总 3402	项目	单价	金额(元)	项目	单价	金额(元)
	1169.92	1071.45	80	铁 10051	有功总 6475						
				加减 0	抄 1077						力调费

有功电量	0	0	80	铜 85		尖峰			力调费	
	436.34	404.57	80	铁 720	3767	峰	0.8033	3026.03		-11.55
	417.94	388.48	80	加减		平				
	142.33	132.68	80	扣 2708	抄 5670	谷				
	996.62	925.74	80							
	8546.88	8316.54	10	铜 40		尖峰			力调费	
	0	0	10	铁	2708	峰	0.8033	2175.34		-8.3
	1923.94	1887.46	10	加减		平				
	10470.82	10204.01	10	扣	抄 2668	谷				
				铜		尖峰			力调费	
				铁		峰				
				加减		平				
					抄	谷				

金额合计¥	5181.52	金额(大写)	伍仟壹佰捌拾壹元伍角贰分		违约金¥	
已收金额¥	0	应补金额¥	5181.52	账户余额¥	0	小计金额¥	5181.52
销售单位		开票地址		抄表员	3003070393	收费员	2800000465

5.

江苏省电力公司通用机打发票
核查联

注：本发票作为核查，不作收费报销凭证
开票日期：20171213　　行业分类：电力

页数	1 / 1	供电服务热线:95598			纳税号		
户名	科技发展有限公司		段户号		开户行		
地址			总户号		账号		201710 月

基本电费	受电容量	需量示数	乘率	实际需量	核准需量数	超核准需量	计费容量	单价	金额(元)
	500	0.5991	600	359	350	0	350	40	14000

	本月示数	上月示数	乘率	加减电量	实用电量	功率因数	79 %	增减率	5.5 %
无功电量	2192.54	2105.99	600	铜 0	无功总 52134	项目	单价	金额(元)	项目	单价	金额(元)
	20.94	20.6	600	铁 0	有功总 66078						
				加减 0	抄 51930						力调费 770

有功电量	45.68	45.68	600	0	0	尖峰 1.0697	0		力调费	
	1155.01	1113.64	600	铜	23830	峰 1.0697	25490.95		1353.64
	1282.14	1237.44	600	铁	25749	平 0.6418	16525.71		856.66
	838.78	814.72	600	加减	13859	谷 0.3139	4350.34		211.14
	3321.62	3211.49	600	扣 2640	抄 66078				
	0	0	20	铜		尖峰			力调费	
	1003.23	945.33	20			峰				
	809.04	766.15	20	铁	2640	平 0.8033	2120.71		111.28
	383.98	352.77	20	加减		谷				
	2196.26	2064.26	20	扣	抄 2640				
				铜		尖峰			力调费	
				铁		峰				
				加减		平				
					抄	谷				

金额合计¥	65790.43	金额(大写)	陆万伍仟柒佰玖拾元零肆角叁分		违约金¥	
已收金额¥	0	应补金额¥	65790.43	账户余额¥	0	小计金额¥	65790.43
销售单位		开票地址		抄表员	2800000309	收费员	2800000465

第三节　电费回收

本节包含缴费方式、电费回收指标等内容。通过概念描述、术语说明、要点归纳、图解示意,掌握各种方式下电费回收业务流程及工作内容。

一、客户缴费方式的要求

(1) 对新增用电容量在 50 千伏安(千瓦)以下的用电客户,原则上除居民客户外应安装卡式电能表,推广电卡表购电预结算方式。

(2) 对用电容量在 50 千伏安(千瓦)及以上的用电客户,办理新装、增容业务时,原则上采取购电预结算方式。

(3) 重要客户和 315 kVA 及以上容量的大工业用电客户也可每月按客户实际用电量实行分次预结算电费方式。每月 6 日按实预结算 1~5 日使用电量(或上月抄表日至本月 5 日电量),14 日按实预结算 6~13 日使用电量,22 日按实预结算 14~21 日使用电量,月末最后一天(次月 1 日)或正常抄表日结清当月电费。

(4) 居民以及小动力可采取柜台现金缴费、充值卡缴费、网上缴费、银行代扣等缴费方式。

(5) 原有的其他客户可采取银行转账、支票缴费等方式。

二、电费回收方法

(一) 柜台坐收

坐收是指收费人员在设置的收费柜台使用本单位收费系统以现金、POS 刷卡、支票、汇票等结算方式,完成客户电费、违约金或预缴费用的收缴,并出具收费凭证的一种收费方式。

1. 冲正

当日在门市收费中完成一笔或多笔电费缴纳的客户在营销信息系统中划去其所缴纳的一笔或多笔电费,使之重新产生欠费的过程。

2. 解款确认

收费人员完成当日收费工作,在所收现金与收费汇总报表数额核对无误后,将现金解缴至银行电费账户,凭银行现金缴款回单在营销信息系统相应模块中选择对应银行进行"解款确认"操作,打印与每笔解款回单相对应的电费清单,生成并保存记录。

(1) 每日收取的现金及支票应当日解交银行。由专人负责每日解款工作并落实保安措施,确保解款安全。当日解款后收取的现金及支票按财务制度存入专用保险箱,于次日解交银行。

(2) 收取现金时,应当面点清并验明真伪。收取支票时,应仔细检查票面金额、日期及印鉴等是否清晰正确、有效。

(3) 客户采用现金缴款回单、转账支票或银行进账单回单等方式缴费时,如金额大于客户应交电费(含违约金)的金额,一般情况作预收电费处理。如客户要求退款时,应在确认资金已到账的情况,按退费管理处理。

(4) 采用柜台收费(坐收)方式时,应在营销信息系统核对户号、户名、地址等信息,告知客户电费金额及收费明细,避免错收。客户同时采用现金、支票与汇票支付一笔应收电费的,应分别进行账务处理。承兑汇票的收取按《江苏省电力公司关于电费回收中收取客户银行承兑汇票管理办法》执行。

(5) 采用(预)购电收费方式时,每日收费结束后,应进行收费整理,清点现金和票据,保证与购电数据核对一致。

(6) 每日应审查各类日报表,确保实收电费明细与现金解款单、银行进账单数据一致、实收电费与进账金额一致、实收电费与财务账目一致、各类发票及凭证与报表数据一致。不得将未收到或预计收到的电费计入电费实收。

(7) 当日解款前发现错收电费的,可由当日原收费人员进行全额冲正处理,并记录冲正原因,收回并作废原发票。当日解款后发现错收电费的,按退费流程处理。

门市现金收费作业流程如图 4.14 所示。

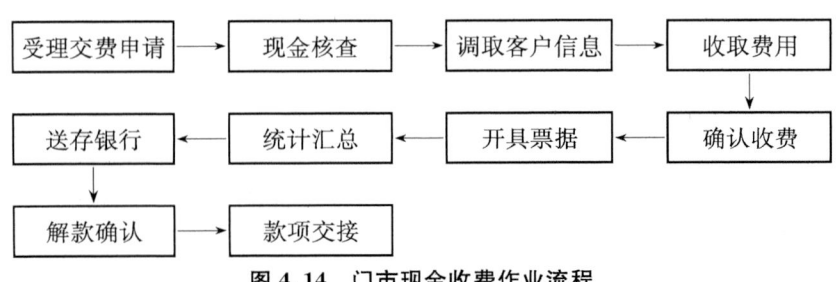

图 4.14 门市现金收费作业流程

门市非现金收费作业流程如图 4.15 所示。

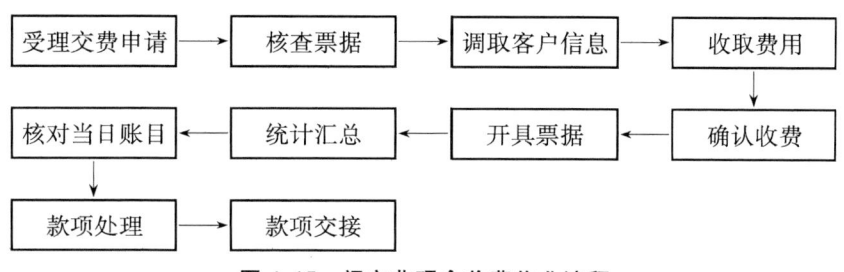

受理交费申请 → 核查票据 → 调取客户信息 → 收取费用
核对当日账目 ← 统计汇总 ← 开具票据 ← 确认收费
款项处理 → 款项交接

图 4.15　门市非现金收费作业流程

（二）POS 机收费

收费人员在供电公司设置的收费柜台以 POS 刷卡的结算方式，完成客户电费（含预收款，下同）、违约金的收缴，并出具电费票据的一种收费方式。

1. 撤销交易

对于已开通联机退货功能的 POS 机，可用联机方式撤销交易。撤销交易需确认原交易为当天、当前收费人员、未退款、未结算的交易记录，否则不能撤销。

2. 自动冲正

由于超时或未收到有效响应包等原因，POS 机自动产生对原交易的冲正交易，并在下笔交易之前发送给主机，直到冲正成功。冲正交易由 POS 机自动发起，无须收银员进行操作。

POS 机收费流程如图 4.16 所示。

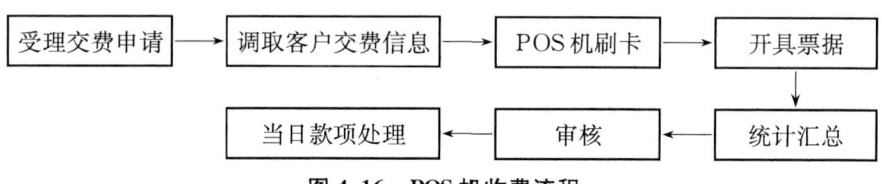

受理交费申请 → 调取客户交费信息 → POS 机刷卡 → 开具票据
当日款项处理 ← 审核 ← 统计汇总

图 4.16　POS 机收费流程

（三）磁卡表预购电流程

磁卡表预购电流程如图 4.17 所示。

（四）代扣、代收方式收取电费

（1）采用代扣、代收方式收取电费的，供电企业、用电客户、代收银行或其他代收单位应签订协议，明确各方的权利义务。

（2）协议内容应包括缴费信息传送内容、方式、时间，缴费数据核对要求、错

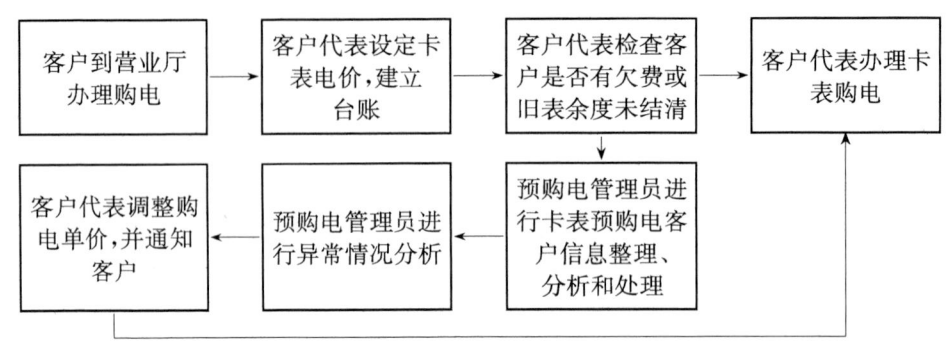

```
[客户到营业厅办理购电] → [客户代表设定卡表电价,建立台账] → [客户代表检查客户是否有欠费或旧表余度未结清] → [客户代表办理卡表购电]
                                                                            ↓
[客户代表调整购电单价,并通知客户] ← [预购电管理员进行异常情况分析] ← [预购电管理员进行卡表预购电客户信息整理、分析和处理]
```

图 4.17 磁卡表预购电流程

账处理、资金清算、客户服务、发票打印、手续费标准条款及违约责任等。

(3)采用代收、代扣收费方式时,银行收费处理系统按与供电企业联网协议确定的方式连接电力营销信息系统获取应收账,采取现金、委托代扣、电话银行、ATM自助缴费等方式,收取客户电费。供电企业应在下个工作日与代收、代扣单位对平当日代收、代扣电费明细,账务不平时应及时查找原因并处理,代收、代扣单位在下班前将当日代收、代扣电费资金转至供电企业账户。代收现金缴费客户应由代收单位当场提供税务部门提供的代收水电气统一发票。代扣客户可持有效收款凭证或有效身份证明到代扣单位营业网点或供电企业营业网点打印发票,在确认客户电费结清且未打印过发票后,代扣单位或供电企业给予出具发票。

委托银行代收标准化作业流程如图4.18所示。

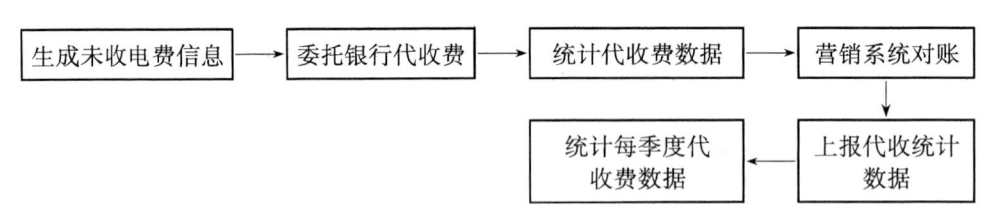

```
[生成未收电费信息] → [委托银行代收费] → [统计代收费数据] → [营销系统对账]
                                                              ↓
                              [统计每季度代收费数据] ← [上报代收统计数据]
```

图 4.18 委托银行代收标准化作业流程

(五)特约委托

(1)指根据与客户签订的电费结算协议,供电公司委托开户银行从客户的银行账户上扣划电费的交费方式。特约委托收费方式目前有电子托收和小额支付两种方式。

(2)电子托收是供电公司与委托收款的开户银行(工商银行、农业银行、中国银行、建设银行、交通银行)利用计算机平台实现客户数据交换,供电公司将客户的应收电费、户号、协议号、开户银行、银行账号等信息传输给委托收款的开户银行,委托收款的开户银行根据供电公司提供的信息,经过数据筛选,将客户的应收电费从其账户中自动划转到供电公司的电费专用账户上的过程。

(3) 小额支付是供电公司与委托收款的开户银行(除工商银行、农业银行、中国银行、建设银行、交通银行以外的银行)利用计算机平台实现客户数据交换,供电公司将客户的应收电费、户号、协议号、开户银行、银行账号等信息传输给委托收款的开户银行,委托收款的开户银行根据供电公司提供的信息,经过数据筛选,将客户的应收电费从其账户中自动划转到供电公司的电费专用账户上的过程。

(4) 采用特约委托方式收取电费的,供电企业、用电客户、银行应签订协议,明确各方的权利义务。

(5) 协议内容应包括客户编号、客户名称、托收单位名称、地址、托收银行账号、托收协议号、收款银行、扣款时间、客户服务条款及违约责任等。采用分次预结算或分次结算方式的,协议内容应增加分次预结算或分次结算次数及时间等内容。

(6) 采用特约委托收费方式时,供电企业应根据《电费结算协议》和《江苏省电费付款授权书》按时生成托收单数据或制作小额支付定期借记业务信息,将托收单据或制作小额支付定期借记业务信息、托收客户电费发票提供给相应特约委托银行。特约委托成功后,供电企业及时做好对账和销账工作,委托银行应及时将电费发票送达客户。允许以一个银行账号并账托收多个客户的电费。发生托收退票的,应重新托收或转为其他收费方式。电子托收客户扣款成功后,可由委托银行打印电费发票。

银行特约委托标准化作业流程如图 4.19 所示。

生成托收信息 → 托收发送 → 系统销账 → 系统对账 → 整理托收凭证 → 核对托收信息

图 4.19 银行特约委托标准化作业流程

(六) 充值卡交费

采用充值卡收费方式时,应每日对当日销售的电费充值卡数量、充值记录、充值金额、充值账户抵缴电费情况进行核对,并编制日报表。销售充值卡与充值卡交费不能重复开具发票。

电费充值卡流程如图4.20所示。

充值卡入库 → 充值卡下发 → 充值卡领用 → 充值卡销售

图4.20 电费充值卡流程

(七) 智能交费

采用远程费控业务方式的,应根据平等自愿原则,与客户协商签订协议,条款中应包括电费测算规则、测算频度、预警阈值、停电阈值、预警、取消预警及通知方式,停电、复电及通知方式,通知方式变更,有关责任及免责条款等内容。

远程费控是指借助信息通信技术,通过实时费控、营销业务应用、用电信息采集等系统及手机短信、语音电话等互动平台,采集费控智能电能表信息,进行电费测算,远程下达电费预警、停复电等指令及信息,实现可用电费余额自动测算、余额信息自动预警、停复电指令自动发送的一种用户用电远程互动方式。

1. 智能交费分类

智能交费分为充值交费型(原预付费)和周期交费型(原后付费),充值交费型需要客户通过现金、POS机刷卡、转账、充值卡、线上交费等方式预存电费;周期交费型需要客户办理银行卡代扣、银联代扣、支付宝代扣、电e宝代扣,并持续代扣成功。

(1) 充值交费型需要与用户协商签订《远程费控电费结算协议》,在协议中逐项确认户号、户名、地址、联系信息、提醒方式、预警阈值、停电阈值、停(复)电方式等关键信息,要求用户抄写确认事项并签字/盖章。协议签订后引导用户完成首次充值,确保账户可用余额充足。

(2) 周期交费型:存量代扣用户无须签订《远程费控电费结算协议》,新增代扣用户在《代扣协议》或《用户须知》中增加违约后自动转充值交费的条款。省公司统一组织对持续代扣成功用户建立费控档案,实现电费按日测算,但不发送费控预警短信。

2. 费控阈值

在营销系统中建立用户费控策略,根据协议约定,设定用户预警阈值,预警阈值的选择:根据客户类型及月电量电费情况设置预警阈值,居民客户宜按高峰月份电费的20%设置,高压客户、低压非居民客户宜按高峰月份电费的25%设置。

3. 余额测算

营销系统按日测算用户电费。

(1) 按营销业务应用系统中客户执行的电价标准和自动采集电量,对远程费控客户进行电量电费测算。

(2) 对远程费控客户的测算频度为:每天测算一次。

余额测算值=暂存款金额-测算电费,正常情况下应每日更新。

4. 测算方法——两部制用户

两部制用电客户基本电费按采集日期还原当时变压器实际使用情况,按实际使用天数统计变压器容量或最大需量。测算天数=本次采集时间-上次抄表时间(上一次营销结算抄表时间),如果变压器在这个时间段有启停业务,则按实际启停天数测算;电度电费=(本次采集示数-上次营销系统结算示数)×倍率×电价,执行峰谷分时电价客户取各分时电度电费之和测算;功率因数考核标准按照本次采集示数与上次营销系统结算示数之差确定,功率因数考核电费为基本电费和电度电费的功率因数考核电费之和。

5. 测算方法——单一制用户

单一制电价客户:电度电费=(本次采集示数-上次营销系统结算示数)×倍率×电价,执行峰谷分时电价客户取各分时电度电费之和测算。

6. 费用结算

智能交费用户每月正常抄表,电费出账后,形成发行电费,首先从客户暂存款扣除,多余金额继续保留在客户暂存款,不足金额形成欠费,催费员要求用户及时交清。

7. 停电方式

充值交费型用户在费控余额低于预警阈值时会收到购电提醒短信。

短信模板如下:

尊敬的客户(××××××),截至(××××××),您户(户号××××××××)经测算可用余额为××××元,为保证您户正常用电,请您及时预存电费。(江苏省电力公司)

(1) 高压用户停电方式通常采用审批停电方式,即用户费控余额小于零后,进入费控停复电审批工单,经班长审批后下发停电指令至用采系统,实施停电流程。高压费控用户在停电之前需通过录音电话告知用户及时购电。

(2)低压用户通常采用审批停电方式,如果房东强烈要求低于0及时停电,即设置为自动停电。审批停电的低压用户在停电之前一般不再通知。设置为自动停电的用户,在费控余额低于0后会直接停电,无需人工审批。

(3)对已实施停电的远程费控客户,当客户缴纳电费且剩余电费金额大于零时,即时通过远程费控信息系统发起复电流程并通知工作人员,在客户交费后24小时内完成复电,复电成功后,按约定的方式向客户告知已实施复电。客户无须办理复电手续,供电公司不收取复电费。

(4)当客户的费控余额低于停电阈值被实施停电操作后,系统即时发送费控停电提醒短信;当客户的费控余额大于0,复电操作成功后,系统即时发送费控复电提醒短信。

(八)自助终端交费

采用自助终端收费方式时,应每日对自助交费终端收取的现金进行日终解款。每日对充值卡和银行卡在自助终端交费的数据进行对账并及时处理单边账。客户在自助终端交费成功后应向其提供交费凭证。

三、电费回收指标考核

(一)电费回收率

1. 定义

电费回收率是指截至考核日,累计实收电费总额占累计应收电费总额的百分比。电费回收率考核指标分为当月电费回收率、往月累计电费回收率、年度电费回收率。

(1)电费:省公司考核的电费回收指销售电价收入,包括目录电价电费收入、农村低维费、国家规定的基金及附加等。

(2)应收电费:指供电公司应向客户收取的电费。

(3)实收电费:指供电公司实际收到电力客户缴纳并已销账的电费。

2. 计算公式

电费回收率=实收电费/应收电费×100%

根据应收、实收电费性质,电费回收率又分为当月电费回收率、当年累计电费回收率、陈欠电费回收率,分别对应当月、当年累计、历史欠费的当前实收。

（二）应收电费余额

应收电费余额是指在考核期内按财务口径在月末和年末 24 点时的应收电费账面余额。应收电费余额由部网应收电费余额和省网应收电费余额构成。

四、电费回收措施和技巧

（1）发扬"三千精神"，不厌其烦地上门催费，耐心细致地向客户宣传电费政策；

（2）多方位掌握客户的生产动态、资金流向，但应注意为客户保密；

（3）想客户所想，帮助客户解决用电难题，合理降低客户用电成本；

（4）充分运用各方面公共关系催缴电费，特别要争取政府和客户主管部门的支持；

（5）处理好三角债，力所能及地帮助客户要回欠款，利用好法律认可的代位权；

（6）防止濒临倒闭的企业资产转移，正确应用好质押、依法起诉或申请仲裁；

（7）对信誉度不高的企业采用技术手段：如预付费电卡表、负控系统；

（8）对长期欠费、信誉度不高及临时用电的企业采取预收电费；

（9）合理利用政策，对欠费客户停止办理一切变更用电手续，不予开具增值税发票；

（10）严格执行电费违约金制度及欠费停限电制度；

（11）催费时，申请司法介入，在发送停电通知书的同时发送律师函；

（12）必要时可终止供用电合同，解除供用电关系，按新装用电办理恢复用电手续。

思考题

1. 回收电费的方式有哪些？
2. 什么是电费回收率？
3. 简述电费回收措施和技巧。
4. 简述两部制费控用户的测算方法。

第五章　电能计量

第一节　电能表基础知识

本模块对电能表的定义、分类、功能、铭牌内容、电子式电能表、智能电能表的结构和工作原理进行了讲解,通过学习使学员掌握电能表的基础知识、电子式多功能电能表的功能及使用方法,帮助学员理解电子式电能表的检定原理和过程,要求初步掌握相关新增术语的定义。

一、电能表概述

(一) 电能表定义

电能表是专门用于计量负荷在某一段时间内所消耗的电能的仪表,它反映的是这段时间内平均功率与时间的乘积,广泛用于发电、供电和用电的各个环节。

(二) 电能表分类

1. 按结构和工作原理分

感应式电能表(机械表)、机电一体化电能表(脉冲表)和电子式电能表。

随着技术不断进步,电能表经过了由机械表、机电一体表到电子式表的发展过程。机械表作为传统的电能表,在电能计量工作中发挥了巨大的作用,但因为受准确度和功能拓展的限制,其应用范围不断缩小并被逐步淘汰,机电一体表作为机械表到电子式表的过渡类型现已完全淘汰,目前应用范围最广且技术仍在不断进步的是电子式电能表。

2. 按相数分

单相电能表、三相三线电能表、三相四线电能表。

3. 按方式分

直接接入式和间接接入式(经互感器接入)。

4. 按功能及用途分

有功电能表、无功电能表、最大需量电能表、复费率分时电能表、预付费电能表、多功能电能表及智能电能表。

(1) 有功电能表。用于测量有功电量。

(2) 无功电能表。用来计量发、供、用电的无功电能。

(3) 最大需量表。是一种既计算用户耗电量的数量,还指示用户在一个电费结算周期中,指定时间间隔内平均最大功率的电能表。

(4) 复费率电能表。是按指定时段分别按要求计量各时段的用电量及总用电量的电能表。

(5) 多功能电能表。除了计量有功(无功)电能外,还具有分时、测量需量等两种以上功能,并能显示、储存和输出数据的电能表。

计量功能单一的有功表、无功表、最大需量表及复费率分时表等各类电能表使用范围已经很小,有功表和复费率分时表作为计量分表还有使用,无功表和最大需量表已基本淘汰。多功能电能表使用范围较为广泛,其功能包括计量有功电量、无功电量、最大需量、复费率分时电量等,逐渐取代了以上淘汰的几种电能表。

5. 按准确度等级分

安装式电能表(3.0、2.0、1.0、0.5、0.5S、0.2、0.2S级),用于测量电能。标准电能表(0.2、0.1、0.05、0.02、0.01级),较安装式电能表等级高,主要作为安装式电能表的校验标准。国家基准为0.005级,所有计量设备都应能溯源到国家基准(0.02级及以下标准电能表可以检定,0.01级标准为校准)。

量值传递是指将国家计量基准所复现的计量单位量值,通过检定(或其他传递方式)传递给下一等级的计量标准,并依次传递给工作计量器具,以保证被计量的量值准确一致。

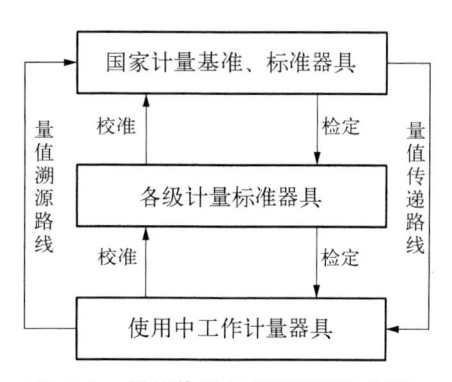

图 5.1 量值传递与量值溯源示意图

量值溯源(溯源性)是指通过一条具有规定不确定度的不间断的比较链,使测量结果或测量标准的值能够与规定参考标准,通常是与国家测量标准或国际测量标准联系起来的特性。

6. 根据接入电源的性质分

交流电能表和直流电能表。目前用于贸易结算用的电能表都为交流电能表。

同一只电能表,按照分类方式不同,可以同时属于不同的电能表种类。例如三相四线电子式多功能电能表,电能表名称明确指出了该电能表所属的种类。本书将主要讲解电子式电能表的检定。

随着电能表技术进步及现场计量需要,智能电能表作为一种功能更为强大的电子式电能表,已经在国网公司所辖供电区得到广泛应用。本书有专门部分对智能电能表的检定作专门介绍。

(三) 电能表型号

1. 第一部分:类别代号

D——电能表。

2. 第二部分:组别代号

第一字母:S——三相三线;T——三相四线;X——无功;B——标准;Z——最高需量;D——单相。

第二、三字母:F——复费率表;S——全电子式;D——多功能;Y——预付费;Z——智能。

3. 第三部分:设计序号

用阿拉伯数字表示。每个制造厂的设计序号不同,如深圳浩宁达公司生产的电能表产品备案的序列号为22,江苏林洋公司的序列号为71等。

4. 第四部分:改进序号

用小写的汉语拼音字母表示。

5. 第五部分:派生号

T——湿热和干热两用;TH——湿热带用;G——高原用;H——一般用;F——化工防腐用;K——开关板式;J——带接收器的脉冲电能表。

综合上面几点:

DD——表示单相电能表:如DD862型。

DS——表示三相三线有功电能表：如 DS862 型。

DT——表示三相四线有功电能表：如 DT862 型。

DX——表示无功电能表：如 DX864 型。

DDS——表示单相电子式电能表：如 DDS71 型。

DTS——表示三相四线电子式有功电能表：如 DTS43 型。

DDSY——表示单相电子式预付费电能表：如 DDSY102 型。

DTSF——表示三相四线电子式复费率有功电能表：如 DTSF75 型。

DSSD——表示三相三线多功能电能表：如 DSSD22 型。

DTSD——表示三相四线多功能电能表：如 DTSD341 型。

DTZY——表示三相四线费控智能电能表：如 DTZY596 型。

图 5.2 是某一电能表型号示例。

```
D   T   S   D   188
│   │   │   │   │
电能表 三相四线 全电子式 多功能 设计序号
```

图 5.2　电能表型号

6. 额定电压

220 V：单相电能表的额定电压（适用于低压单相系统电能计量）。

3×220/380 V：电压直接接入式三相四线电能表（适用于低压三相系统电能计量）。

3×100 V：经电压互感器接入三相三线电能表（适用于 10 kV～35 kV 中性点不接地三相系统电能计量）。

3×57.7/100 V：经电压互感器接入三相四线电能表（适用于 110 kV 及以上中性点直接接地系统电能计量）。

7. 电流

标定电流 I_b（基本电流）：确定电能表有关特性的电流值。

额定最大电流 I_{max}：电能表长期正常工作，且误差、温升完全满足规定要求的最大电流。

如：10(40)A，即电能表的标定电流为 10 A，额定最大电流为 40 A，为电流宽量程电能表，电流直接接入。三相电能表还应在前面乘以相数。

3×1.5(6)A，即电能表的标定电流为 1.5 A，额定最大电流为 6 A，为电流经电流互感器接入式三相电能表。

8. 铭牌

制造计量器具许可证标志：CMC 湘制 00000345 号 (MC)。

计量单位名称或符号：kWh。

准确度等级：以计入圆圈的等级数字表示，有功①、无功②。

电能表名称及型号：DTZ341 三相四线智能电能表。

制造标准：GB/T17215.321—2008。

制造年份：2011 年。

生产厂家：威胜集团有限公司。

电能表常数：有功 20 000 imp/kWh，无功 20 000 imp/kvarh。

(四) 电能表外观标识、铭牌介绍

图 5.3 为电能表铭牌示例。

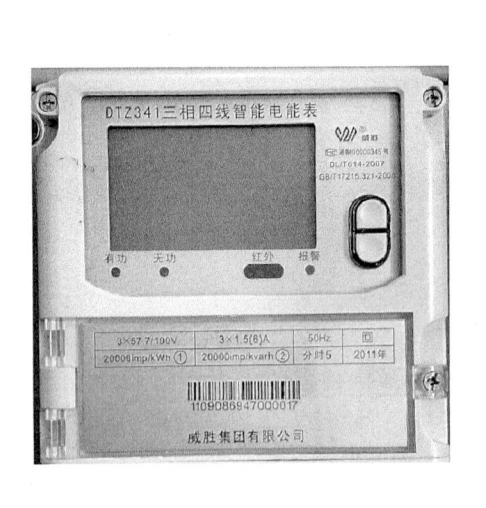

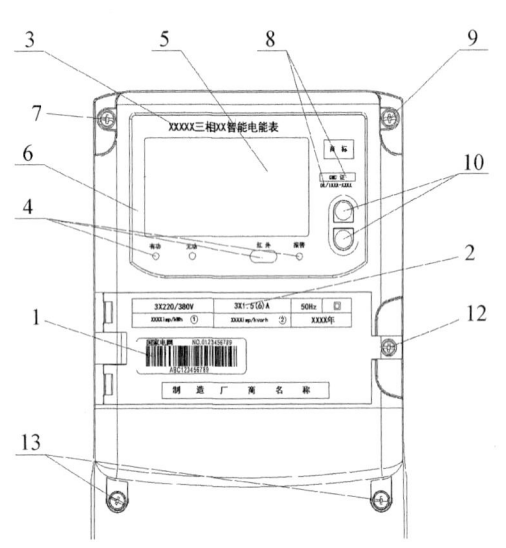

图 5.3 电能表铭牌(以智能表为例)

外观铭牌说明如表 5.1 所示。

表 5.1　　　　　　　　　　　外观铭牌说明

序号	名　　称	解　释　说　明
1	条形码	条形码结构、尺寸及相关要求应符合 Q/GDW 205-2008
2	电流、电压等参数	电流、电压、常数等参数可根据相应的电能表要求变更 ① ② 表示为准确度等级
3	电能表型号及名称	按照相应的要求确定
4	指示灯及红外通信口	根据功能选用相应的指示灯
5	液晶区域	液晶屏可视尺寸为 85 mm(长)×50 mm(宽)
6	铭牌	—
7、9	上盖封印螺丝	要求电能表封印状态可在正面直接观察到;7 由生产厂家加封;9 由检定部门加封
8	CMC 许可证及制造标准	可按照相应的要求确定
10	上下翻按钮	通过该按钮查询相应显示内容
12	编程按钮盖封印螺丝	可铅封编程按钮
13	端子盖封印螺丝	可铅封端子座,防止用户触碰,由安装人员加封

二、电子式电能表结构和工作原理

电子式电能表有较好的线性度和稳定度,具有功耗小、电压和频率的响应速度快、测量精度高等诸多优点,广泛应用在电能计量和计费工作中。

(一) 电子式电能表工作原理

电子式电能表是在数字功率表的基础上发展起来的,采用乘法器实现对电功率的测量,其工作原理框图如图 5.4 所示。被测量的高电压 u、大电流 i 经电压变换器和电流变换器转换后送至乘法器 M,乘法器 M 完成电压和电流瞬时值相乘,输出一个与一段时间内的平均功率成正比的直流电压 U,然后再利用电

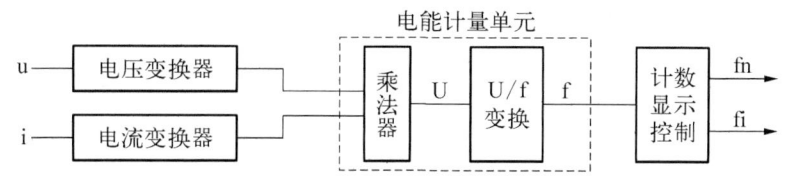

图 5.4　电子式电能表工作原理框图

压/频率转换器，U 被转换成相应的脉冲频率 f，将该频率分频，并通过一段时间内计数器的计数，显示出相应的电能。

（二）电子式电能表基本结构

电子式电能表基本上由电源单元、显示单元、电能测量单元（图 5.5）、中央处理单元（单片机）（图 5.6）、输出机通信单元、通信单元等 6 个部分组成。

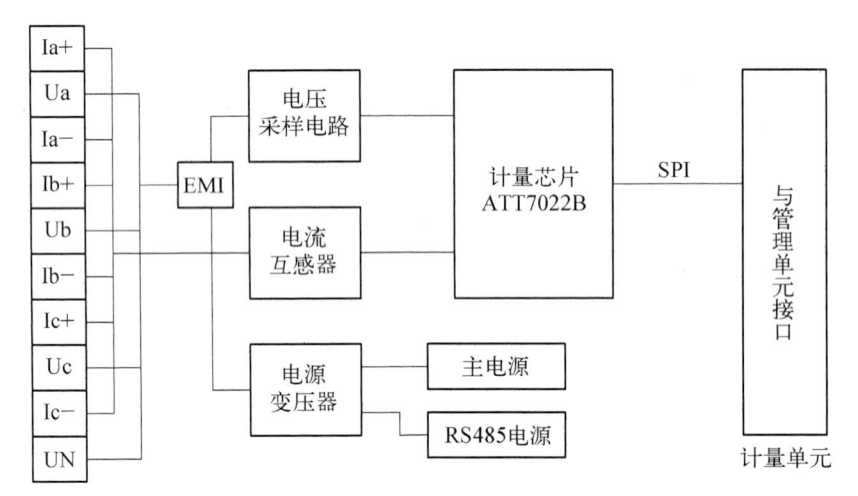

图 5.5　电子式电能表计量单元结构图

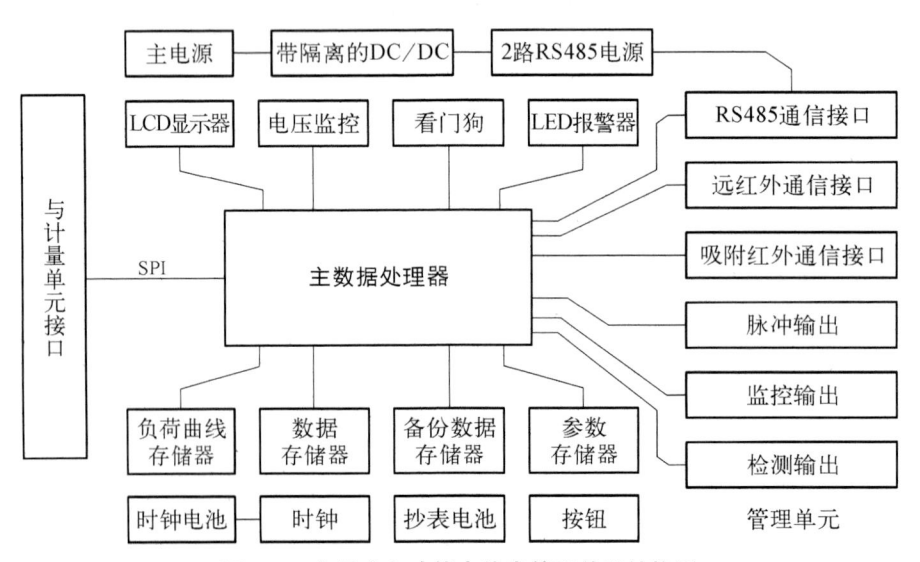

图 5.6　电子式多功能电能表管理单元结构图

1. 输入变换电路

电子式电能表有电压和电流输入电路。输入电路的作用,一方面是将被测信号按一定的比例转换成低电压、小电流输入到乘法器中;另一方面是使乘法器和电网隔离,减小干扰。

(1) 电流输入变换电路。要测量几安培乃至几十安培的交流电流,必须要将其转变为等效的小信号交流电压(或电流),否则无法测量。直接接入式电子式电能表一般采用锰铜分流片;经互感器接入式电子式电能表内部一般采用二次侧互感器级联,以达到前级互感器二次侧不带强电的要求。

(2) 电压输入变换电路。和被测电流一样,上百伏(100 V 或 220 V)的被测电压也必须经分压器或电压互感器转变为等效的小电压信号,方可送入乘法器。电子式电能表内使用的分压器一般为电阻网络或电压互感器。

2. 乘法器电路

模拟乘法器是一种完成两个互不相关的模拟信号(如输入电能表内连续变化的电压和电流)进行相乘作用的电子电路,通常具有两个输入端和一个输出端,是一个三端网络。

采用数字乘法器,由计算机软件来完成乘法运算,可以在功率因数为 0~1 的全范围内保证电能表的测量准确度。微处理器在全电子式电能表中主要用于数据处理,而在其测量机构中的应用并不多。微处理器控制双通道 A/D 转换,同时对电压、电流进行采样,由微处理器完成相乘功能并累计电能。

使用微处理器技术制造全电子式电能表的前景十分看好,但成本高是其商品化的一个主要障碍;数字乘法器的发展还要依靠于电路的集成和芯片价格的降低,但其功能强大、性能优越,在未来先进的电能管理领域中一定会被广为应用。

3. 电压/频率转换器

目前采用的电压/频率转换器,大多是利用积分方式实现转换。

4. 分频计数器

在电子式电能表中,电能信号转化成相应脉冲信号的工作是由乘法器及电压/频率转换器完成的。脉冲信号在送入计数器计数之前,需要先送入分频器进行分频,以降低脉冲频率。这样做,一方面是为了便于取出电能计量单位的位数(如百分之一度位);另一方面是考虑到计数器长期计数的容量问题。分频,是使输出信号的频率分为输入信号频率的整数分之一；计数，是对输入的频率信号累计脉冲个数。

5. 显示器

目前常见的电子式电能表显示器件有三种：液晶（LCD）、发光二极管（LED）、荧光管（FIP）。液晶显示器为主要显示器种类，在容易出现低温地区，为避免液晶屏花屏现象，要选用宽范围液晶显示器。

三、电子式电能表分类及功能

（一）电子式复费率电能表

电子式复费率电能表能精确地计量有功电能、最大需量等数据。该表集有功、分时计费于一体，表中设有 4 种费率、10 个时段；具有遥控器红外编程、掌上电脑红外抄表及 RS485 通信接口有线抄表功能。

该类电能表已逐步被多功能电能表所取代。

（二）电子式预付费电能表

预付费电能表是在普通电子式电能表基础上增加了微处理器、IC 卡接口和表内跳闸继电器构成的。它通过 IC 卡进行电能表电量数据以及预购电费数据的传输，通过继电器自动实现欠费跳闸功能，为解决抄表收费问题提供了有效的手段。

IC 卡技术：

在预付费电能表中，IC 卡技术是一个关键技术。IC 卡是集成电路卡（Intergrated Circuit Card）的简称。它将集成电路镶在塑料卡片上。它与磁卡比较有接口电路简单、保密性好、不易损坏、存储容量大、寿命长等特点。IC 卡中的芯片分为不挥发的存储器（也称存储卡）、保护逻辑电路（也称加密卡）和微处理单元（也称 CPU 卡）三种。在电能表上使用的卡，这三种都有，接口往往采用串行方式的接触式卡。

（三）电子式多功能电能表

多功能电能表可实现有功双向分时电能计量、需量计量、正弦式无功计量、功率因数计量、显示和远传实时电压、电流、功率、负载曲线等，且可按电力部门标准实现全部失压、失流、电压合格率记录、报警、显示功能，可有效地杜绝窃电行为，从而满足对用户进行现代化科学管理的要求。

该电能表可根据用户需求安装 GPRS 模块（内置或外配）、无线模块、GSM 模块，解决远程抄表通道，以扩展其功能。

该电能表是本书介绍的主要检定对象。

1. 常用术语

（1）测量单元：产生与被计量的电能量成正比例输出的电能表部件。

（2）数据处理单元：对输入信息进行数据处理的电能表部件。

（3）多功能电能表：由测量单元和数据处理单元等组成，除计量有功（无功）电能外，还具有分时、测量需量等两种以上功能，并能显示、储存和输出数据的电能表。

（4）显示器：显示存储器内容的装置。

（5）需量周期：测量平均功率的连续相等的时间间隔。

（6）最大需量：在指定的时间区间内，需量周期中测得的平均功率最大值。

（7）滑差（窗）时间：依次递推来测量最大需量的小于需量周期的时间间隔。

（8）额定最大脉冲频率：多功能电能表在参比电压、参比频率、额定最大电流及 $\cos\varphi=1.0$ 条件下，单位时间发出的脉冲数。

（9）常数：表示多功能电能表计量到的电量与其相应的输出值之间关系的数。如输出值是脉冲数，则常数以 imp/kWh 和 imp/kvarh 表示。

2. 主要功能

（1）计量功能：

① 电能计量：记录、显示当前、上月及上上月的正反向有功、无功累计总电量及尖、峰、平、谷电量及用户要求的更多费率电量。

② 需量计量：记录、显示本月、上月及上上月总的正反向有功、视在总最大需量及该需量出现的日期、时间。电能表运行到预置抄表日零点（可设为 0～23 点），最大需量自动抄表后清零，也可由授权人手动抄表后清零。

③ 电压、电流、功率计量：实时显示 A、B、C 三相电压、电流值及总、A、B、C 相有功、无功功率值。可记录负载曲线（A、B、C 相电压、电流和有功总功率）。

④ 功率因数计量：记录、显示本月、上月及上上月的平均功率因数值。

（2）失压、失流报警、显示、记录功能：

① 当电流 $I\geqslant5\%I_b$ 时，三相电压中任意一相（两相）失压或低于额定电压的 $78\%\pm2$ V 时，电能表判定为故障失压。电能表声光报警、显示故障相别、该相失压累计时间（单位：小时）等。

② 当同时满足以下两个条件时,电能表失流报警,同时记录失流次数、时间、故障电量等:

实际电流不平衡率＝[(最大相电流－最小相电流)/最大相电流]
×100%≥不平衡电流设定比值(用 bph 表示)

电流低限＝(任意相电流/In)×100%≥设定比值(用 dLd 表示)

(3) 超负载报警功能。该电能表具有预置超负载报警功能。当电能表超过预置负载值 5 分钟后,电能表声光报警,提示用户尽快降负载。

(4) 事件记录功能。记录最近一次清零、最大需量清零、编程、最近 5 次失压事件出现和恢复时间及最大需量清零次数和编程次数;也可按用户要求增加记录次数。

(5) 远方编程、抄表功能。根据用户需要,电力部门可利用电能表中标准 RS485 接口和 6 路脉冲输出接口,通过采集终端等设备,组成远方抄表管理系统,实现电力部门营业抄表、负载监控等远程控制。接口通信协议和数据结构符合 DL/T645－1997(2007)《多功能电能表通信规约》、DL535－2009《电力负荷控制系统数据传输规约》(适用加装 GPRS 通信模块)标准;也可按用户要求制作其他形式的通信规约。

(6) 停电抄表功能。在电网停电的情况下,可实现停电抄表,也可按用户要求实现无接触式红外唤醒抄表。

3. 电能表使用方法

(1) 电能表显示:

① 循环显示。电能表通电,或无按键操作 3 分钟后,显示屏每隔 5 秒(可设为 5～20 秒)自动循环显示。

② 按键操作说明。主菜单键用于切换显示数据的类型,依次在有功电量、无功电量、需量、需量时间、实时数据、电压越限记录、失压、失流、时钟和循环显示状态间切换。每按动一次,数据主类型更换一次。

子菜单键用于在主按键选定的显示数据类型中,进一步选择显示类型。每按动一次,类型更换一次。

(2) 参数设置。用户可以通过 RS485、红外通信口或编程 IC 卡对电能表的参数进行预置,但必须通过参数编程键硬件开锁(按住参数编程键 5 秒,出现一笛声报警,LCD显示钥匙出现,开锁成功)以及编程软件编程密码认证后方可进行。

(3)最大需量清零。当抄表日在1~28日之间时,电能表自动在设定的结算日整点运行信息抄表保存,然后清零当月最大需量。抄表日出厂默认值为月初零点。若抄表日不在此范围内,用户则可以通过RS485、红外通信或功能IC卡,对电能表进行最大需量清零。此操作每月仅允许进行一次。

(4)故障报警显示。电能表在运行中自动进行电池失压、线路失压、失流、电压越限、超负载和逆相序故障检测,故障声光报警。

四、智能电能表基础知识

(一)智能电能表基础知识

1. 智能电能表(smart electricity meter)

智能电能表是指由测量单元、数据处理单元、通信单元等组成,具有电能量计量、信息存储及处理、实时监测、自动控制、信息交互等功能的电能表。

单、三相智能电能表都是多功能意义上的电能表,是在电能计量基础上重点扩展了信息存储及处理、实时监测、自动控制、信息交互等功能,这些功能都是围绕坚强智能电网建设而增加的,以满足电能计量、营销管理、客户服务的目的。

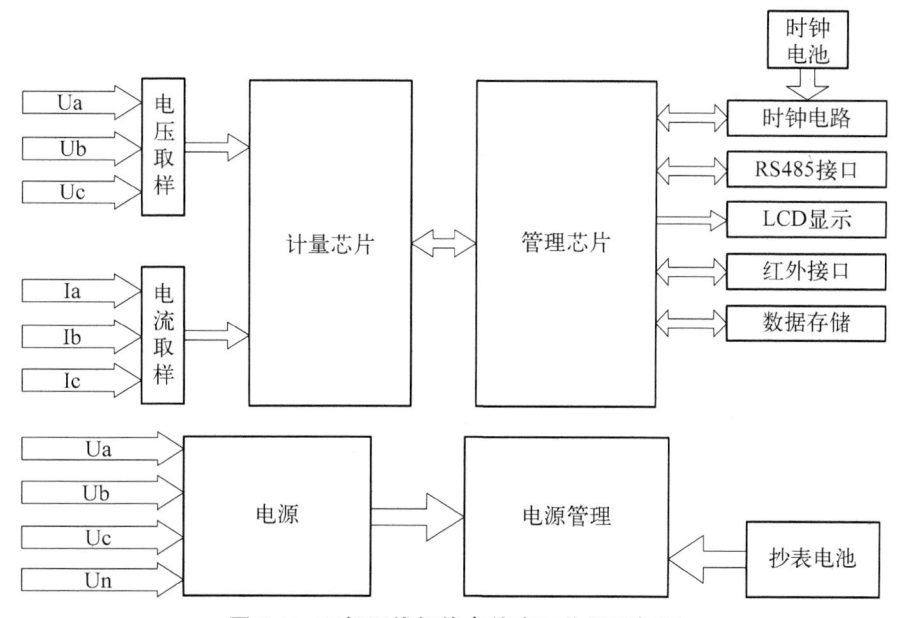

图5.7 三相四线智能电能表工作原理框图

2. 介质（intermediary）

用于在售电系统与电能表之间以某种方法传递信息的媒体。根据使用不同，可以将介质分为两类：固态介质和虚拟介质。

固态介质（solid intermediary）：具备合理的电气接口，具有特定的封装形式的介质，如接触式 IC 卡、非接触式 IC 卡（又称射频卡）等。

虚拟介质（virtual intermediary）：采用非固态介质传输信息的介质，可以为电力线载波、无线电、电话或线缆等。

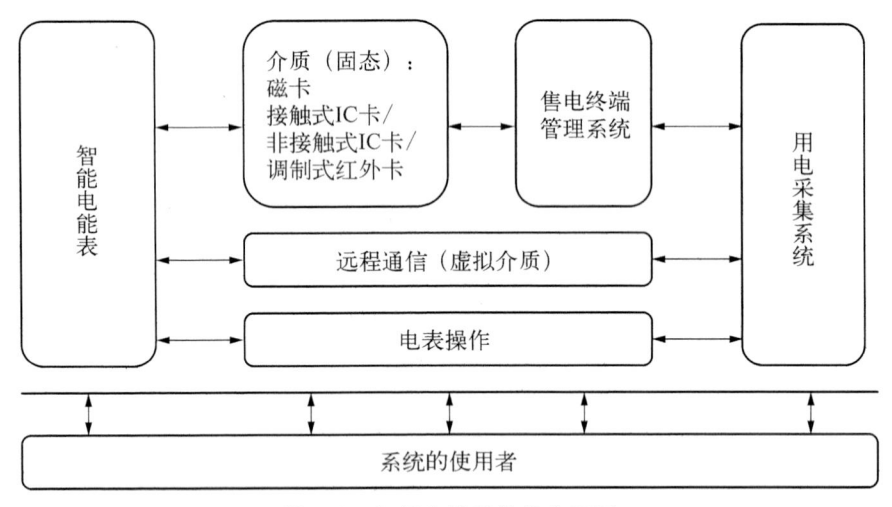

图 5.8　智能电能表信息交互图

3. 通信

低压电力线载波（LV power line carrier）：将低压电力线作为数据/信息传输载体的一种通信方式。

公网通信（communication via public network）：采用无线公网信道，如 GSM/GPRS、CDMA 等实现数据传输的通信。

4. 费控

国网电能表共 11 款，其中单相 4 款、三相 7 款，按照预付费方式，可分为费控和非费控两大类，其中费控功能细分为远程费控、本地费控两种。

本地费控是在电能表内进行电费实时计算，根据剩余金额自动进行负荷开关控制，既可以通过 CPU 卡、射频卡等有形介质，也可以通过线缆等虚拟介质实现用电参数设置。

远程费控是在远程售电系统完成电费计算,表内不存储、显示与电费、电价相关信息,电能表通过接收远程售电系统下发拉闸、允许合闸命令进行负荷开关控制。

5. 阶梯电价

阶梯电量(step power quantity):在一个约定的用电结算周期内,把用电量分为两段或多段,每一分段对应一个单位电价;单位电价在分段内保持不变,但是可随分段不同而变化。

阶梯电价(step tariff):针对阶梯电量制定的单位电价。

根据不同的阶梯制定的不同的电价,分为正阶梯电价和负阶梯电价。执行不同的阶梯电价政策时应该结合分时电价政策,生产厂家设计方案时应充分考虑相关因素。

6. 事件记录

事件记录的目的是当电网或电表发生异常时,能够及时记录相关的电量数据,以便相关管理人员进行分析和处理。类型有记录各相失压总次数,最近10次失压发生时刻、结束时刻及对应的电能量数据等信息;各相断相总次数,最近10次断相发生时刻、结束时刻及对应的电能量数据等信息;各相失流总次数,最近10次失流发生时刻、结束时刻及对应的电能量数据等信息;最近10次全失压发生时刻、结束时刻及对应的电流值;电压(流)逆相序总次数,最近10次发生时刻、结束时刻及对应的电能量数据等信息;掉电总次数及最近10次掉电发生及结束的时刻;需量清零总次数及最近10次需量清零的时刻、操作者代码;编程总次数及最近10次编程的时刻、操作者代码、编程项的数据标识;校时总次数(不包含广播校时)及最近10次校时时刻、操作者代码;过负荷总次数、总时间及最近10次过负荷的持续时间;开表盖总次数及最近10次开表盖事件的发生、结束时刻;开端钮盖总次数及最近10次开端钮盖事件的发生、结束时刻;仪表清零事件的发生时刻及清零时的电能量数据;最近10次远程控制拉合闸事件及拉合闸事件发生时刻和电能量等数据。

支持失压、断相、开表盖、开端钮盖等重要事件记录主动上报。

7. 冻结(freeze)

冻结就是按照需要在特定的时刻存储表内的一些重要数据,这些数据都必须包含时标。

8. ESAM 模块(ESAM module)

嵌入在设备内,实现安全存储、数据加/解密、双向身份认证、存取权限控制、线路加密传输等安全控制功能。

嵌入式安全模块物理上以加解密芯片的形式体现,内置 CPU 运算处理器和特定的加密算法,负责完成售电系统数据与电能表的传输过程中信息安全。

ESAM 模块由运行管理部门设置完毕后,提供给表厂安装在费控电能表中,费控电能表中的数据存取以及密钥的安全认证过程都在用户卡(或抄表后台、数据集中器)与费控电能表中的 ESAM 模块之间进行,与费控电能表中的微控制器无关,微控制器仍然由表厂负责设计,完成费控电能表的功能。

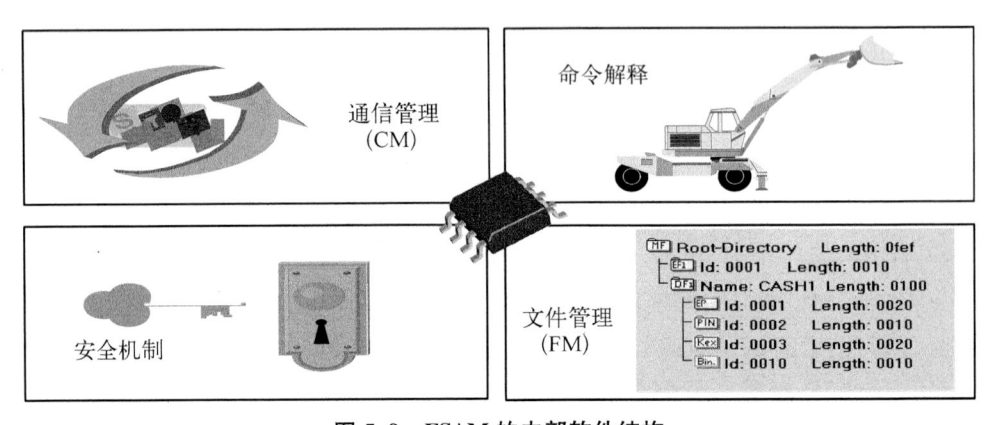

图 5.9 ESAM 的内部软件结构

9. 剩余金额(charge balance)

在电能表中记录的可供用户使用的电费金额,该金额应大于等于零。存储在表内的用户电费余额,其数值大于等于零,当该数值等于零时,表示用户已无电费金额。老的预付费表支持剩余电量,其计费逻辑在表内实现;而费控电能表只支持储值(远程和本地费控两种储值方式),采取消费预购金额的方式实现预付费,其计费逻辑在表内或后台实现。

10. 组合有功、组合无功

电能计量具有正向、反向有功电能量和四象限无功电能量计量功能,并可以据此设置组合有功和组合无功电能量。具有计量分相有功电能量功能;不应采用各分相电能量算术加的方式计算总电能量。

(二）智能电能表分类及型号

表 5.2　　　　　　　　　　智能电能表分类

费控方式	预付费介质	通信方式	单相电能表	三相电能表
远程费控	虚拟介质	内置载波	单相远程费控智能电能表(载波)	—
		485＋外置采集模块	单相远程费控智能电能表	
本地费控	CPU卡/射频卡	内置载波	单相本地费控智能电能表(载波)	1级三相本地费控智能电能表(载波)
		485＋外置采集模块	单相本地费控智能电能表	1级三相本地费控智能电能表
	虚拟介质	内置载波	单相本地费控智能电能表(载波)	1级三相本地费控智能电能表(载波)
		485＋外置采集模块	单相本地费控智能电能表	1级三相本地费控智能电能表
非费控	—	485＋外置采集模块	—	1/0.5 s/0.2 s三相智能电能表

(三）两种类型表计性能比较

表 5.3　　　　　　　　　　电能表性能比较

类　别	感应式电能表	电子式电能表
准确度	0.5～2.0	0.01～2.0
频率范围(Hz)	45～65	40～200
启动电流	0.003 Ib	0.001 Ib
外磁场影响	大	小
安装要求	严格	不严格
过载能力	4倍	6～12倍
功　耗	大	小
电磁兼容性	好	一般
寿　命	普通表5～10年、长寿命20～25年	10年(待抽查验证)
日常维护	简单	较复杂
功　能	单一、难扩展	完善、可扩展

思考题

1. 电子式电能表的工作原理是什么？

2. 电子式电能表有哪些组成部分？

3. 什么是电子式多功能电能表？什么是智能电能表？

第二节　互感器基础知识

本模块对电流、电压互感器的分类、型号、工作原理、使用注意事项、检定方法及误差限等进行了讲解，通过学习使学员掌握互感器的基础知识及使用方法，帮助学员理解互感器的工作原理。

一、电流互感器

电流互感器简称 TA，种类也很多，按电压等级分为低压和高压；按一次线圈的匝数可分为单匝式和多匝式；按外形可分为羊角式和穿心式；按安装方法可分为支持式和穿墙式；按绝缘方式可分为油浸式、干式和瓷绝缘；按安装地点可分为户内式和户外式；按铁芯多少可分为单铁芯和多铁芯。

（一）电流互感器型号

TA 的型号一般表示为：

□ □ □—□ □—□

第一个方框代表：L（电流）。

第二、三个方框代表：见表5.4。

表 5.4　　　　　　　　电流互感器的字母意义

第二个方框	A	穿墙式	第三个方框	Z	浇注绝缘
	B	支持式		C	瓷绝缘
	D	贯穿式单匝		W	户外装置
	F	贯穿式复匝		B	过流保护
	M	贯穿式母线型		G	改进型
	R	装入式		D	差动保护
	Q	线圈式		S	速饱和
	C	瓷箱式		J	接地保护或加大容量
	Z	支柱式		Q	加强型
	Y	低压型		K	瓷外壳式

第四个方框代表：额定电压。

第五个方框代表：准确度等级。

第六个方框代表：额定电流。

（二）电流互感器工作原理

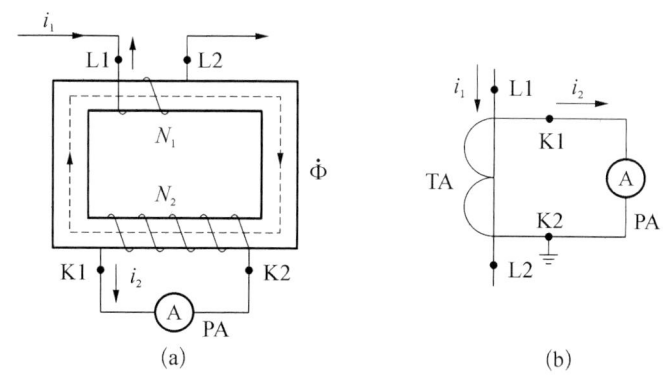

图 5.10　电流互感器原理结构图(a)和接线图(b)

1. 电流互感器的特点

（1）一次线圈串联在电路中，并且匝数很少，因此，一次线圈中的电流完全取决于被测电路的负荷电流，而与二次电流无关。

（2）电流互感器二次线圈所接仪表和继电器的电流线圈阻抗都很小，所以正常情况下，电流互感器在近于短路状态下运行。

电流互感器一、二次额定电流之比，称为电流互感器的额定互感比：$k_n = I_{1n}/I_{2n}$。因为一次线圈额定电流 I_{1n} 已标准化，二次线圈额定电流 I_{2n} 统一为 5（1 或 0.5）安，所以电流互感器额定互感比也已标准化。k_n 还可以近似地表示为互感器一、二次线圈的匝数比，即 $k_n \approx k_N = N_1/N_2$，式中 N_1、N_2 为一、二线圈的匝数。

2. 电流互感器使用时注意事项

电流互感器二次侧不允许开路运行。如果电流互感器二次侧开路，铁芯中的磁通随一次电流的增大而急剧增大，不仅引起铁芯严重饱和，而且在二次侧感应产生一个高电压，对二次回路绝缘有严重危害，甚至击穿烧坏；而且由于铁芯饱和，磁感应强度的曲线变化陡度增加，引起二次侧感应电势出现很高的尖顶波，其电压幅值可达 2 kV～3 kV 的危险数值，这时如果有人触及二次回路，也容易造成触电伤害。所以电流互感器在运行中不允许二次开路。

(三) 电流互感器的接线方式

1. 不完全星形接线或 V 形接线(见图 5.11)

其优点是在减少二次电缆芯数的情况下,取得了第三相电流。其缺点是:① 由于只有两只电流互感器,当其中一点相性接反时,则公共线中的电流变为其他两相电流的相量差,造成错误计量,且错误接线的几率较多;② 给现场单相法校验电能表带来困难。两相星形接线主要是用于小电流接地的三相三线制系统(如 35 kV 及以下电能计量装置)。

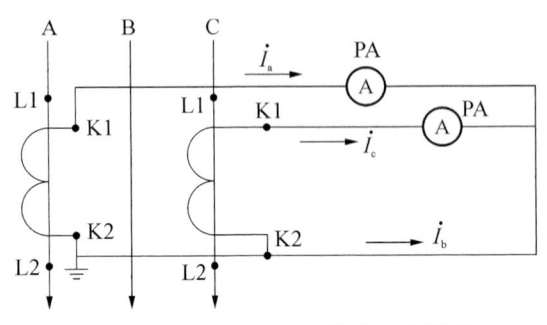

图 5.11 不完全星形接线或 V 形接线

2. 三相星形接线或完全星形接线(见图 5.12)

其优点是二次回路的电缆芯数较少。其缺点是当三相负载不平衡时,则公共线中有电流流过,此时,若总公共线断开便会产生计量误差,因此公共线是不允许断开的。三相星形接线主要是用于高压大电流接线系统(110 kV 及以上电能计量装置)。

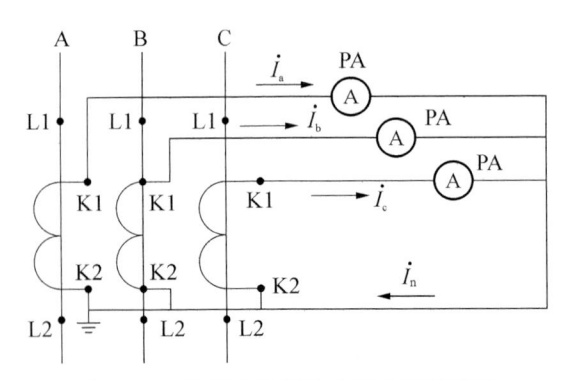

图 5.12 三相星形接线或完全星形接线

3. 分相接线(见图 5.13)

其优点是可减少错误接线的几率,提高测量的可靠性和准确度,给现场校验电能表和检查错误接线带来方便,多用于三相四线系统中,是接线方式的首选。

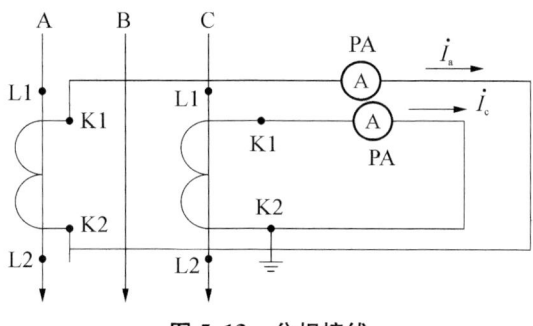

图 5.13 分相接线

4. 电流互感器的特种连接

为了改变误差特性或电流比等目的,如油断路器内的套管式电流互感器就常常需要采用串联或并联的方法。

(四) 电流互感器二次连接导线截面积的选择

电流互感器接入的总二次负载超过额定值时,则准确等级会下降;二次负载过低,误差也偏大,所以,根据国家标准规定,一般测量用电流互感器的二次负载 $S(VA)$ 必须在额定负载 S_{2N} 和下限负载范围内,即 $0.25S_{2N} \leqslant S \leqslant S_{2N}$。

电流互感器二次回路连接导线的阻抗是二次负载阻抗的一部分,尤其是大型发电厂、变电站,二次电流回路导线的阻抗是二次负载阻抗的主要部分,直接影响着电流互感器的误差。因此在二次回路连接导线长度一定时,其截面积需要经计算确定。电流互感器的额定负载可用下式表示:

$$S_{2N} = (I_{2N})^2 Z_{2N}(VA)$$

式中:I_{2N} 已标准化,为 5 A 或 1 A;S_{2N} 一般用 VA 数表示;当功率因数为 1.0 时,Z_{2N} 为纯电阻。从式中也可以看出,$Z_{2N} = S_{2N}/(I_{2N})^2$,即 Z_{2N} 与 $(I_{2N})^2$ 成反比,很显然当 S_{2N} 一定时,取 1 A 与取 5 A 的电流互感器相比,Z_{2N} 可增加 25 倍,因此二次电流为 1 A 的电流互感器带负载的能力与二次电流为 5 A 的电流互感器相比,带负载的能力更强。也可以作为我们对电流互感器进行误差测量过程中,选择负载箱挡位的方法。

(五) 电流互感器的选择

1. 额定电流比的选择

一般是按长期通过电流互感器的最大工作电流的就近原则来选择电流互感器的一次电流,而且额定二次电流必须与电能表的额定电流值相吻合。

2. 额定容量的选择

按电流互感器二次连接导线截面积的选择方法进行选择。

3. 额定电压的选择

是指一次绕组对地或二次绕组能长期承受的最大电压值,而不是指一次绕组两端所加的电压。

4. 准确等级的选择

按电力行业标准 DL/T448-2016《电能计量装置技术管理规程》的相关规定进行选择。

(六) 使用电流互感器的一般注意事项

(1) 相性连接要正确。电流互感器的相性,一般是按减极性(-)标注的。

(2) 二次回路应设保护性接地点。为了防止一、二次绕组之间绝缘击穿时,高电压窜入低压侧危及人身安全和损坏仪表。

(3) 运行中二次绕组不允许开路。① 二次侧产生很高电压,对设备和人员有危险;② 铁芯严重发热,互感器有被烧坏的可能;③ 在铁芯中产生剩磁,使电流互感器误差增大。

(4) 对于具有两个及以上的铁芯共用一个一次绕组的电流互感器来说,要将电能表接于准确度较高的二次绕组上,并且不应再接入非电能计量的其他装置,以防互相影响。

(七) 电流互感器的退磁试验

(1) 开路退磁法:在一次绕组中选择其匝数较少的一个绕组通以 10% 的额定的一次电流,在其他绕组均开路的情况下,平稳、缓慢地将电流降至零,退磁过程中应监视接于匝数最多绕组两端的峰值电压表,当指示值超过 2 600 V 时,则应在较小的电流值下进行退磁。

(2) 闭路退磁法:在二次绕组中接一个相当于额定负荷阻抗 10~20 倍的电阻,对一次绕组通以 1.2 倍的额定电流,然后均匀缓慢地降至零。

对具有两个及两个以上二次绕组的电流互感器进行退磁时,若所有二次绕组均与同一个铁芯交链,其中一个二次绕组接退磁电阻,其余的二次绕组应开路。

(八) 电流互感器的极性试验

将适当小量程的直流电流表接在被试互感器二次出线端,一次加 1.5V 直流电源,使对应端正负相同,开关接通瞬间,电流指针正偏转,则互感器为减极性。

(九) 电流互感器的检定

1. 误差限值

在规定的环境条件下,测量用电流互感器在额定频率、额定功率因素及二次负荷为额定负荷 25%～100% 之间的任一数值时,各准确度等级的误差不得超过表 5.5 的限值。为满足特殊使用要求制造的 S 级电流互感器,各准确度等级的误差不得超过表 5.6 的限值。

表 5.5　　　　　　　　　　误差限值

	比差				角差			
	5	20	100	120	5	20	100	120
0.1	0.4	0.2	0.1	0.1	15	8	5	5
0.2	0.75	0.35	0.2	0.2	30	15	10	10
0.5	1.5	0.75	0.5	0.5	90	45	30	30
1	3.0	1.5	1.0	1.0	180	90	60	60

表 5.6　　　　　　　　　　误差限值

	比差					角差				
	1	5	20	100	120	1	5	20	100	120
0.2S	0.75	0.35	0.2	0.2	0.2	30	15	10	10	10
0.5S	1.5	0.75	0.5	0.5	0.5	90	45	30	30	30

注:① 对额定二次电流 5A,额定负荷为 7.5VA 及以下的互感器,下限负荷由制造厂规定;制造厂未规定下限负荷的,下限负荷为 2.5VA;

② 额定负荷电阻小于 0.2Ω 的电流互感器下限负荷为 0.1Ω;

③ 制造厂规定为固定负荷的电流互感器,在固定负荷的 ±10% 范围内误差应满足要求。

电流互感器的实际误差曲线,不应超过表 5.5 或表 5.6 所列误差限值连线所形成的折线范围。被检电流互感器,必须符合本规程和相应的技术标准或技术条件规定的全部技术要求。在检定中,当电流互感器的一次绕组中通过电流时,严禁断开二次回路。

2. 检定项目和检定方法

(1) 外观检查：

① 没有铭牌或铭牌中缺少必要的标记；

② 接线端钮缺少、损坏或无损记,穿心式电流互感器没有极性标记；

③ 多变比电流互感器在铭牌或面板上未标有不同电流比的接线方式；

④ 严重影响检定工作进行的其他缺陷。

(2) 绝缘电阻的测定：

用 500V 兆欧表测量各绕组之间和各绕组对地的绝缘电阻应符合 JB/T5472 第 6.7 款要求；额定电压 3kV 及以上的电流互感器使用 2.5kV 兆欧表测量一次绕组与二次绕组之间以及一次绕组对地的绝缘电阻,应不小于 500MΩ。

(3) 工频电压试验：试验设备和方法应符合 GB/T16927.1 要求。试验过程中如果没有发生绝缘损坏或放电闪络,则认为通过试验。

(4) 绕组极性的检查：推荐用电流互感器校验仪进行绕组极性检查。

(5) 退磁。

(6) 误差测量。测量误差时,应按被检电流互感器的准确度级别和 JJG313-2010《测量用电流互感器》的要求,选择合适的标准器及测量设备。而且,无论采用何种测量装置,均应按下面的规定接线：把一次绕组的 L1 端和二次绕组的 K1 端定义为相对应的同名测量端。将标准器和被检电流互感器的一次绕组的同名测量端联结在一起,并将升流器输出端中的一端接地或通过对称支路(或其他的方法)间接接地。相应二次绕组的同名测量端也联结在一起,并使其等于或接近于地电位,但不能直接接地。

3. 检定周期

作标准用的电流互感器,其检定周期一般定为 2 年。凡 0.2 级以上作标准用的电流互感器,在连续 2 个周期 3 次检定中,最后 1 次检定与前 2 次检定结果中的任何 1 次比较,其误差变化不超过误差限值的 1/3 时,检定周期可延长原定的 50%,即检定周期为 3 年。做标准用的电流互感器,如果在一个检定周期内误差变化超过其误差限值的 1/3 时,检定周期应缩短为 1 年。

二、电压互感器

电压互感器简称 TV,种类也很多,基本与电流互感器分类差不多。

(一) 电压互感器型号

TV 的型号一般表示为:

□□□□—□

第一、二、三、四个方框代表:见表 5.7。

第五个方框代表:额定电压。

表 5.7　　　　　　　　电压互感器的字母意义

第一个方框	J	电压互感器	第三个方框	J	油浸式	第四个方框	F	胶封型
	HJ	仪用电压互感器		G	干式		J	接地保护
第二个方框	D	单相		C	瓷箱式		W	五柱三绕组
	S	三相		Z	浇注绝缘		B	三柱带补偿绕组
	C	串级结构		R	电容分压式			

(二) 电压互感器工作原理

1. 电压互感器的特点

电压互感器的工作原理与变压器相同。图 5.14 为电磁式电压互感器原理接线图,电压互感器的特点是:(1) 容量很小,类似于一台小容量变压器;(2) 二

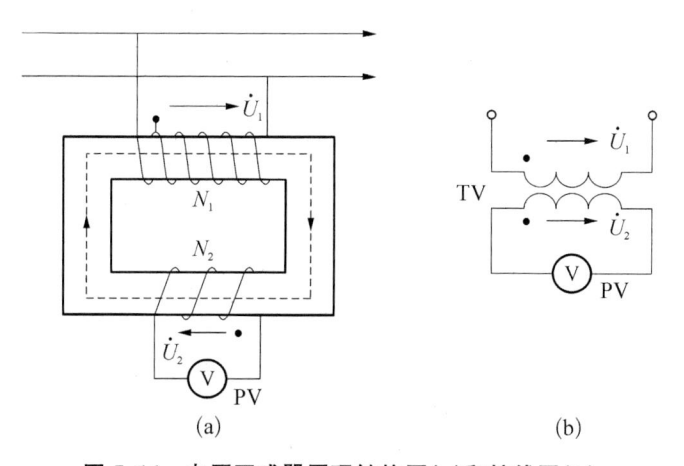

图 5.14　电压互感器原理结构图(a)和接线图(b)

次侧负荷比较恒定,所接测量仪表和继电器的电压线圈阻抗很大,因此,在正常运行时,电压互感器接近于空载状态。电压互感器的一、二次线圈额定电压之比,称为电压互感器的额定电压比,即 $k_n = U_{1n}/U_{2n}$。

其中一次线圈额定电压 U_{1n} 是电网的额定电压,且已标准化(如 10,35,110,220,330,500 kV 等),二次电压 U_{2n},则统一定为 100(或 $100/\sqrt{3}$)V,所以 k_n 也标准化。

2. 电压互感器使用时注意事项

电压互感器和电流互感器不同,在运行时二次侧不允许短路,如果短路,会产生短路电流,将电压互感器烧坏。因此,为了安全起见,电压互感器一、二次侧允许装设熔断器,当出现过载或短路故障时,熔丝迅速熔断,以保证电压互感器不致烧坏。

(三) 电压互感器的接线方式

1. Vv 接线方式(见图 5.15)

广泛用于中性点绝缘系统或经消弧线圈接地的 35 kV 及以下的高压三相系统,特别是 10 kV 三相系统,接线来源于三角形接线,只是"口"没闭住,称为 Vv 接线。此接线方式可以节省一台电压互感器,可满足三相有功、无功电能计量的要求,但不能用于测量相电压,不能接入监视系统绝缘状况的电压表。

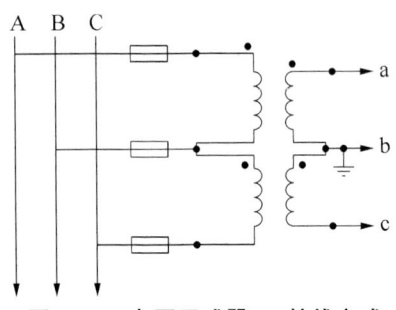

图 5.15 电压互感器 Vv 接线方式

2. Y,yn 接线方式(见图 5.16)

主要采用三铁芯柱三相电压互感器,多用于小电流接地的高压三相系统,二次侧中性接线引出接地,此接线为了防止高压侧单相接地故障,高压侧中性点不允许接地,故不能测量对地电压。

3. YN,yn 接线方式(见图 5.17)

多用于大电流接地系统。

4. YN,yn,do 接线方式

也称为开口三角接线,在正常运行状态下,开口三角的输出端上的电压均为零,如果系统发生一相接地时,其余两个输出端的出口电压为每相剩余电压绕组

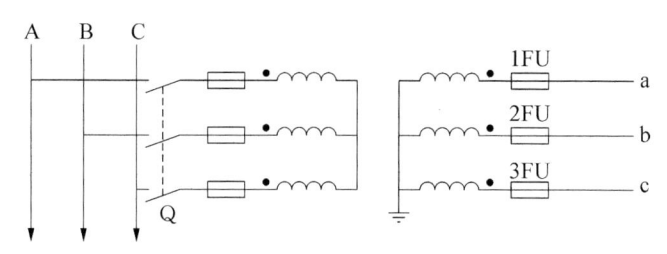

图 5.16　电压互感器 Y,yn 接线方式

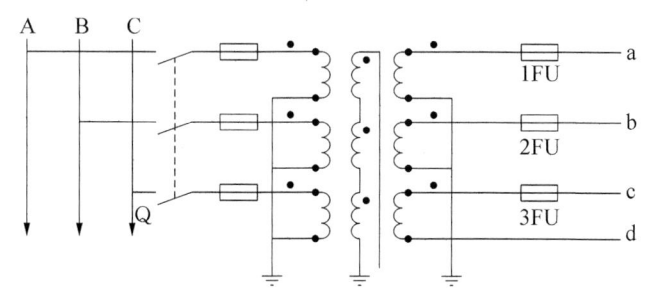

图 5.17　电压互感器 YN,yn 接线方式

二次电压的 3 倍,这样便于交流绝缘监视电压继电器的电压整定,但此接线方式在 10 kV 及以下的系统中不采用。

(四) 使用电压互感器的注意事项

(1) 电压互感器应选用符合国家标准,并经有关部门鉴定为质量优良,准许进入电力系统的产品。

(2) 要正确选择电压互感器的额定电压,额定电压是指加在三相电压互感器一次绕组上的线电压,应与供电线路的线电压相适应。选择时该额定电压应大于接入的被测电压的 0.9 倍,小于 1.1 倍。

(3) 按要求的相序接线,防接错极性,否则将引起某相的线电压或升高 $\sqrt{3}$ 倍,或降低 $\sqrt{3}$ 倍,引起错误计量。二次侧要可靠接地,以防一次侧的高压窜入二次侧造成危害,保证人身及电能表的安全。

(4) 二次侧严禁短路,否则造成烧断一次侧熔断器,计量停止。

(5) 正确选择电压互感器的额定容量。电压互感器的额定二次容量定义为:

$$S_{2e} = (U_{2e})^2 Y(VA)$$

其中,Y 为电压互感器的额定二次负荷。二次负荷所并接的电压线圈越多,实际阻抗越小,实际导纳越大,二次实际负荷就越重,一般电压互感器的 $U_{2e}=100\text{ V}$,那么

$$S_{2e}=(U_{2e})^2 Y=10\,000Y(\text{VA})$$

选择 S_{2e} 的原则是：$0.25S_{2e} \leqslant S\text{ 实际} \leqslant S_{2e}$。

(6) 对于互感器也要像其他计量设备一样,进行周期检定和现场检验。规程规定：高压互感器每 10 年现场检验一次,时间可选择在大用户配电设备每年一次的预防性试验时一起进行。

运行中的电压互感器二次回路电压降应定期进行检验,对 35 kV 及以上电压互感器二次回路压降,至少每两年检验一次。

(五) 电压互感器的检定

1. 误差限值(见表 5.8)

表 5.8　　　　　　　　　　误差限值

	比 差					角 差				
	20	50	80	100	120	20	50	80	100	120
0.1	0.2	0.15	0.10	0.10	0.10	10.0	7.5	5.0	5.0	5.0
0.2	0.4	0.3	0.2	0.2	0.2	20	15	10	10	10
0.5	—	—	0.5	0.5	0.5	—	—	20	20	20
1	—	—	1.0	1.0	1.0	—	—	40	40	40

2. 检定项目和检定方法

(1) 外观检查：

① 没有铭牌或铭牌中缺少必要的标记；

② 接线端钮缺少、损坏或无损记；

③ 多变比电压互感器在铭牌或面板上未标有不同变比的接线方式；

④ 严重影响检定工作进行的其他缺陷。

(2) 绝缘电阻的测定：

用兆欧表测量其各绕组之间和绕组对地之间的绝缘电阻。凡用 2 500 V 兆

欧表测量绝缘电阻值时,其绝缘电阻值参考值为:半绝缘电压互感器不小于 1 MΩ/1 kV;全绝缘电压互感器不小于 10 MΩ/1 kV。

(3) 工频电压试验:必须符合 GB311-83《高压电气设备绝缘试验电压和试验方法》的规定。

(4) 绕组极性的检查:推荐用电流互感器校验仪进行绕组极性检查。

(5) 误差测量:测量误差时,应按被检电压互感器的准确度级别和 JJG314-2010《测量用电压互感器》的要求,选择合适的标准器及测量设备。而且,当标准器和被检电压互感器的额定变比相同时,可根据误差测量装置类型,从高电位端取出差压或从低压位端取出差压进行误差测量,当差压从低电位端取出时,标准一次和二次绕组之间的泄漏电流反向流入被检互感器所引起的附加误差得大于被检互感器误差限值的 1/20。

① 0.2 级及以上作标准用的电压互感器,除 120% 点误差测一次外,其余每点误差测两次(电压上升和下降)。

② 做一般测量用 0.2 级及以下的电压互感器,每个测量点误差测一次(电压上升)。

3. 检定周期

电压互感器检定周期基本上与电流互感器检定周期相同。

思考题

1. 使用电流互感器应注意哪些事项?
2. 使用电压互感器应注意哪些事项?
3. 互感器的检定周期是如何确定的?

第三节　用电信息采集系统基础知识

本节对用电信息采集系统的基本概念、组成结构、功能应用和常见问题进行了描述,学员通过对本模块的学习,初步熟悉用电信息采集系统相关知识。

一、用电信息采集系统概述

(一) 背景

电力负荷管理系统是以计算机应用技术、现代通信技术、电力自动控制技术为基础的信息采集、处理和实时监控系统。实现对用户或某个区域电力、电能等用电状况进行监测、控制并对采集数据信息进行分析,加以应用。

电力负荷管理系统一般为省、市、县三级结构的一体化系统,能对全省各地市及下属县(市)负荷管理数据进行综合、统计、分析,实现信息的统一和共享,是电力公司适应电力体制改革和电力市场发展要求必要的技术和管理手段,在电力营销、客户服务、电费回收、电力需求侧管理中扮演着至关重要的角色。

2009年,国家电网公司为加快推进"两个转变"、实施"三集五大",组织开展了电网智能化规划研究与编制工作。作为智能电网建设的重要组成部分,用电信息采集系统应运而生。由于早期的负荷管理系统和低压集中抄表系统用户终端覆盖面较低、技术标准差异较大、功能相对简单,满足不了新时期坚强智能电网的特征要求,满足不了"SG186"工程应用的需求,更难以支撑新能源使用、阶梯电价执行及互动式服务的开展,因此在"大营销"体系下统一坚强智能电网,势在必行。

(二) 目的意义

用电信息采集系统的建立,是国家电网第一个大规模建设的智能电网工程项目,是实现公司发展方式和电网发展方式转变的必然要求,是支撑阶梯电价执行的基础条件,是加强精益化管理、提高优质服务水平的必要手段,是电力营销工作重要的技术支持系统,是开拓电力市场、创新电力交易的重要平台。

(三) 建设目标及原则

根据国网公司电力用户用电信息采集系统建设要求,建成覆盖全省经营区域内直供直管的五类电力用户和公用配变考核计量点、实现电力用户用电信息实时采集、全面支持预付费控制,实现"全覆盖、全采集、全费控"的建设目标。满足"三集五大"和统一坚强智能电网的特征要求,满足"SG186"信息化深化应用的需求,支撑新能源使用、阶梯电价执行及互动式服务的开展,使得用电信息采集成果在电网规划、安全生产、经营管理、优质服务工作中得到全面应用。

(四）建设原则

用电信息采集系统项目建设按照"统一领导、统一规划、统一标准、统一组织实施"的原则开展，具体建设原则如下：

1. 整体规划、分步实施

统一规划江苏省上网关口及变电站侧关口电能信息采集和用户侧用电信息采集系统的整体建设计划。整体规划主站、远程信道的建设；首先完成高压用户的信息采集；重点开展低压用户用电信息采集，低压用户优先从用电量大的城网用户开始实施；继续用好已建用电信息采集系统。

2. 安全第一、质量至上

牢固树立"安全第一、预防为主""百年大计，质量第一"的意识，处理好安全、质量、进度的关系，制定并落实工程建设施工技术安全管理规定，做到安全质量可控、在控、能控。

3. 标准统一、技术先进

严格执行国网公司已经发布的用电信息采集和智能电能表技术标准，主站应用公司最新统一推广部署的营销业务应用电能信息采集系统，并开发全省业务应用监控平台。努力探索农网用电信息采集的技术方案，保持江苏省的采集系统技术领先态势。

4. 加强协调、经济合理

统筹考虑与智能配电网建设的协调，实现远程通信网络与配电网光纤网络共享。出台新建居住区设计导则，新建小区和新报装专变用户同步建设采集（负荷管理）系统，光纤到表箱。

（五）智能电网概念

智能电网就是电网的智能化，也被称为"电网 2.0"，它是建立在集成的、高速双向通信网络的基础上，通过先进的传感和测量技术、先进的设备技术、先进的控制方法以及先进的决策支持系统技术的应用，实现电网的可靠、安全、经济、高效、环境友好和使用安全的目标。

二、用电信息采集系统的组成结构

（一）系统组成

系统网络拓扑图如图 5.18 所示。

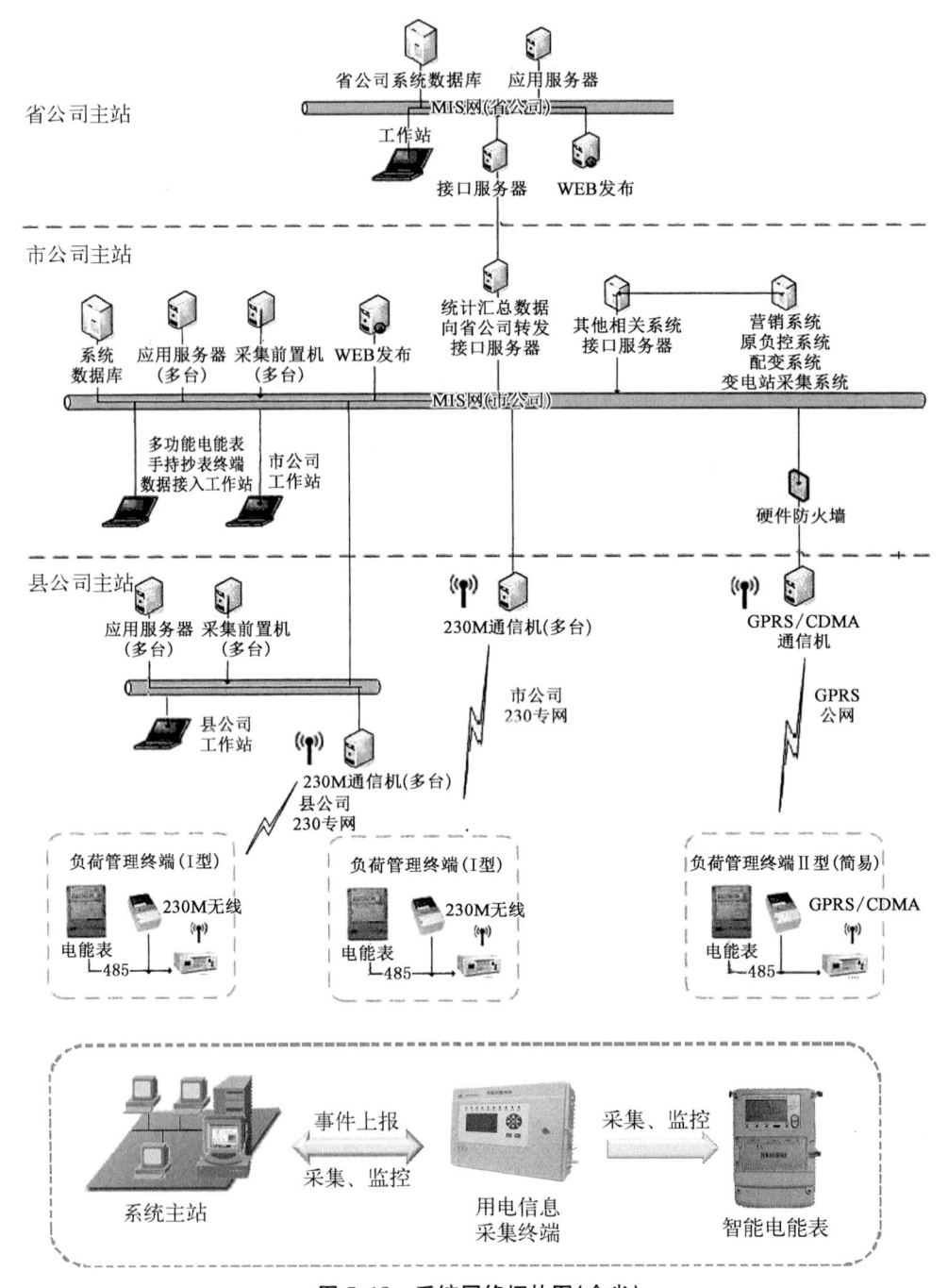

图 5.18 系统网络拓扑图(全省)

智能电能表：对电能量进行计量，并对信息进行计算和定时存储。

用电信息采集终端：对智能电能表进行信息采集和监视，接受主站的命令，按照设定的参数和策略进行控制。

系统主站：通过远程信道，收集终端存储的数据，进行加工处理，提供给相关系统和用户使用。

（二）智能电表

智能电表是国网公司"推动新型电能利用"模式下推出的新一代电表，具有强大的数据记录和储存功能，能实现客户信息全时段、全方位的采集。

智能电能表由测量单元、数据处理单元、通信单元等组成，具有电能量计量、数据处理、实时监测、自动控制、信息交互等功能的电能表。

智能电能表应具有两套可以任意编程的费率和时段，并可在设定的时间点起用另一套费率和时段。

1. 低压用电信息采集模式

（1）485 模式。本地通信由集抄终端、智能表组成，集抄终端上行通过 GPRS 公网与主站通信，下行通过 RS485 方式与电能表进行通信，如图 5.19 所示。

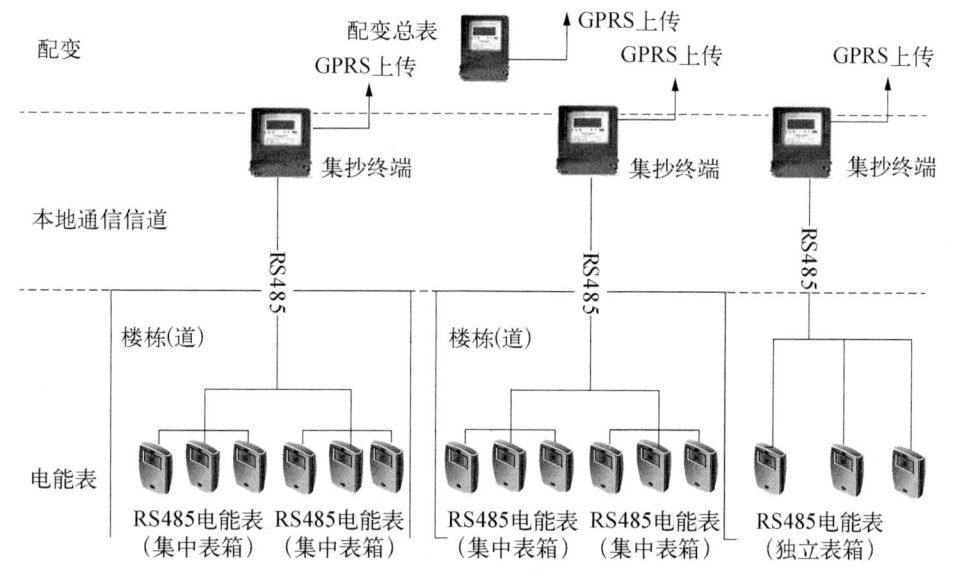

图 5.19　485 模式

适用对象：集中表箱或集中装表的用户。

（2）载波模式。由集中器、采集器、电能表组成，集中器上行通过 GPRS 公网与主站通信，下行通过电力线载波方式与采集器通信，采集器下行通过 RS485 方式与电能表进行通信，如图 5.20 所示。

适用对象：分散安装的低压电力用户。

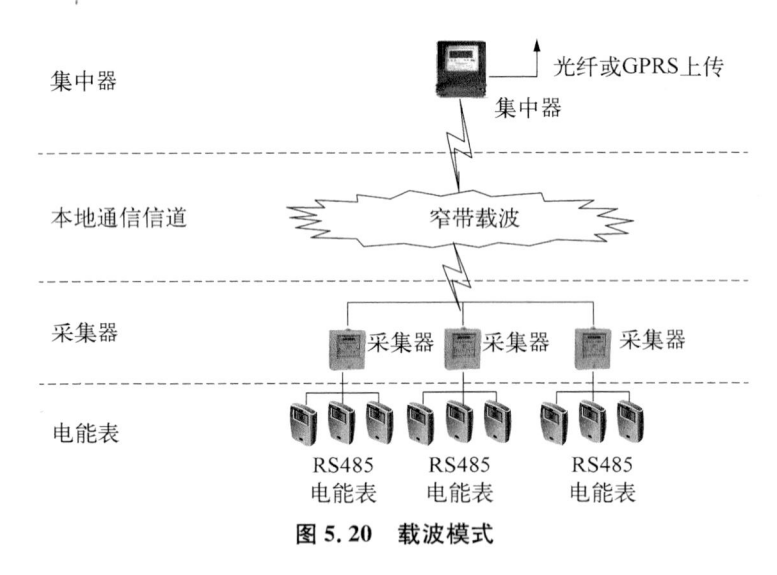

图 5.20　载波模式

（3）GPRS 模式。该种方式通信模块集成在智能表上，该智能表直接实现计量与通信的功能，上行通过 GPRS 公网与主站通信，如图 5.21 所示。

适用对象：安装 GPRS 电能表用户。

图 5.21　GPRS 模式

2．建设方案

（1）公变考核计量点建设方案。目前江苏省 2013 年公变计量点将有两种建设方案，是根据台区下低压用户采集建设方案的不同而进行相应的建设方式，如台区下低压用户采用电能表（RS485）+采集终端（GPRS）方式，公变计量点安装 GPRS 智能电能表；如低压用户采用电能表（RS485）+采集器（载波）+集中器（交采、GPRS）方式，公变计量点安装带交采功能的集中器，完成考核计量点的采集。

(2) 低压用户建设方案。江苏省根据低压用电户的分布特点：集中居住类型的小区采用电能表(RS485)+采集终端(GPRS)方式；零散的三相工商业用户如无法使用 RS485 电缆与采集终端连接或建设难度大，采用更换为 GPRS 智能电能表；分散居住(表箱分散分布)采用电能表(RS485)+采集器(载波)+集中器(交采、GPRS)方式实现采集建设。

三、用电信息采集系统主要功能

(一) 数据召测

针对单个终端召测，或查询电表、终端及总加组数据，并可进行透抄电表数据。

以下针对电表测量点数据召测为例进行说明。

(1) 点击功能菜单【基本应用】→【数据采集管理】→【数据召测】。

(2) 在左侧公共查询区采集点 TAB，利用快捷条件查询终端记录，单选终端，选择召测数据项，点击【召测】，召测完成，点击列表中的"召测结果"链接查看召测结果，点击【保存】，将召测结果保存。

注：日、月数据需要选择数据日期。

当前数据、日数据、月数据只能选择一种类型进行召测。

(3) 选择数据项、数据日期，点击【查询】，可查询已采集入库的数据。如图 5.22 所示。

(二) 数据报表

用于了解负控用户的档案、电表数据、用户日电量数据、日功率数据、主站日运行情况、系统建设情况、终端安装情况以及终端通信成功率和建设应用率等信息。以下对日常使用的报表进行简要说明。

点击功能菜单【统计查询】→【报表管理】→【专变报表】→【负荷管理综合信息】。

(1) 多用户台账：用于查询单个用户、多个用户或者整个地区所有负控用户的档案信息，同时也支持批量将用户档案信息导出到 Excel 中存档。如图 5.23 所示。

如果遇到大批量数据时，可以使用直接导出功能，将数据导出到 Excel。如图 5.24 所示。

图 5.22 数据召测

图 5.23 多用户台账

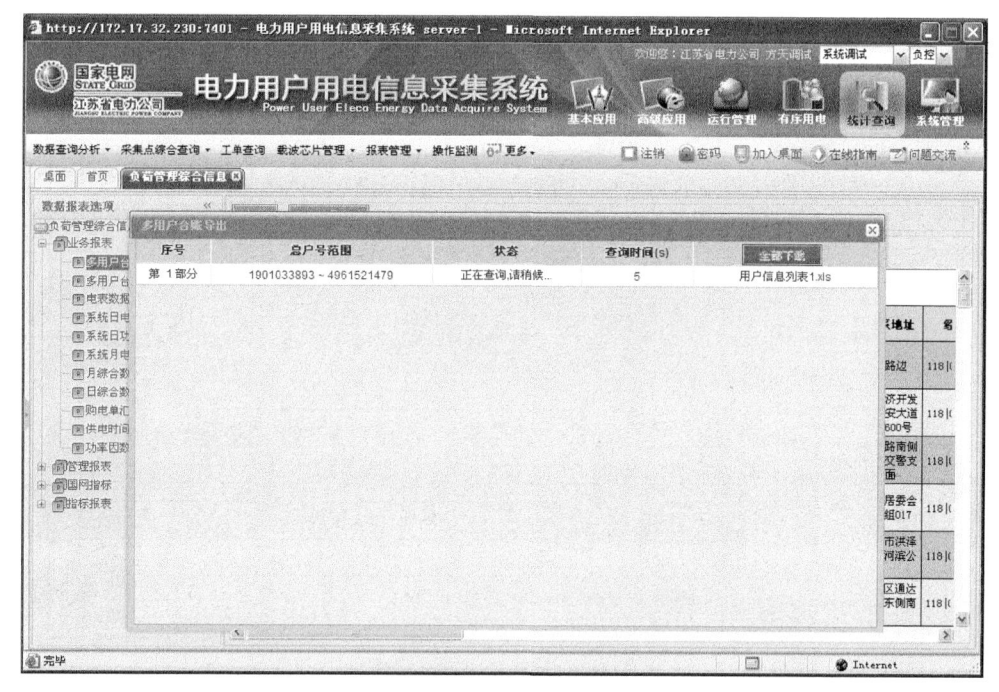

图 5.24 台账导出

（2）电表数据报表：用于了解负控用户的用电示值与需量情况。可以按照地区、总户号、用户名称、终端地址、电表局编号、日期时间段等查询。

（3）系统日电量：用于了解负控用户的日用电量情况。可以按照地区、总户号、用户名称、终端地址、电表局编号、日期等查询。

（4）负控主站日运行情况：用于了解各地区终端运行和抄表情况。可以按照地区、日期查询。单击各地区的失败数，查看终端通信失败明细清单。如图 5.25 所示。

（5）负控系统建设情况月报表：用于了解各地区各容量的用户在全口径、专变口径下的终端安装情况。

（6）负控系统监控负荷覆盖面统计：用于了解各地区网供负荷、监测负荷和可控负荷情况。

（7）综合通信成功率指标：用于了解各地区终端运行情况、时钟召测情况。可以按照地区、日期查询。单击各地区的失败数，查看终端通信失败明细清单。（具体统计说明详见报表，如图 5.26 所示）

供电所窗口人员业务知识

图 5.25 负控主站日运行情况

图 5.26 综合通信成功率指标

(8) 月建设应用率指标：用于了解各地区终端采集覆盖情况、积分电量指标、数据准确率指标等情况。可以按照地区、月份查询。如图 5.27 所示。

图 5.27　月建设应用率指标

四、用电信息采集系统发展新技术

(一) 230 MHz 高速基站技术

随着用电信息采集技术的不断发展和系统容量的增加，专变采集系统的基站通信速率也需不断提升，而速率的提升需要建设新的基站，投入成本较高，且新老基站之间不能兼容，运行时互相干扰，为系统的提速带来一系列问题。新型 230 MHz 高速基站技术成功地解决了这一难题，是目前专网采集系统技术发展的一个趋势和亮点。该技术实现多速率、多调制技术自适应通信，全兼容现有 230 MHz 专变采集终端设备，不同通信速率和不同调制方式的设备互不影响。应用新型 230 MHz 高速基站技术的设备同时兼容 1 200、2 400、4 800、9 600、19 200 bit/s 等速率，能够保证在线运行的各类终端设备无缝接入新基站，并继续稳定运行，不会对运行的用电信息采集系统、主站和终端设备形成任何性能影响或功能障碍。支持原有的低速中继站功能,具备中继能力。基站具有智能化管理终端接入功能,能够实时响应终端设备主动发起的登录请求、自动建立与处于调试状态终端的空中链路、支持终端通信测试和终端安装调试全程智能化作业流程。运用该技术的用电信息采集系统基站已在天津市电力公司建设运行,基站全面兼容现有用电信息采集系统。

(二) TD‐LTE 4G 移动通信技术

1. 基于 TD‐LTE 技术的无线通信系统

根据国家电网公司用户用电信息采集系统"全覆盖、全采集、全费控"的建设目标,江苏省 100kV 及以上专变用户已安装超过 10 万台 I 型电力负荷管理采集终端,覆盖率达 100%。主要采用 230MHz 无线专网信道通信。100kVA 以下专变户也已安装了数万台 II 型电力负荷管理采集终端,主要采用 GPRS 无线公网信道通信。还有大量的公变采集终端和低压集抄终端需要通过各种通信方式传送数据。面对如此庞大的通信终端接入需求,电力光纤专网在短时间内还无法满足需求,且由于光纤通信本身固有的技术限制,不久的将来也将无法满足日益发展且规模庞大和四面分散的各类终端的接入需求,无线通信接入方式仍然是一种投资少、运营成本低且与光纤通信互补的一种不可或缺的技术手段。而电网企业目前还缺乏一种技术先进、安全可靠、成本更低、性能更高,能够满足多种电力业务需求,并且产业链成熟、符合国家无线电管理政策、可适应智能电网发展壮大的无线宽带接入解决方案。当前,应用于电力行业的主流无线通信技术整体还处于比较落后的水平,虽然 230MHz 无线专网技术成熟,已经在电力行业服役多年,但 230MHZ 数传电台为窄带数传系统,随着智能电网的发展,电力业务终端接入数量的不断激增,230MHz 数传电台的通信速率、系统容量、安全机制和网络管理能力等方面面临着越来越大的挑战。而 GPRS 是电网在缺乏有效通信解决方案的情况下,不得已租用运营商公网资源的临时通信手段,在速率、业务优先级和安全可靠性上,无法满足智能电网日益增长的通信需求。

LTE230 无线电力通信系统采用当前最先进的 4G 移动通信技术 TD‐LTE,利用现有电力专用 230MHz 频率,综合考虑性能、成本、安全、国家政策、产业链等因素,为智能电网业务需求深度定制的无线通信系统。不仅可以作为现有 230MHz 专网的升级备选系统,也可以无缝替换公网 GPRS,承载配用电侧用电信息采集、配电自动化、应急抢修、配变监测及配电线路监测等业务。

2. LTE230 系统结构

新型 230 MHz 无线宽带通信系统，是针对电力行业无线通信应用需求，基于 OFDM 自适应编码调制、自适应重传等 LTE 核心技术，使用电力行业在 230 MHz 频段已有授权频谱资源，具有自主知识产权的无线数据通信系统，简称 LTE230 系统。系统具有广覆盖、海量用户、高可靠性、高速率传输、实时性强、安全性强、频谱适应性强等特点。LTE230 电力无线通信专网在远端监控模块与后台主站之间提供安全、可靠的数据传输通道，并提供对网络设备和远端通信模块的配置和管理功能。LTE230 采用全 IP 网络构建，组网灵活。图 5.28 所示为 LTE230 网络架构。

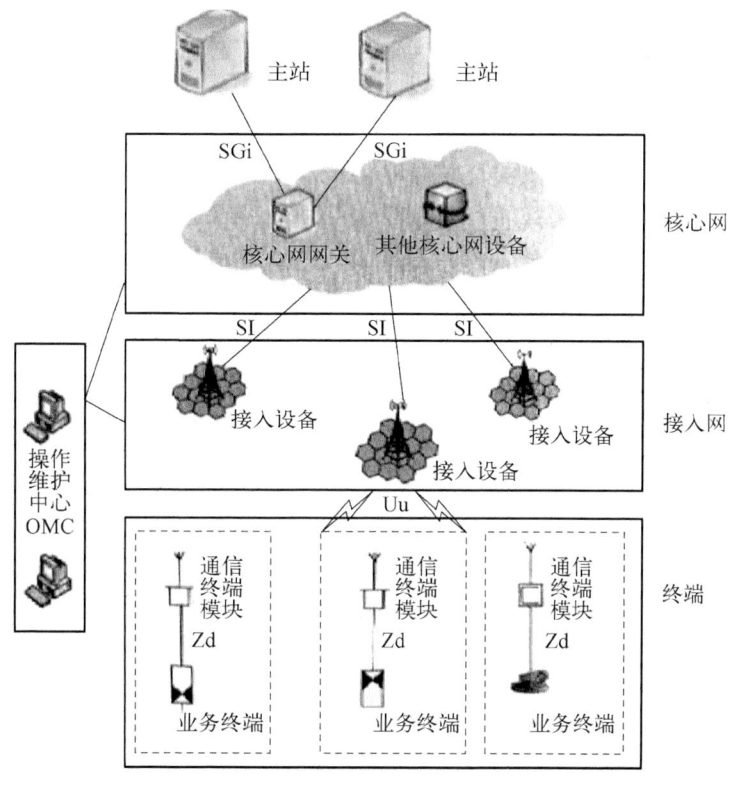

图 5.28 LTE230 系统网络架构

五、常见典型问题解答

问：什么是智能电网？

答：智能电网就是电网的智能化，也被称为"电网2.0"，它是建立在集成的、高速双向通信网络的基础上，通过先进的传感和测量技术、先进的设备技术、先进的控制方法以及先进的决策支持系统技术的应用，实现电网的可靠、安全、经济、高效、环境友好和使用安全的目标。

问：什么是用电信息采集系统？

答：用电信息采集系统是以计算机技术、通信技术、电力电子技术和现代控制技术为基础的一个综合管理管理系统，具有数据采集、信息处理、远方监测等多种功能。可以实现对用户或某个区域电力、电量等用电状况进行监测、控制并对采集数据进行分析和加以应用。它是电力营销管理工作的重要技术支持系统，是国网公司推进"智能电网"建设的重要组成部分。

问：什么是集中器（Concentrator）？

答：集中器是指收集各采集终端或电能表的数据，并进行处理储存，同时能和主站或手持设备进行数据交换的设备。

集中器为低压集抄系统的核心设备，可进行数据的采集、统计和上报，通过上行信道（GPRS、CDMA等）与主站通信，通过下行信道（载波、小无线、RS485等）与电能表或采集器通信。

问：什么是采集器？

答：采集器是用于采集多个电能表电能信息，并可与集中器交换数据的设备。

采集器依据功能可分为Ⅰ型采集器和Ⅱ型采集器，其中Ⅰ型采集器又分为基本型和简易型。简易型采集器不能进行数据的存储，只对命令作透明转发。

采集器为集抄系统的物理转换设备，上行信道为载波/小无线，下行信道为RS485。

问：低压集抄主站调试有哪些注意事项？

答：(1) 集中器投运的标准，至少实时抄表成功率大于97%；

(2) 终端投运后，抄表成功率即在主站中予以统计每日的日数据，作为采集成功率进行统计；

(3) 终端先投运后建户表档案会导致在挂接电表档案的2～3天内，严重拉低整体抄表率；

(4) 系统档案关系要正确，只进行一次档案下发工作，随后不必再进行参数下发的操作；

（5）每次进行"快速召测""快速下发"之前，首先进行"检测"操作，确定终端在线后，再进行下发和召测等常用操作；

（6）每日对终端进行在线检测，及时将"在线状态"中显示为"故障"的终端改为"调试"状态，以免拉低采集成功率，同时积极处理；

（7）每周对已经投运的终端进行一次"批量召测"，检查抄表率是否有提升或下降，以决定现场调试和排查工作。

问：采集器抄表失败，现场排查步骤是怎样的？

答：（1）确认系统中电表端口设置正确，导出系统中失败表地址和户名等信息，现场核对户表档案；

（2）确认电表是否正常工作，用掌机确认电表的485正常，如485功能没有或异常则更换表计；

（3）观察采集器"运行"灯，如灯不亮，检测电源线是否正常，如不正常则进行改正，如正常则更换采集器；

（4）确认RS485连线是否正确、牢固，如错接或虚接，则进行改正；

（5）使用掌机读取抄表数据，无数据则更换采集器。

问：如何通过主站进行电表校时工作？

答：主站有两个界面可进行电表时钟校时工作，分为单个电表校时和批量校时。单个电表校时在"运行管理—现场管理—电表对时"，在界面上输入电表资产号、户号等，选择需要矫正的分钟数即可；批量校电表时钟在"基本应用—终端调试—电表校时分析"，在界面上选择型号、地区、电表类型，点击校时操作—数量值，即可进行校时操作。

备注：电表偏差在15分钟之内才能实现校时操作。

问：如何处理离线集中器？

答：首先判断集中器是否处于离线状态，确认处于离线状态后进行如下几步操作：

（1）查看天线安装情况，检查天线是否完好或者安装是否正确；

（2）查看安装位置是否存在移动信号，如若没有通知移动公司；

（3）查看SIM卡是否安装或安装是否正确、是否存在欠费情况；

（4）查看终端通信模块是否运行正常，通信模块电源灯是否亮起；

(5) 查看终端上行参数是否存在问题,比如主站 IP、APN 等参数;

(6) 查看主站终端地址档案是否与现场安装位置的终端一致。

问:什么是通信规约?

答:通信规约是两个设备之间进行数据信息交换所必须遵循的预先约定好的规则。目前江苏省负控终端采用以下三种规约:

(1)《电力负荷控制系统传输规约(试行)》(电力工业部〔1996〕54 号),简称 96 版规约。

(2) 国家电网公司《电力负荷管理系统数据传输规约——2004》,简称 2004 版规约。

(3)《电力用户用电信息采集系统通信协议》(Q/GDW137.1-2013),简称 2013 版规约。

国网智能表采用的通信规约为 DL/T645-2007。

问:终端与主站联合调试需具备哪些条件?

答:用电信息采集系统终端本体安装完毕,各种接线连接完毕后,将进入终端与主站联调环节。

(1) 天馈线安装完毕。

(2) 表计接线完毕。

(3) 遥信接线完毕。

(4) 遥控接线完毕。

(5) 交流采样接线完毕。

(6) 接线已经过复查,正确无误。

(7) 所有安装工作人员完成工作,撤出工作场地。

(8) 所有清扫工作完成。

(9) 所有工具清点,未有遗漏在工作现场。

(10) 客户的电源已送上。

思考题

1. 用电信息采集系统有哪些组成部分?
2. 集中器与采集器有哪些异同?

3. 用电信息采集系统可以实现哪些营销功能？
4. 用电信息采集系统有哪些通信信道？
5. 用电信息采集系统发展有哪些新技术？
6. 用电信息采集系统采集的数据及信息内容有哪些？

第六章　95598 客户服务

第一节　95598 运转体系情况

一、职责分工

(一) 国网营销部

(1) 负责组织编制公司 95598 服务规划,制定公司 95598 业务管理的相关管理制度、业务流程和标准规范。

(2) 负责监督和考核各省(自治区、直辖市)电力公司(以下简称"省公司")95598 客户服务工作质量和 95598 业务支撑工作质量。

(3) 负责定期收集各单位针对 95598 业务管理的意见及建议。

(4) 负责对各省公司的 95598 工单进行抽查、跟踪和督办,定期分析、发布 95598 客户服务情况,并对相关单位提出管理和考核意见。

(5) 负责对各省公司本专业管理范围内停送电信息编译、报送的管理工作,发布各省公司停送电信息报送有关数据指标。

(二) 国网客服中心

(1) 负责公司 95598 业务日常运营管理,对各省公司 95598 服务工作质量和 95598 业务支撑工作质量进行监督、检查和评价。

(2) 负责协助国网营销部编制并实施公司 95598 服务规划;协助国网营销部制定并落实公司 95598 业务管理的相关管理制度。

(3) 负责受理客户的服务诉求并进行相应的业务处理,及时向国网营销部报送受理的重大服务事件。

（4）负责统计、分析公司95598业务数据，编制公司95598供电服务分析报告、业务专项分析报告及公司营销部要求的专题分析报告，并提出供电服务改进建议。

（5）负责定期统计、分析公司95598运营情况和停送电信息报送、95598知识管理等业务支撑情况，编制发布公司95598运营分析报告，提出95598运营质量和业务支撑工作质量的改进建议。

（6）负责收集、征询、审核和发布95598知识，及时维护更新95598网站。

（7）负责开展公司系统95598客户服务满意度调查工作。

（8）负责根据国网营销部95598专业管理的要求，完善、改进95598业务支持系统，配合各省公司完成相关专业业务支持系统信息交互。

（9）负责及时向国网营销部报告各省95598话务及有关数据出现的异常情况，并采取相应的应急措施。

（10）负责及时向国网营销部报告95598特殊、重大投诉的受理和跟踪情况，监督各省公司投诉工单的处理进度；配合国网营销部开展95598客户投诉分析及相关报表的统计、报送工作。

（11）负责各省公司95598业务初次申诉的受理及结果的初步认定。

（12）负责定期向国网营销部报送各省故障抢修信息及生产类停送电信息报送情况及提出的改进建议。

（三）省公司营销部

（1）负责监督和考核本省95598客户服务工作质量和95598业务支撑工作质量，审核发布本省95598供电服务分析报告和专题分析报告，提出供电服务评价及考核意见。

（2）负责协助国网营销部对重大服务事件进行协调处理；负责本专业并协调相关专业部门开展95598知识的收集、编辑和审核工作。

（3）负责协调本省有关部门做好95598营销和生产信息的支撑工作。

（4）负责做好本专业管理范围内停送电信息编译、报送的管理工作，发布本省停送电信息报送有关数据指标。

（5）负责牵头对话务及数据异常情况进行分析，并向国网营销部和国网客服中心报送分析报告。

（6）负责定期分析、发布本省95598业务运营情况，并对相关单位提出管理和考核意见；牵头处理本省营销专业管理范围内的重大投诉，归口转办其他专业的重大投诉；负责"最终答复"工单的审核及向国网营销部提出95598业务的最终申诉。

(四) 省客服中心

(1) 负责本省95598业务的日常运营管理，接受国网客服中心95598业务运营的指导和监督。

(2) 负责对本省各地市（区、州）供电公司、县（市、区）供电公司（以下简称"地市、县供电企业"）95598服务工作质量和95598业务支撑工作质量的监督、检查和评价。

(3) 负责承办本省95598业务工单的接单、处理、转派、督办、审核及回复；负责本省95598故障抢修类业务的监督、检查及评价；负责本省95598知识的采集、编辑和管理工作；负责审核本省计划停送电信息。

(4) 负责接收、审核地市供电企业"最终答复"工单及95598业务申诉请求，向国网客服中心提出初次申诉，协助省公司营销部提出最终申诉。

(5) 负责定期统计分析本省95598运营情况和业务支撑情况，编制发布本省95598运营分析报告，提出95598运营质量和业务支撑工作质量的改进建议；按省公司营销部要求编制专题分析报告。

(6) 负责定期向省公司营销部报送本省故障抢修信息及生产类停送电信息报送情况，并提出改进建议。

(7) 配合省公司营销部做好重大服务事件处理、话务及数据异常分析工作。

(五) 省调控中心

(1) 负责本省配网故障抢修指挥及生产类停送电信息报送工作的监督、检查和考核。

(2) 负责本专业管理范围内95598业务申诉工单的审核及本专业管理范围内95598重大投诉的调查、处理、反馈和整改，以及其他95598业务的协调处理、分析和整改工作。

(3) 配合省公司营销部做好95598业务运营的相关支撑工作。

(4) 配合省公司营销部做好重大服务事件处理、话务及数据异常分析工作。

(5) 配合本省客服中心做好国网客服中心催报的生产类停送电信息报送工作。

（六）地市、县客服中心

（1）负责监督和考核本单位95598客户服务工作质量和95598业务支撑工作质量，审核发布本单位95598供电服务分析报告和专题分析报告，提出供电服务评价及考核意见。

（2）负责接收上级转办的非抢修类95598工单，组织开展调查、核实、督办、整改、反馈处理意见等工作。

（3）负责本单位95598客户投诉业务的统计、分析并发布相关报告，按照上级管理部门的要求定期上报95598客户投诉处理情况及专题分析报告。

（4）负责本专业管理范围内生产类停送电信息编译工作，做好营销类停送电信息报送工作，负责停送电信息的用户通知工作。

（七）地市、县供电企业调控中心

（1）负责故障报修工单接收、分析研判、工单合并、派单指挥、跟踪、监督和工单回复工作。

（2）负责做好本专业管理范围内故障抢修信息及生产类停送电信息编译工作，汇总报送本单位故障抢修信息及生产类停送电信息。

（3）负责对本单位配网故障抢修指挥及生产类停送电信息报送的监督、检查和考核。

（4）配合本单位营销部做好需求侧管理工作。

（5）配合本单位营销部做好95598业务运营的相关支撑工作。

二、抢修工单流转

（1）国网客服中心：2分钟内派发工单。

（2）地市抢修部门：抵达现场后5分钟内将到达现场时间录入系统，抢修完毕5分钟内反馈结果。

（3）调控中心：30分钟内审核工单。

三、非抢修工单流转

由"国网客服中心"到"省客服中心"到"地市远程督办"到"市、县处理部门"，双向流转。

思考题

1. 简述非抢修工单处理及流转流程。
2. 简述抢修工单处理及流转流程。

第二节　工单分类、时限及办理要求

一、工单分类及时限

(一) 投诉

(1) 国网客服中心受理客户投诉诉求后，20分钟内派发工单。

(2) 省公司，地市、县供电企业相关业务部门应在受理后1个工作日内联系客户(保密工单除外)，6个工作日内处理、答复客户并审核、反馈处理意见。

(3) 国网客服中心应在接到回复工单后1个工作日内回访客户。

(二) 举报、建议、意见

(1) 国网客服中心受理客户诉求后，20分钟内派发工单。

(2) 省公司，地市、县供电企业相关业务部门应在受理后9个工作日内处理、答复客户并审核、反馈处理意见。

(3) 国网客服中心应在接到回复工单后，举报工单1个工作日内回访客户，建议、意见工单1个工作日内回复客户。

(三) 服务申请

(1) 已结清欠费的复电登记业务24小时内为客户恢复送电，送电后1个工作日内回复工单。

(2) 电器损坏业务24小时内到达故障现场核查，业务处理完毕后1个工作日内回复工单。

(3) 电能表异常业务4个工作日内处理并回复工单。

(4) 抄表数据异常业务6个工作日内核实并回复工单。

(5) 高速公路快充网络充电预约业务，客户预约时间小于45分钟的，应在客户挂机后45分钟内到达现场；客户预约时间大于45分钟的，应在客户预约时间前到达现场，客户充电完毕后2小时内回复工单。

(6) 其他服务申请类业务 5 个工作日内处理完毕并回复工单。

注意：

(1) 复电申请需注意复电时间。

(2) 电器核损需注意到达现场时间、处理完成时间。

(3) 高速公路快充需注意充电完毕后 2 小时内回复工单（系统更新后执行）。

（四）信息查询

95598 电话自助语音、95598 网站等自助查询方式向客户提供信息查询服务。

（五）业务咨询

(1) 国网客服中心受理客户咨询诉求后，未办结业务 20 分钟内派发工单。

(2) 省公司，地市、县供电企业应在国网客服中心受理客户诉求后 4 个工作日内进行业务处理、审核并反馈结果。

(3) 国网客服中心应在接到回复工单后 1 个工作日内回复客户。

（六）故障报修

提供 24 小时电力故障抢修服务，抢修到达现场时间应满足公司对外的承诺要求。

（七）催办工单

满足以下情况派发催办工单：客户要求催办已生成工单（包括抢修类工单及非抢修类工单）的业务诉求；且投诉、举报、意见、建议、表扬、咨询、服务申请类办理周期过半的工单。非抢修类业务催办工单，省客服中心在接到工单后 10 分钟内派单至地市、县供电企业，业务处理部门及时接单处理。

注：特殊情况客户表示强烈不满，诉求有升级隐患或可能引发服务投诉事件等特殊情况的，办理周期未过半的工单或已催办 2 次的工单，可由国网客服中心向各省客服中心派发催办工单，规避服务风险，避免引发舆情事件。

二、工单回复要求

(1) 根据客户诉求逐一答复。

(2) 全面、详细、准确答复，包括处理时间、处理经过、处理结果、处理依据、处理方案、处理人员等内容，有政策依据的需予以提供给相关文件支撑，确保客户反映涉及的问题能够完整回复。

联系情况：电话联系或当面沟通，所联系客户的姓名、是否为来电客户本人。

约时工单：尽量准确预估约时的时限，避免一约再约情况的发生，提高约时工单的处理效率。

最终答复：由营销分管副总或以上领导审核签字、加盖部门（单位）公章。

首接负责制：首接人员作为第一责任人负责到底，由人员责任导致的投诉属实工单，须有责任人处理意见。

三、工单回复退单类型及典型案例

（1）回复不完整。

（2）答非所问。

（3）处理不完善。

（4）工单回复差错。

（5）未处理完毕回单。

【案例1】

受理内容：客户来电反映在今天上午因供电质量原因导致家中一台音响、一个多功能插座、四个灯泡损坏，要求赔偿，请尽快核实处理。

地市回复：经现场核实损坏的电器为：音响、灯泡和多功能插座。工作人员已于×年×月×日下午为客户修复了上述损坏的电器，客户表示理解。

案例点评：未写明具体的起因、经过，核实家电损坏是由什么原因或故障导致的，是电话联系还是当面沟通，是否为供电公司责任。（回复不完整）

【案例2】

受理内容：客户为饭店，来电反映今天有工作人员通知有2条计划停电，客户表示其是双电源客户，对于供电公司将双电源客户的2条线路同时停电表示异议，请供电公司相关部门尽快核实并答复客户。

地市回复：工作人员已电话联系用户，告知用户可以去营业厅办理保电手续。

案例点评：回单未针对客户所述供电公司将客户的2条线路同时停电提出的质疑提出答复。（答非所问）

【案例3】

受理内容：【电能表异常】总户号××的客户来电反映，此处智能电能表的液晶显示屏显示 Err-54 错误代码，客户担心存在安全隐患及电费的结算，请核实处理。

地市回复：×月×日，经工作人员现场勘查，电能表存在电池电量低，并不影响正确计量，也不存在安全隐患。工作人员已向客户解释，并建议客户换表。致电客户本人××电话××核实处理结果，客户表示认可。处理人：××。

案例点评：地市回单表示 Err-54 为电能表存在电池电量低，与知识库不符。（工单回复差错）

【案例4】

受理内容：【电能表异常】总户号××的客户来电反映，该户电能表常亮，担心存在安全隐患，请核实处理。

地市回复：×月×日，经工作人员现场勘查，电能表存在故障。现场与客户本人××沟通，客户表示认可。处理人：××。

案例点评：地市回单仅确认电表故障，未将故障表更换，未明确是否计量，是否涉及电费退补。（未处理完毕回单）

【案例5】

受理内容：【安全距离】客户反映供电线路与其家窗户以及屋顶过近，前两天因线路破损造成客户防盗窗带电，客户担心安全隐患。

地市回复：×月×日经核实，现场确为供电公司资产接户线。此处接户线贴在客户房屋墙面，该线路为绝缘线路。前几天客户报修线路有破损，工作人员当时已将线路修复处理完毕，已无安全隐患。客户实际希望将接户线迁走，电话联系来电客户本人建议其到营业厅办理线路迁移手续，客户已知晓。处理人：××。

案例点评：经回访客户，现场实际情况与地市回复存在矛盾，且地市所述的线路不符合安全距离要求。（处理不完善）

四、工单回复小窍门

（1）回单内容逻辑完整，没有回复前后矛盾的地方。

（2）营销系统验证回单内容，流程完成没有缺漏。

（3）用采系统了解用电情况，是否及时处理停电等诉求。

（4）逐一回复：根据客户诉求逐一回复，不放过任何一个小点。

(5) 流程、附件一个不漏：传票编号、附件及时上传，不出现遗漏。

(6) 保留事件处理过程的证据，特别是关于供电设施的问题。

(7) 基础数据在回复中写明，主要是针对安全距离、现场噪音。

(8) 联系诉求人本人，确实联系不上，一定要在回复中注明。

(9) 文字描述准确，不出现有歧义的语句。

思考题

1. 95598工单的分类有哪些？
2. 在哪些情况下，回复的工单会遭到退单？
3. 请结合实际工作，总结回复工单的小窍门。

第三节　投诉分类及易混淆点

一、投诉定义

投诉是指公司经营区域内（含控股代管营业区）的电力客户，在供电服务、营业业务、停送电、供电质量、电网建设等方面，对由于供电企业责任导致其权益受损表达不满，要求维护其权益而提出的诉求业务。

其中，服务投诉是指供电企业员工服务行为不规范，公司服务渠道不畅通、不便捷等引发的客户投诉，主要包括员工服务态度、服务行为规范（不含抢修、施工行为）、窗口营业时间、服务项目、服务设施、公司网站管理等方面。营业投诉是指供电企业在处理具体营业业务过程中存在工作超时限、疏忽、差错等引发的客户投诉，主要包括业扩报装、用电变更、抄表催费、电费电价、电能计量、业务收费等方面。停送电投诉是指供电企业在停送电管理、现场抢修服务等过程中发生服务差错引发的客户投诉，主要包括停送电信息公告、停电计划执行、抢修质量（含抢修行为）、增值服务等方面。电网建设投诉是指供电企业在电网建设（含施工行为）过程中存在供电设施改造不彻底、电力施工不规范等问题引发的客户投诉，主要包括输配电供电设施安全、电力施工行为、供电能力、农网改造、施工人员服务态度及规范等方面。供电质量投诉是指供电企业向客户输送的电能长期存在电压偏差、频率偏差、电压不平衡、电压波动或闪烁等供电质量问题,影响客户正常生活秩序引发的客户投诉,主要包括电压质量、供电频率、供电可靠性等方面。

二、投诉等级

投诉等级分为:一般、特殊、重要、重大。

三、投诉类型

投诉类型分为:营业投诉、服务投诉、电网建设投诉、供电质量投诉、停送电投诉。

四、投诉业务易混淆案例

(一)计量装置投诉:投诉还是意见

1. 定义

单户计量装置更换、批量轮换、户表改造业务未提前通知,起(止)数未经客户确认等违反业务处理规定的问题。

2. 标准

易与客户计量装置配置问题混淆,后者主要是客户反映计量装置配置与实际不符,应派发"意见—供电业务—电能计量—计量装置配置不符"。

3. 案例

客户来电反映,其新安装的计量装置与之前安装的计量装置配置不符的情况。请供电公司尽快核实并答复客户。

本案例应发?

(1)意见—供电业务—电能计量—计量装置配置不符。

(2)投诉—营业投诉—电能计量—计量装置。

(二)验表投诉:投诉还是意见

1. 定义

电表校验超时的问题。

2. 标准

易与客户对表计校验结果不认可混淆,后者应派发"意见—供电业务—电能计量—验表"。

3. 案例

客户来电反映，在 2015 年 12 月 1 日通过电话办理验表，验表承诺时限是 5 个工作日内出具检测结果，但是至今未有工作人员告知验表结果。

本案例应发？

（1）投诉—营业投诉—电能计量—验表。

（2）意见—供电业务—电能计量—验表。

五、投诉属实性认定

不属实投诉（满足以下一条即为不属实）：

（1）供电企业已按相关政策法规、制度、标准及服务承诺执行的；

（2）客户反映问题无相关政策法规规定的；

（3）客户反映问题与实际情况不符的；

（4）客户提供的线索不全，无法进行追溯或调查核实的；

（5）明显存在歪曲、捏造事实的。

除不属实投诉外均为属实投诉。

> **思考题**
>
> 1. 投诉有哪几种分类？
> 2. 简述服务投诉的定义。
> 3. 哪些投诉会被判定为不属实投诉？

第四节　申诉业务及最终答复

一、为什么要申诉

国网客服中心或省客服中心工单流转错误、业务分类错误、城乡标志错误、业务属实性认定错误、系统原因、不可抗力、非供电企业责任、客户恶意诉求或工单信息填写不全影响工单处理等原因，造成地市、县 95598 业务处理不及时或差错，影响各单位相关指标数据。

国网受理的申诉业务仅针对95598工单,且必须通过系统流转,不接受线下流转的申诉。但综合考虑江苏指标考核,省内申诉分为线上申诉和线下申诉。

二、申诉类型及定义

1. 线上申诉

线上申诉分为初次申诉和最终申诉,全流程在95598业务支持系统和营销业务系统中实现。地市公司提交的申诉,需经相关部门主任审核通过后方可提交省中心,省中心结合申诉材料审核,对审核不通过的情况,写明不通过的原因后退回地市公司,如地市公司不认可不通过的原因,可补充相关材料后再次提交省中心。同一张工单发起的同一类申诉被省中心退回两次的,将不予再次申诉。

线上申诉应包括工单编号、业务类型、申诉原因及目的、申诉依据和申诉人等信息,应在工单办结后的10个工作日内发起(逾期视为放弃申诉)。同一张工单对同一类型的申诉只允许提交1次,不同类型的申诉应单独发起申诉工单。

2. 线下申诉

线下申诉是针对由省中心研判的回访不满意、一次未办结工单(回访新生成、重复来电、省中心审核退单)、客户诉求属实性认定错误等无法经系统流转,但影响各单位指标的申诉。

三、申诉发起要求、时限、发送对象及结果反馈

(1) 申诉发起要求:需发送营销分管主任签字、加盖营销部公章的"95598业务线下申诉申请表"扫描件,以及相关的申诉佐证材料。

(2) 申诉发起时限:以省中心微信日报通报之日起算,3个工作日内发起。

(3) 申诉发送对象:线下申诉申请表及相关证明材料发送至95598运营分析(yyfxdky@js.sgcc.com.cn)邮箱。

(4) 申诉结果反馈:线下申诉结果将在3个工作日内反馈至相应地市营销分管主任及优质服务专职邮箱。

(5) 线下申诉的其他要求同95598线上申诉。

四、95598业务线上申诉申请表

95598业务线上申诉申请表如表6.1所示。

表 6.1　　　　　　　　95598 业务线上申诉申请表

申诉单位：	申诉日期：	申诉人：	联系方式：
问题类型：			申诉工单号：
申诉原因：			
申诉依据及支撑材料(可附附件)：			
审核意见： 签字：　　　　　日期：　　　　　盖章：			

营销部领导签字确认,加盖营销部公章,扫描后邮件上传。

五、申诉申请审核退回的类型

以下情况将被省中心审核退回：

(1) 申诉申请类型及申诉目的错误。

(2) 申诉原因描述不清,与逻辑不符,或与工单回复内容不符。

(3) 申诉原因中表述的观点为主观推测,无材料支撑。

六、申诉类型及业务处理满意度

(一) 申诉类型

(1) 工单处理满意度错误；

(2) 业务类型错误；

(3) 业务子类错误；

(4) 接派单超时限；

(5) 处理超时限；

(6) 工单回退；

(7) 重复诉求；

(8) 停电信息报送；

(9) 知识库信息报送。

(二) 业务处理满意度

业务处理满意度类的申诉原因包含非供电企业责任、不合理诉求、不可抗力、第三方责任、客户自身责任、客服代表责任 6 类，其中客户自身责任是新版申诉新增。

1. 非供电企业责任

非供电公司直供户、非供电公司产权设备导致客户停电或设备损坏类、非供电公司产权的设备移位或拆除、客户内部故障等事件导致对处理结果不满意。

判定依据：产权分界证明材料。

申诉结果：回访不满意工单数减 1。

举例：客户内部线路故障，供电公司不负责维修处理，客户对此表示不满。

2. 不合理诉求

(1) 客户提出的诉求超出供电企业所能承担的责任范围，导致对处理结果不满意；

(2) 客户提出的诉求违反有关法律、规章制度、规定、客户内部故障，导致对处理结果不满意；

(3) 客户对其诉求无法提供具体的线索或提供的线索无法追溯，导致对处理结果不满意。

判定依据：调查材料、相关文件。

申诉结果：回访不满意工单数减 1。

举例：供电公司施工过程中将客户的树木砍伐，按照相关政府文件要求进行赔偿，但客户对于赔偿金额不认可，提出不合理的赔偿诉求，对供电公司处理结果不满意。

3. 不可抗力

因台风、地震、泥石流等恶劣自然灾害或事故引起的故障，导致客户对处理结果不满意。

判定依据：新闻报道、说明材料等。

申诉结果：回访不满意工单数减1。

举例：因台风期间，故障处理的时间较长，因此客户对于处理时间过长不满意。

4. 第三方责任

第三方责任导致供电公司直供用户停电、停电损失、家电损坏、第三方责任非停电类、配合政府停电等非供电企业责任的事件，导致对处理结果不满意。

判定依据：调查材料、相关文件。

申诉结果：回访不满意工单数减1。

举例：供电公司配合政府停电，导致客户损失，客户对此不满意。

5. 客户自身责任

（1）客户不具备民事行为能力。

（2）回访时客户不满意原因与之前受理的诉求内容无关。

判定依据：调查材料、相关证明。

申诉结果：回访不满意工单数减1。

举例：因客户未按时缴费导致家中停电，客户对此不满意。

6. 客服代表责任

因客服专员人为原因造成的差错，如回访时客户对于处理结果满意，客服专员错误点选为不满意。

判定依据：质检结果。

申诉结果：回访不满意工单数减1。

举例：回访中客户表示满意，客服专员错误点选为不满意。

七、最终答复使用范围

（1）因青苗赔偿（含占地赔偿、线下树苗砍伐）、家电赔偿引发经济纠纷，供电企业确已按相关规定处理，但客户诉求仍超出国家有关规定的。

（2）因触电、电力施工、电力设施安全隐患等引发的伤残或死亡事件，供电企业确已按相关规定答复处理，但客户诉求仍超出国家有关规定的。

（3）因醉酒、精神异常、限制民事行为能力的人提出无理要求，供电企业确已按相关规定答复处理，但客户诉求仍超出国家有关规定的。

八、最终答复使用条件

（1）符合正常工单填写规范和回复要求。

（2）客户诉求超出政策法规和优质服务的范畴。

（3）已向客户耐心解释，但客户仍不满意、不接受或坚持提出不合理诉求。

（4）经省公司责任部门分管副主任或以上领导签字确认、加盖部门（单位）公章。

（5）提供处理录音（录像）、相关文件证明材料等必要的证据。

九、最终答复工单处理要求

（1）工单点选及要求：采用最终答复方式回复工单时必须在"最终答复"字段选择"是"（默认为否），必须上传附件，包括领导的签字、盖章扫描件及相关证据等。

当最终答复申请单等附件大于5M时，需要压缩文件至规定的大小后上传，不可通过邮件方式发送省中心；其他佐证材料（如录音、视频等），通过邮件形式发送至省中心，并在回单中注明，省中心发送相应客服部存档备查。

（2）工单回复内容：事件发生的时间、地点、人物、起因、经过；事件处理的时间、处理部门、班组、处理人员、事件处理过程、依据的政策法规和文件（注明发文单位、文件号及执行日期）、事件总体属实情况以及客户对处理结果的态度以及提出其他诉求情况。

（3）工单回复内容附件：处理录音（录像）、相关文件和产权分界证明材料等必要的证据，包括事件处理过程中的照片、录音、录像等影像资料，依据的法律法规、政策依据，第三方提供的相关证明材料，"最终答复"审核人员的书面签字和部门（单位）盖章材料扫描件。

十、最终答复流转方式

1. 地市公司申请单的提交

填写"最终答复"申请单，由地市营销分管副总或以上领导审核签字、加盖部门(单位)公章后,将申请单扫描件、电子件及佐证材料发送至省中心现场管理邮箱并电话告知。

邮箱地址:gdxcgl@js.sgcc.com.cn

联系电话:429-8098,025-82228098

2. 省中心审核

审核通过:将申请单提交至省公司责任部门,由省公司责任部门分管副主任或以上领导审核签字、加盖部门(单位)公章反馈至省中心,省中心传递给地市公司远程工作站,将其作为附件并回复工单。

审核不通过:对地市提交的"最终答复"工单不满足使用条件的,回退至属地单位重新调查处理。

十一、最终答复模板及典型案例

模板一:

【最终答复】×月×日,经××部门(班组)××工作人员核实,客户反映情况不属实。客户反映问题为××,现场实际情况为××。已于×月×日向客户解释(联系电话),但客户表示不接受。该情况已向省公司××部门领导汇报,经××领导(联系电话)同意此为最终答复。

模板二:

【最终答复】×月×日,经××部门(班组)××工作人员核实客户反映情况确实存在,目前已采取××措施,解决客户问题,并于×月×日处理结果告知客户(联系电话),但客户表示不接受。现客户提出××不合理诉求,不符合××政策法规。该情况已向省公司××部门领导汇报,经××领导(联系电话)同意此为最终答复。

【案例】

受理内容:【人员违规】 客户来电反映今年5月8日供电公司在此进行农网改造,在客户田埂边架设了8根电线杆,占用了客户田地,破坏了客户的农作物,给客户造成损失。客户表示当时岔庙供电所站长以及涟水供电局工作人员陈怀里(音同)答应其于10月30日对其农作物进行赔偿,但至今费用未赔偿到位,现客户对此表示不满,要求给予合理解释,并尽快将费用赔偿到位,请核实处理。

处理情况:【最终答复】 12月25日接单后,经农电公司主任顾正峰及发展部主任徐真春核实,客户反映"岔庙供电所站长以及涟水供电局工作人员陈怀里答应其于10月30日对其农作物进行赔偿,但至今费用未赔偿到位"情况不属实。实际情况为:……。因客户高女士提出超出政策处理及优质服务范畴的不合理诉求,供电部门无法满足,该情况已向省公司营销部领导汇报,经陈振宇领导(联系电话025-85851706)同意此为最终答复。(因图片太大,无法上传,已从信箱发至现场管理)

注:(1)电网建设引起的青苗赔偿等补偿费用的标准由当地政府部门核定发布,如供电企业已按核定标准予以赔付,但客户诉求仍超出核定标准,符合最终答复使用范围;

(2)工单填写规范且相关证明材料提供齐全,经过向客户耐心解释但客户仍不满意,其诉求已超出政策法规的范畴,符合最终答复使用条件;

(3)最终答复申请单的填写与处理流程规范。

因图片太大,无法上传,地市公司便将所有附件通过邮件形式发送至省中心现场管理邮箱,致使工单处理信息中无附件(包含最终答复申请单)。

此单被国网公司列为最终答复不合格工单。

出具"最终答复"的处理录音(录像)或较大文件时,由于营销附件上传容量限制,致使容量超过5M的文件无法上传。按以下规范处理:由省(市)公司优先将"省公司领导签字盖章的文件"上传。对于其他佐证材料(如录音、视频等),通过邮件形式发送至省中心,并在回单中注明,省中心发送相应客服部存档备查。

十二、大家来找茬

地市公司提交省中心客服室专职的最终答复申请详见图6.1。

(1)最终答复申请提交的方式不符合规定,未发送省中心现场管理邮箱。

(2)最终答复申请单未加盖地市公司公章。

(3)填写"最终答复"申请单,由地市营销分管副总或以上领导审核签字、加盖部门(单位)公章后,将申请单扫描件、电子件及佐证材料发送至省中心现场管理邮箱并电话告知。

（公司名称）工单（工单编号　　　　）"最终答复"申请单

地市(区县)		国网　　供电公司	
工单编号		业务类型	投诉
办结时限	2016-03-07 15:10:00	申请时间	2016年3月2日
地市责任部门	国网　　公司营销部	省公司责任部门	营销部
受理内容			
【人员态度】客户来电投诉　　　　供电公司抄表收费抄催人员（客户不确定哪个供电所，姓名：老戴，电话：　　　）今天家中无电，于是拨打抄表人员老戴号码咨询无电问题。工作人员告知客户家里电费未交，（系统显示不欠电费）通话中对客户态度差（对客户辱骂现象），客户表示不满，要求核实处理并合理解释。			
调查处理情况			
【最终答复】3月2日，经　　公司营销部工作人员核实，客户反映情况不属实。该片区抄表员为戴　　　，近期并未与客户程　　联系，更不存在辱骂客的情况。客户程　　　为盲人，精神异常（见附件1），自2015年1月1日至今已拨打95598共309次（2015年全年248次，2016年1月至3月1日61次，清单详见附件2）。经听取录音，该客户的主要目的是减免电费及与南中心95598女性客服专员聊天，　　公司前期（2015年3月，见附件3）已向南中心、省中心进行了报备处理。该情况已向公司顾　　副总经理汇报，经顾总（　　　　）同意此为最终答复。			
地市营销分管副总或以上领导意见	同意 盖章：　　　　　　　　　　　签字：		
省公司责任部门分管副主任或以上领导意见	 盖章：　　　　　　　　　　　签字：		

图 6.1　最终答复申请样

> **思考题**
>
> 1. 为什么要申诉？申诉的定义是什么？
> 2. 最终答复使用的条件有哪些？

第五节　营业厅监控

一、营业厅常态监控要求

（1）每月都要对 13 个地市的城市和农村供电营业网点实施监控，除去地市部分营业点外每工作日监控不得少于 70 个营业网点，每周监控不得少于 350 个。

（2）有违规现象发送给各地市的工单需在当天 17:30 之前派发。

（3）针对违规现象需及时截图取证。（截图取证时，应确保图像、营业时间、所属地市营业点等内容清晰无误。）

（4）建议各单位加强自身管理。

二、营业厅常态监控内容

（一）服务行为

（1）工作人员工作时间离岗造成营业厅无人服务；

（2）工作人员在为客户办理业务时接听电话 5 分钟及以上；

（3）工作人员在客户咨询业务、办理业务的过程中存在服务态度差（可明显听出言语上有争执或看到肢体上有冲突的）；

（4）营业厅保安工作时间进入柜台内；

（5）营业厅服务窗口全员上班但未全部开放，且因未做好应急或分流措施，导致客户长时间排队 30 分钟及以上。

（二）服务环境

（1）营业厅卫生环境脏；

（2）营业厅设施杂乱、公司标示脱落；

（3）对外公示、活动公告未及时更新。

（三）其他

发现干扰监控，登记违规情况。

三、营业厅常态监控案例

(一) 工作人员未按规定时间上下班(见图6.2)

图 6.2　工作人员未按规定时间上下班

(二) 工作人员工作时间未穿统一工装服(见图6.3)

图 6.3　工作人员工作时间未穿统一工装服

(三) 工作人员工作时间玩手机(见图6.4)

(四) 工作人员工作时间使用办公/私人电脑玩游戏,观看与工作无关的视频、图片、小说等(见图6.5)

(五) 营业厅设施杂乱、公司标示脱落(见图6.6)

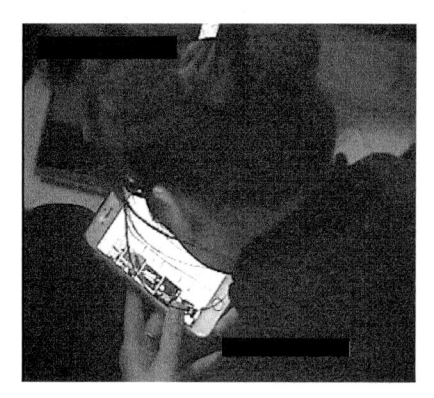

图 6.4 工作人员工作时间玩手机

图 6.5 玩游戏、看小说等

图 6.6 公司标示脱落

四、定向监控定义

根据95598营业厅投诉工单内容,对营业厅实施点对点督查(注:地市在回复关于营业厅监控的投诉工单时,应当实事求是,避免弄虚作假而造成退单)。

五、营业厅定向监控内容

(1)营业厅提前关门、延迟开门;

(2)营业厅窗口开设较少,排队人较多;

(3)营业厅工作人员工作时间长时间离岗;

(4)营业厅工作人员与客户发生肢体碰撞;

(5)营业厅工作人员明显与客户发生争吵;

(6)营业厅工作人员在营业工作时间拒绝向客户提供服务(如:业务受理、缴纳电费)。

六、无录像数据处理情况

若一直无法调取,显示无录像数据,或者播放不成功等原因,省客服工作人员记录详情发邮件给地市优质服务专职,请地市核实本地视频调取情况,检查监控设备是否完好,及时维护,并于5个工作日内回复邮件至现场管理邮箱说明处理情况。如无法在5个工作日内恢复设备,请告知省中心预计修复时间,做约时处理。

七、工作时限

省中心派发监控问题工单(当天17:30之前)。

地市回复工单时限(2个工作日内回复)。

注:工单回复省中心超时,一律视为违规属实处理。

八、营业厅特殊情况报备

(1)因工作人员怀孕、身体情况等因素,导致无法按着装规范进行着装的,应提前报备省中心;

(2)因施工、检修等原因导致营业厅柜台内有非工作人员进入的,应提前报备省中心；

（3）因营业厅拍摄宣传片，影响营业厅正常营业的，应提前报备省中心；

（4）因突发性或其他特殊原因（例如：频繁跳闸或其他原因导致营业厅停电、水管爆裂、卷帘门故障、门锁坏、网络故障），造成营业厅无法正常营业的，应及时报备省中心；

（5）因网络不通或其他特殊原因，导致该营业厅探头未上线，应及时报备省中心；

（6）因营业厅探头存在问题，导致无法正常监控，应及时报备省中心；

（7）除上述问题外，其他导致营业厅规范不能执行、营业厅无法正常营业等因素，需提前或及时报备省中心；

（8）如地市未报备省中心，在省中心监控时发现该营业厅存在违规行为，地市回单时属实性应点选为是。

思考题

1. 营业厅定向监控的内容有哪些？
2. 在一般情况下，营业厅视频监控的主要内容有哪些？

第七章　营业新业务之分布式新能源

第一节　分布式电源并网服务的申请流程及时限

本节包含分布式电源接入系统工程申请、资料审核要求、申请流程、时限要求等内容。通过讲解，达到了掌握分布式电源接入系统工程验收和资料审核要求的目的，全面了解资料审核要求和并网信息管理规范等知识。本模块重点介绍分布式电源并网申请流程设计与建设、分布式电源项目的计量与计费及并网验收等内容。

一、分布式电源的定义

《国家电网省公司关于印发分布式电源并网相关意见和规范（修订版）的通知》（国家电网办〔2013〕1781号）、《国家电网省公司关于印发分布式电源并网服务管理规则的通知》（国家电网营销〔2014〕174号）、2014年5月4日省公司《江苏省电力省公司分布式电源并网服务管理实施细则（修订版）》（苏电营〔2014〕365号）主要内容如下：

分布式电源是指在用户所在场地或附近建设安装、运行方式以用户侧自发自用为主、多余电量上网，且在配电网系统平衡调节为特征的发电设施或有电力输出的能量综合梯级利用多联供设施；包括太阳能、天然气、生物质能、风能、地热能、海洋能、资源综合利用发电（含煤矿瓦斯发电）等（注：分布式电源发电量全部自用或自发自用剩余电量上网由用户自行选择，用户不足电量由电网提供）。

适用于以下两种类型分布式电源（不含小水电）：

第一类：10 千伏及以下电压等级接入，且单个并网点总装机容量不超过 6 兆瓦的分布式电源。

第二类：35 千伏电压等级接入，年自发自用电量大于 50％的分布式电源；或 10 千伏电压等级接入且单个并网点总装机容量超过 6 兆瓦，年自发自用电量大于 50％的分布式电源。

注：对于既有用户，自发自用电量比例＝上一年该用户的总用电量/（分布式光伏电站额定出力×当地上一年光伏电站的年平均发电小时数）；

对于新装用户，自发自用电量比例＝该用户报装负荷折算的年用电量/（分布式光伏电站额定出力×当地上一年光伏电站的年平均发电小时数）。

本条明确了分布式电源是以接入用户内部为主（原规定允许采取全部上网、余电上网、全部自用三种运行方式），若接入公共电网所发电量全部上网则不属于分布式电源；对于接入电压等级则有所放宽。如某 10 千伏工业客户一号车间接入 4 000 千瓦光伏发电、二号车间接入 4 000 千瓦光伏发电，则该项目属于分布式电源；另一个 35 千伏客户，接入单个并网点发电容量达 8 000 千瓦，测算年发电量 1 200 万千瓦时，其中企业用电 1 000 万千瓦时，余电上网 200 万千瓦时，则该项目属于分布式电源。对于不属于分布式电源的发电项目，应执行省公司常规电源管理规定，即由发展策划部门牵头开展并网服务工作。

二、具体业务流程

1. 接入申请及受理

用户在当地供电营业厅提交光伏并网申请，递交申请所需资料。

2. 现场勘查阶段

受理并网申请后，客户经理负责与客户预约时间组织相关部门进行现场勘查。

3. 接入方案评审与答复

由供电公司按照国家、行业及地方相关技术标准，结合项目现场条件，为用户免费制定接入系统方案，并组织方案评审。根据电压等级不同，380（220）伏接入项目的接入系统方案出具接入方案确认单，35 千伏、10 千伏接入项目的接入系统方案出具接入电网意见函；接入确认单和并网意见函由客户经理统一答复给用户。

(1) 接入系统方案的内容应包括：分布式电源项目建设规模（本期、终期）、开工时间、投产时间、系统一次和二次方案及主设备参数、产权分界点设置、计量关口点设置、关口电能计量方案等。

(2) 系统一次方案包括：并网点和并网电压等级（对于多个并网点项目，项目并网电压等级以其中的最高电压为准）、接入容量和接入方式、电气主接线图、防雷接地要求、无功配置方案、互联接口设备参数等。

系统二次方案包括：保护、自动化配置要求以及监控、通信系统要求。

4. 初步设计阶段

对于35千伏、10千伏接入，或380(220)伏多点接入且并网点总报装容量超过400千瓦的分布式电源项目，项目业主应在项目核准（备案）后、客户工程施工前，提交工程设计相关资料。

5. 客户工程施工阶段

用户根据已通过的接入方案和设计图纸，自主选择具备相应资质的施工单位实施分布式光伏发电本体工程和接入系统工程。工程应满足国家、行业及地方相关施工技术及安全标准。

6. 工程竣工报验

用户发电本体工程及接入系统工程完成后，可向供电公司提交并网验收及调试申请，递交报验资料。同步向电力质监站提出质量监督申请（部分需要）。

7. 装表及合同协议签订

在正式并网前，供电公司完成相关计量装置的安装，并与客户按照平等自愿的原则签订《发用电合同》(10千伏并网的还需签订《电网调度协议》)，约定发用电相关方的权利和义务。

8. 并网验收调试及启动送电

供电公司在规定的时限内开展并网验收调试，出具《并网验收意见》。对于并网验收合格的，调试后直接并网运行；对于并网验收不合格的，供电公司将提出整改方案，直至并网验收通过。省市电力质监站负责开展质量监督，提出整改意见，并出具质监报告（部分需要）。

9. 并网工作流程服务时限

地市省公司营销部（客户服务中心）负责将相关并网申请资料存档，并送地市省公司发展部。地市省公司发展部通知地市省公司经研所（直辖市省公司为经研院）制定接入系统方案。工作时限为2个工作日。

地市/区县省公司营销部（客户服务中心）负责组织地市省公司发展部、运检部（检修省公司）、调控中心、经研所等部门（单位）开展现场勘查，并填写勘查工作单。工作时限为2个工作日。

地市经研所负责制定接入系统方案。工作时限：第一类30个工作日（其中分布式光伏发电单点并网项目10个工作日，多点并网项目20个工作日），第二类50个工作日。

地市省公司营销部（客户服务中心）负责组织相关部门审定380/220伏分布式电源接入系统方案，出具评审意见。工作时限为5个工作日。

地市省公司发展部负责组织相关部门审定35千伏、10千伏接入项目（对于多点并网项目，至少一个并网点为35千伏、10千伏接入）接入系统方案，出具评审意见和接入电网意见函。工作时限为5个工作日。

地市或县级省公司营销部（客户服务中心）负责将380伏接入项目的接入系统方案确认单，或35千伏、10千伏接入项目的接入系统方案确认单（附件5）、接入电网意见函（附件6）告知项目业主，工作时限为3个工作日。

并网验收及并网调试申请受理后，地市省公司营销部（客户服务中心）负责安装关口计量和发电量计量装置。工作时限为8个工作日。

并网验收及并网调试申请受理后，关于购售电、供用电和调度方面的合同签订工作，工作时限为8个工作日。

35千伏、10千伏接入项目，地市省公司调控中心负责组织相关部门开展项目并网验收工作，出具并网验收意见（附件12），开展并网调试有关工作，调试通过后直接转入并网运行。若验收或调试不合格，提出整改方案。工作时限为10个工作日。

省公司为分布式电源项目业主提供接入系统方案制定和咨询服务。接入申请受理后第一类项目40个（其中分布式光伏发电单点并网项目20个工作日，多点并网项目30个）工作日、第二类项目60个工作日内，省公司负责将380伏接入项目的接入系统方案确认单，或35千伏、10千伏接入项目的接入系统方案确认单、接入电网意见函告知项目业主。

以 35 千伏、10 千伏接入的分布式电源,项目业主在项目核准(或备案)后、在接入系统工程施工前,将接入系统工程设计相关资料提交客户服务中心,客户服务中心收到资料后 10 个工作日内出具答复意见并告知项目业主,项目业主根据答复意见开展工程建设等后续工作。

省公司在受理并网验收及并网调试申请后,10 个工作日内完成关口计量和发电量计量装置安装服务,并与 380 伏接入的项目业主(或电力用户)签署关于购售电、供用电和调度方面的合同;与 35 千伏、10 千伏接入的项目业主(或电力用户)同步签署购售电合同和并网调度协议。

省公司在电能计量装置安装、合同和协议签署完毕后,10 个工作日内组织并网验收及并网调试,向项目业主出具并网验收意见,并网调试通过后直接转入并网运行。

项目业主确认接入系统方案后,运检部组织地市经研所 10 个工作日内完成公共电网改造工程项目建议书,提出投资计划建议并送发展部,发展部安排投资计划并报省公司发展部、财务部备案。

本细则明确的业务办理时限适用于在既有电力用户的基础上扩建的分布式电源项目,对于新装、增容业扩工程中包含分布式电源项目的,或分布式电源接入需办理电力用户新装、增容手续的,分布式电源接入流程应与业扩流程分开受理并办理,业扩流程按江苏省电力省公司现行业扩报装管理规定执行。

分布式电源并网服务管理实施细则中服务时限具体如表 7.1、表 7.2 所示。

表 7.1　380(220)伏接入的分布式电源并网业务办理考核时限表

序号		环节名称	开始时间	完成时间	考核时限 光伏	考核时限 其他
1	并行	受理申请	受理接入申请	受理申请完成,将申请资料转发展部,并通知经研所	2	
		现场勘查	受理接入申请	完成现场勘查	2	
2		制定方案	完成现场勘查	制定接入方案并报审查部门	10	25
3		审查方案	收到接入方案	出具审查意见	5	

续 表

序 号		环节名称	开始时间	完成时间	考核时限 光伏	考核时限 其他
4		答复方案	收到审查意见	答复接入方案	3	
5	根据需要开展	审查设计文件	受理审查申请	答复审查意见	5	
6	并行	受理验收申请	受理验收申请	将申请资料转运检部、调控中心	2	
		计量装置安装	受理验收申请	完成计量装置安装	5	
		签订购售电合同	受理验收申请	完成合同签订	5	
7		并网验收调试	完成计量装置安装、合同签署	完成并网验收及调试	10	
8		并网		并网验收调试合格后直接并网		

表7.2　35千伏、10千伏接入的分布式电源并网业务办理考核时限表

序 号		环节名称	开始时间	完成时间	考核时限 光伏	考核时限 其他
1	并行	受理申请	受理接入申请	受理申请完成,将申请资料转发展部,并通知经研所	2	
		现场勘查	受理接入申请	完成现场勘查	2	
2		制定方案	完成现场勘查	制定接入方案并报审查部门	10(50)	25(50)
3		审查方案	收到接入方案	出具审查意见、接入电网意见函	5	
4		答复方案	收到审查意见、接入电网意见函	答复接入方案、接入电网意见函	3	
5		审查设计文件	受理审查申请	答复审查意见	5	
6	并行	受理验收申请	受理验收申请	将申请资料转运检部、调控中心	2	

续 表

序 号	环节名称	开始时间	完成时间	考核时限 光伏	其他
6	并行	计量装置安装	受理验收申请	完成计量装置安装	8
		签订购售电合同	受理验收申请	完成合同签订	8
		签订并网调度协议			8
7		并网验收调试	完成计量装置安装、合同协议签署	完成并网验收及调试	10
8		并网		并网验收调试完成后直接并网	

注：括号内数字为35千伏接入的分布式电源并网业务办理时限。

三、友情提醒事项

（一）关于并网业务办理

（1）各级供电营业厅均应开通分布式光伏并网申请受理业务。受理客户申请时应首先明确该分布式光伏发电项目的电量消纳方式。对于已取得相关备案的非自然人项目，应确保客户填报的电量消纳方式与其备案文件中载明的电量消纳方式一致；对于未取得相关备案或虽取得备案但未明确其电量消纳方式的非自然人项目，应在客户明确电量消纳方式后正式受理。

（2）对于在已建有分布式光伏发电项目的客户内部再次申请建设的分布式光伏发电项目，属于同一批文（备案文件）下分期建设的，原则上按发电户增容程序办理；属于不同批文（备案文件）下建设的，原则上按发电户新装程序办理。

（3）新并网的分布式光伏发电项目原则上应在其并网当月完成新户编本及归档工作。分布式光伏发电项目的电费、补贴结算周期应与其关联用电户的电费结算周期一致。

（二）关于自然人备案

供电公司为自然人性质的分布式光伏发电项目提供项目备案服务。对于自然人利用自有住宅及其住宅区域内建设的分布式光伏发电项目，市/区县公司发展部在收到项目业主确认的接入系统方案确认单后，根据能源主管部门制定的项目备案办法,按月集中代自然人项目业主向能源主管部门进行备案,备案文件抄市/区县公司财务部(派驻机构)。

(三)关于分布式电源接入系统相关定义

(1)并网点:对于有升压站的分布式电源,并网点为分布式电源升压站高压侧母线或节点;对于无升压站的分布式电源,并网点为分布式电源的输出汇总点。如图 7.1 所示,A1、B1 点分别为分布式电源 A、B 的并网点,C1 点为常规电源 C 的并网点。

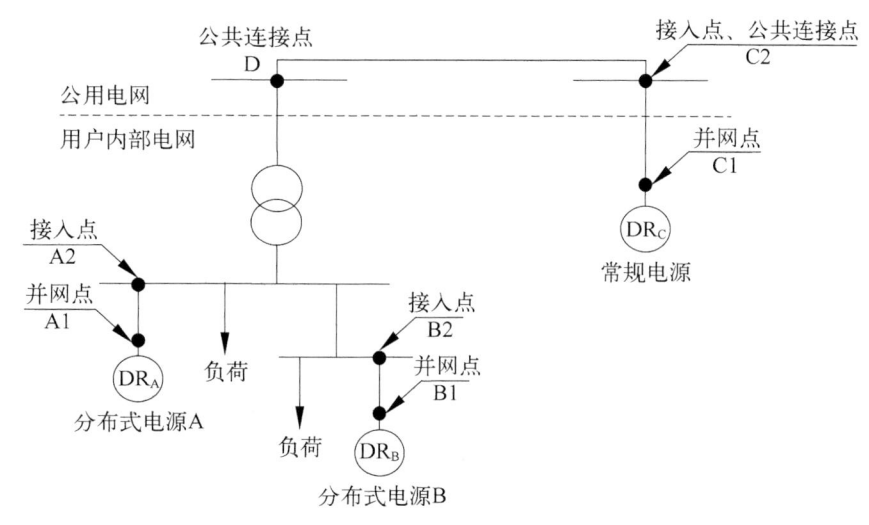

图 7.1 分布式电源接入系统

(2)接入点:指电源接入电网的连接处,该电网既可能是公共电网,也可能是用户电网。如图 7.1 所示,A2、B2 点分别为分布式电源 A、B 的接入点,C2 为常规电源 C 的接入点。

(3)公共连接点:指用户系统(发电或用电)接入公用电网的连接处。如图 7.1 所示,C2、D 点均为公共连接点,A2、B2 点不是公共连接点。

(4)分布式电源接入引起的客户内部工程由项目业主或用户自行投资建设;其接入引起的公共电网新建或改造工程由省公司投资建设。

A1—A2、B1—B2 和 C1—C2 输变电工程以及相应电网改造工程分别为分布式电源 A、B 和常规电源 C 的接入系统工程,其中,A1—A2、B1—B2 内部工程由用户投资,C1—C2 输变电工程由省公司投资。

(四) 分布式电源并网技术规范

(1) 接入系统方案的内容应包括：分布式电源项目建设规模（本期、终期）、开工时间、投产时间、系统一次和二次方案及主设备参数、产权分界点设置、计量关口点设置、关口电能计量方案等。

(2) 分布式电源并网电压等级可根据装机容量进行初步选择，参考标准如下：8千瓦及以下可接入220伏；8～400千瓦可接入380伏；400～6 000千瓦可接入10千伏；5 000～30 000千瓦以上可接入35千伏。最终并网电压等级应根据电网条件，通过技术经济比选论证确定。若高低两级电压均具备接入条件，优先采用低电压等级接入。

(3) 380伏接入的分布式电源，10千伏接入的分布式光伏发电、风电、海洋能发电项目，可采用无线公网通信方式（光纤到户的可采用光纤通信方式），但应采取信息安全防护措施；分布式电源送出线路的继电保护不要求双重配置，可不配置光纤纵差保护。

(4) 分布式电源调度自动化及电能量采集信息接入原则：380伏接入的分布式电源，或10千伏接入的分布式光伏发电、风电、海洋能发电项目，暂只需上传电流、电压和发电量信息，条件具备时，预留上传并网点开关状态能力。10千伏及以上电压等级接入的分布式电源（除10千伏接入的分布式光伏发电、风电、海洋能发电项目），上传并网设备状态、并网点电压、电流、有功功率、无功功率和发电量等实时运行信息。

(5) 分布式电源项目应在并网点设置易操作、可闭锁且具有明显断开点的并网开断设备。10千伏及以下接入用户侧电源项目，不要求具备低电压穿越能力。分布式电源项目所采用的逆变器、旋转电机应通过国家认可资质机构的检测或认证。

接入配电网的相关规范要求详见《分布式电源接入配电网相关技术规范（修订版）》（国家电网办〔2013〕1781号）。

(五) 并网工程设计与建设

(1) 客户投资建设的分布式电源项目本体电气工程及接入工程（简称并网工程）设计，由客户委托有相应资质的设计单位，按照答复的接入方案开展。以10千伏电压等级直接接入公共电网的分布式电源项目，设计文件应接受供电省公司审查；其他分布式电源项目，客户可委托供电省公司或自行组织设计审查；设计文件自行组织设计审查的，客户应负责设计文件符合国家、行业标准，符合安全规程的要求,符合国家有关规定。

(2) 接受并查验客户提交的设计资料,审查合格后方可正式受理。在受理客户申请后 5 个工作日内出具审查意见。

(3) 客户自身原因需要变更设计的,应将变更后的设计文件提交供电省公司,审查通过后方可实施。

(4) 直接接入公共电网的分布式电源项目,其接入工程(含通信专网)以及接入引起的公共电网改造部分由供电省公司投资建设。接入用户内部电网的分布式电源项目,其接入工程由客户投资建设,接入引起的公共电网改造部分由供电省公司投资建设。

(5) 供电省公司投资建设的接入工程及接入引起的公共电网改造部分工程,省公司为项目建设开辟绿色通道,简化程序,并保证物资供应、工程进度、工程质量,确保分布式电源项目安全、可靠、及时接入电网。

(6) 客户投资建设的接入工程,承揽接入工程的施工单位应具备政府主管部门颁发的承装(修、试)电力设施许可证、建筑业企业资质证书、安全生产许可证。设备选型应符合国家与行业安全、节能、环保要求和标准。

(六) 并网验收与调试

(1) 负责受理项目业主(或电力客户)并网验收及调试申请,受理人员接受并查验项目业主提交的资料,审查合格后方可正式受理。正式受理申请后,协助项目业主填写并网验收及调试申请表,接受验收及调试相关材料。

(2) 关口电能计量装置安装完成、合同与协议签订完毕后,负责组织分布式电源项目并网验收、调试工作。

(3) 对并网验收合格的,出具并网验收意见;对并网验收不合格的,提出整改方案,待客户整改完毕后,再次组织验收与调试。并网调试通过后并网运行。

(4) 分布式电源并网后,应将客户并网申请、接入方案、工程设计、并网验收意见、合同等资料整理归档。

(七) 分布式电源保护与安全控制

1. 继电保护与安全控制要求

(1) 通过 380/220 伏电压等级并网的分布式电源,电源容量小于 50 千瓦,可配置低压过流保护开关和漏电保护装置。

(2) 通过 380/220 伏电压等级并网的分布式电源,电源容量在 50 千瓦及以上,可配置快速熔丝及低压过流保护开关,并具有漏电保护功能。

(3) 通过 10 千伏(6 千伏)~35 千伏电压等级接入公共线路的分布式电源,宜配置电流电压保护和逆功率保护。

(4) Q/GDW480-2010《分布式电源接入电网技术规定》9.2:分布式电源应安装低压和过压继电保护装置,继电保护的设定值应满足以下要求:135%Ue≤U 时,最大分闸时间不超过 0.2 秒(U 为分布式电源并网点的额定电压,最大分闸时间是指异常状态发生到电源停止供电时间)。

2. 分布式电源保护

(1) 系统在不可逆流的并网方式下工作,当检测到供电变压器次级处的逆流器额定输出的 5%时,逆向功率保护应在 0.5~2 秒内将光伏系统与电网断开。

(2) 通过 10 千伏(6 千伏)~35 千伏电压等级接入专用线路的分布式电源,宜配置光纤电流差动保护。

(3) 分布式电源需具备一定的过电流能力,在 120%倍额定电流以下,分布式电源连续可靠工作时间应不小于 1 分钟;在 120%~150%额定电流内,分布式电源连续可靠工作时间应不小于 10 秒;接入点的分布式电源短路电流总和不允许超过接入点允许的短路电流;分布式电源应配置具有反时限特性的保护。

(4) 当检测到配电网侧发生短路时,分布式电源系统向配电网输出的短路电流应不大于额定电流的 150%,同时分布式电源应与配电网断开。

(5) 接入配电网的分布式电源应具备一定的电压和频率响应特性,当接入点的电压和频率超出规定范围时,应与配电网断开,其电压和频率的超出范围值和断开时间均应按 Q/GDW 480-2010《分布式电源接入电网技术规定》7.1 和 7.2 条的规定执行。

3. 电压响应特性

当电网电压过高或者过低时,要求与之相连的分布式电源做出响应。该响应必须确保维修人员和一般公众的人身安全,同时避免损坏连接的设备。当并网点处电压超出规定的电压范围时,应在相应的时间内停止向电网线路送电。此要求适用于多相系统中的任何一相。

4. 分布式电源应具备快速监测孤岛且立即断开与配电网连接的能力,其防孤岛保护应与配电网侧线路保护相配合

防孤岛保护应同时具备主动式和被动式两种保护。

主动防孤岛效应保护方式主要有频率偏离、有功功率变动、无功功率变动、电流脉冲注入引起阻抗变动等。

被动防孤岛效应保护方式主要有电压相位跳动、3次电压谐波变动、频率变化等。

5. 系统发生扰动，分布式电源脱网后，在电网电压和频率恢复到正常范围之前，分布式电源不允许并网

对于容量在50千瓦及以上的分布式电源应得到当地电力部门的允许方能重新接入配电网；

在电网电压和频率恢复正常后，对于容量小于50千瓦的分布式电源，延时20秒后且分布式电源满足电压、频率、相角等并网条件时才能恢复并网。

对于接入配电网的分布式电源，应由当地电力部门负责其继电保护定值的计算、整定，并定期进行校验。

(八) 分布式电源防雷与接地

(1) 分布式电源系统的过电压保护和接地设计应符合DL/T 620《交流电气装置的过电压保护和绝缘配合》和DL/T 621《交流电气装置的接地》要求。

(2) 分布式电源系统和并网接口设备的防雷和接地，应符合SJ/T11127中的规定。

(3) 分布式电源线路设备及站室设备防雷保护一般选用无间隙氧化锌避雷器。

无建筑物屏蔽的10千伏绝缘线路在多雷地区应逐杆采取有效措施防止雷击断线，具体措施包括：安装带间隙氧化锌避雷器或防雷金具等。

第二节　分布式电源并网服务的收资要求及费用结算

一、分布式电源并网服务的收资要求

受理要求如下：

市/区县公司业务受理员(含市郊及农村供电所业务受理员)负责按照工作职责受理分布式电源项目业主提出的接入申请，主动提供并网咨询服务，履行

"一次告知"义务,协助项目业主填写分布式电源接入申请表,接收、检查相关支持性文件和资料的完整性,并将相关资料转市/区县公司客户经理,报市/区县公司发展部(若分布式电源接入用户属市公司业务管辖范围,区县公司业务受理员应在收到接入申请并收资完成后将相关申请资料转市公司业务受理员受理并办理)。工作时限为2个工作日。市/区县省公司客户经理应及时将相关申请资料转报市/区县省公司发展部。

(若分布式电源接入用户属市省公司业务管辖范围,区县省公司业务受理员应在收到接入申请并收资完成后将相关申请资料转市省公司业务受理员受理并办理)

(一)接入申请需提供的资料(自然人)

(1)经办人身份证原件及复印件;

(2)户口本;

(3)房产证(或乡镇及以上级政府出具的房屋使用证明);

(4)对于公共屋顶光伏项目,还需提供物业、业主委员会或同一楼宇内全体业主的同意建设证明以及建筑物、设施的使用或租用协议;

(5)对于合同能源管理项目,还需提供项目业主和电能使用方签订的合同能源管理合作协议。

(二)接入申请需提供的资料(法人及其他组织)

(1)经办人身份证原件及复印件和法人(负责人)授权委托书原件(或法人(负责人)身份证原件及复印件);

(2)营业执照、税务登记证、组织机构代码证、土地证等项目合法性支撑文件;

(3)电源项目地理位置图(标明方向、邻近道路、河道等)及场地租用相关协议;

(4)项目可行性研究报告;政府投资主管部门同意项目开展前期工作的批复或说明(仅适用需核准或备案项目);

(5)对于公共屋顶光伏项目,还需提供物业、业主委员会或同一楼宇内全体业主的同意建设证明以及建筑物、设施的使用或租用协议;

(6)对于合同能源管理项目,还需提供项目业主和电能使用方签订的合同能源管理合作协议以及建筑物、设施的使用或租用协议;

(7) 其他项目前期工作相关资料。

企业客户需提供的资料如下：(1) 用电人主体资格证明材料(营业执照、法人证书等)；(2) 法人代表(负责人)身份证明或法人代表(负责人)开具的委托书及被委托人身份证明；(3) 如用电人租赁房屋，需提供房屋租赁合同及房屋产权人授权用电人办理用电业务的书面证明；(4) 负荷组成和用电设备清单。

（三）并网验收和并网调试需提供材料清单（见表7.3）

表7.3　　　　　　并网验收和并网调试需提供材料清单

序号	资料名称	380(220)V项目	10 kV 逆变器类项目	35 kV 项目、10 kV 旋转电机类项目
1	施工单位资质复印件(承装(修、试)电力设施许可证、建筑企业资质证书、安全生产许可证)	√	√	√
2	主要设备技术参数、型式认证报告或质检证书，包括发电、逆变[①]、变电、断路器、刀闸等设备	√	√	√
3	并网前单位工程调试报告(记录)	√	√	√
4	并网前单位工程验收报告(记录)	√	√	√
5	并网前设备电气试验、继电保护整定、通信联调、电能量信息采集调试记录	√	√	√
6	并网启动调试方案			√
7	项目运行人员名单及专业资质证书复印件	√(非自然人性质的项目)	√	√

告知事项：① 光伏电池、逆变器等设备，需取得国家授权的有资质的检测机构检测报告。

二、分布式电源并网服务的费用结算

(1) 公司在并网申请受理、项目备案、接入系统方案制定、设计审查、电能表安装、合同和协议签署、并网验收和并网调试、补助电量计量和补助资金结算服务中不收取任何服务费用。

(2) 分布式光伏发电、分布式风电项目不收取系统备用容量费；分布式光伏发电自发自用电量免收可再生能源电价附加等针对电量征收的政府性基金。其他分布式电源系统备用容量费、基金及附加的收取执行国家和江苏省有关规定。

（3）分布式电源发电量全部自用或自发自用剩余电量上网由用户自行选择，用户不足电量由电网提供。分布式电源上、下网电量分开结算。公司按照国家规定的电价标准全额保障性收购分布式电源上网电量。

（4）公司为列入国家可再生能源补助目录的分布式电源项目提供补助电量计量和补助资金结算服务。公司在收到财政部拨付补助资金后，根据项目补助电量和国家规定的电价补贴标准，按照电费结算周期支付项目业主。

分布式光伏发电、分布式风电项目不收取系统备用容量费；分布式光伏发电自发自用电量免收可再生能源电价附加、国家重大水利工程建设基金、大中型水库移民后期扶持基金、农网还贷资金四项针对电量征收的政府性基金及附加。

系统备用费按并网协议中约定的电网所能提供的备用容量缴纳。

没有约定备用容量的，按企业受电变压器容量或最大需量扣减电网向其供电的平均负荷确定。

其他分布式电源系统备用容量费、基金及附加的收取执行国家和江苏省有关规定。

省公司在并网申请受理、项目备案、接入系统方案制定、设计审查、电能表安装、合同和协议签署、并网验收和调试、补助电量计量和补助资金结算服务中不收取任何服务费用。

（如某分布式光伏发电项目在办理并网业务过程中，不收取任务费用，并网后也不收取系统备用容量费和自发自用电量四项基金和附加费。而其他形式的分布式电源则优惠幅度略小。）

三、友情提醒事项

（一）计量与计费

（1）分布式电源项目的发电出口、并网点以及与公用电网的连接点均应安装具有电能信息采集功能的计量装置，以准确计量分布式电源项目的发电量和电力用户的上、下网电量。与公用电网的连接点处安装的电能计量装置应能够分别计量上网电量和下网电量。

需要安装两块表：

一块装在分布式电源出口处，即图7.2中逆变器出口处，用来计量分布式电源总的发电量,因为国家对分布式电源的财政补贴是按照发电量进行结算的,电价补贴标准为每千瓦时 0.42 元[①]。

一块装在并网点上,具备双向计量功能(上网和下网方向),因为分布式电源主要为"自发自用,余电上网",上网电量按江苏省燃煤机组脱硫上网标杆电价为每千瓦时 0.391 元计算,下网电量按用户用电性质根据电价目录收取。

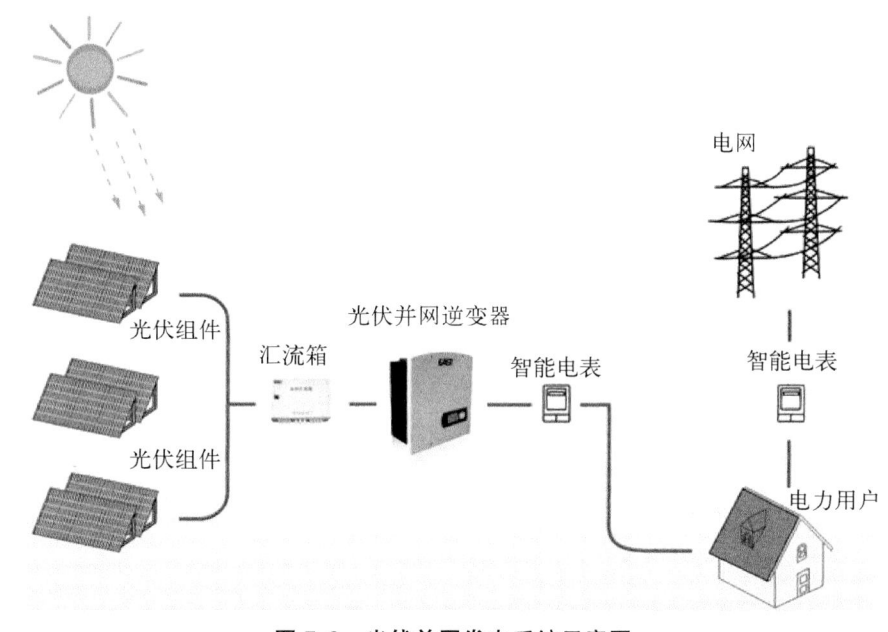

图 7.2　光伏并网发电系统示意图

(2) 自受理并网验收申请之日起,在 5 个工作日内完成电能计量装置的安装工作。

(3) 关于电费结算:分布式光伏发电项目实行上、下网电量按国家规定的上网电价和销售电价分别计算购、售电费。分开结算,上网电价执行江苏省燃煤机组标杆上网电价,下网电价执行国家销售电价政策。国家对分布式光伏发电项目按发电量给予财政补贴,由电网企业负责转付。

国家对分布式光伏发电项目,实行按照发电量进行电价补贴的政策,电价补

---

① 2017 年 12 月 24 日国家发改委发布了《国家发展改革委员会关于 2018 年光伏发电项目价格政策的通知》,2018 年 1 月 1 日以后投运的、采用"自发自用、余量上网"模式的分布式光伏发电项目,全电量度电补贴标准调整为每千瓦时 0.37 元(含税)。各地具体补贴标准,以最新具体相关文件为准。

贴标准为每千瓦时0.42元。分布式光伏发电项目的上网购电费按照市省公司发展策划部提供的分布式光伏发电项目上网电量和我省燃煤机组标杆上网电价(江苏省燃煤机组脱硫上网标杆电价为每千瓦时0.391元)进行计算并支付。享受金太阳示范工程补助资金、太阳能光电建筑应用财政补助资金的项目不属于分布式光伏发电补贴范围。

电费结算:(自发自用余电上网)

① 光伏组件所发的电量由发电表计量每度给发电者0.42元的国家补助。

② 由下网表反向电量计量的电度为上网电价,国家电网省公司按燃煤机组脱硫标杆上网电价计算给发电客户,该电价以省物价局发文为准。

③ 发电表计电量减下网表电量为发电使用电量。

【案例1】 某客户执行商业非居民照明电价(0.836 6),该客户该月发电表计计量3 000度,下网表反向电量2 000度,燃煤机组脱硫标杆上网电价(0.378 0),求该客户所发电能每度电可获得多少收益?

收入:

国家补助 = 3 000×0.42 = 1 260(元)

上网电费 = 2 000×0.391 = 782(元)

自用电费 = 1 000×0.836 6 = 836.6(元)

共产生电费 1 260 + 782 + 836.6 = 2 878.6(元)

综合单价 = 2 878.6/3 000 = 0.959 5(元/度)

【案例2】 采用"自发自用,余电上网"模式,光伏电站发电收益享受国家补贴,还有包括自发自用节省的电费和卖给国家的电费。

10千瓦光伏电站每年可发电约12 000度,假设我们自用电3 000度,卖给国家9 000度。简单计算下它的收益情况:

补贴 = 发电量×补贴 = 12 000×0.42 = 5 040(元)

自发自用部分收益 = 自发自用电量×电价 = 3 000×0.803 3(以当地电价为主) = 2 409.9(元)

余电上网部分收益 = 发电上网电量×燃煤标杆上网电价 = 9 000×0.391(以当地燃煤标杆上网电价为主) = 3 519(元)

总收益 = 补贴 + 自发自用部分收益 + 余电上网部分收益 = 5 040 + 2 409.9 + 3 519 = 10 968.9(元)

市、县省公司营销部门负责每月2日前向各分布式光伏发电项目发布《分布式光伏发电项目上网电量结算单》进行电量确认,电量确认后,市、县省公司营销部门负责通知项目业主开具电费结算发票,同时填写上月本地区《分布式光伏发电项目上网电量结算表》,于每月6日前报送同级发展部门。市省公司发展策划部负责汇总审核市省公司营销部和所辖县省公司发展建设部提供的"分布式电量结算表"数据,每月7日前将汇总后的"分布式电量结算表"以电子和纸质形式分别报送省公司交易中心和市省公司财务部。同时通过交易系统完成结算电量数据的在线传递。市省公司营销部负责于每月13日前,将本市分布式光伏发电项目的上月结算电费发票汇总移送市省公司财务部,双方办理交接登记。每月15日前,市省公司财务部完成开票电量与电费的准确性审核,按照省公司会计处理有关规定进行账务核算,并做好各月分布式光伏发电项目上网电费结算明细台账。市省公司财务部按照购售电合同约定的付款时点及时办理分布式光伏发电上网电费的转账支付,支付流程按照省公司资金管理有关办法执行。

分布式光伏发电项目补助电量按发电量计算,补助标准按国家规定执行。分布式光伏发电项目向省公司开具税率为17%的增值税专用发票,对不具备开具增值税发票条件的自然人分布式光伏发电项目,补助标准按不含税标准执行。(如某企业分布式电源发电项目并网后,市、县省公司本月2日前与客户确认发电量,经客户确认后营销部将《分布式光伏发电项目上网电量结算表》报送至同级发展部门,并通知客户开票。市发展策划部汇总审核后上报省公司交易中心和市省公司财务部。营销部于本月13日前将客户开具的发票移送至市省公司财务部,由市省公司财务支付购电费。而补助资金则由省公司财务部负责统一组织市省公司向各自经营区域内分布式光伏发电项目提供可再生能源电价附加补助资金预算申请、资金拨付和清算服务(需上报国网),以收到国网省公司拨付的中央财政资金为限向各项目单位(包括分布式光伏发电、常规可再生能源发电项目和接网工程项目)按电费结算周期支付补助资金。

(二)光伏电站系统组成

分布式光伏发电特指采用光伏组件,将太阳能直接转换为电能的分布式发电系统。

光伏电站系统组成:太阳能电池组件、接线箱、组件支架、并网逆变器、直流配电系统、交流配电系统、线缆配件、数据采集及数显系统、防雷接地系统。

其运行模式是在有太阳辐射的条件下,光伏发电系统的太阳能电池组件阵列将太阳能转换输出的电能,经过直流汇流箱集中送入直流配电柜,由并网逆变器逆变成交流电供给建筑自身负载,多余或不足的电力通过连接电网来调节。

光伏组件是由光能转变为电能的主要设备,其太阳能电池发电的原理是光生伏特效应。当太阳光(或其他光)照射到太阳能电池上时,电池吸收光能,产生光生电子—空穴对。在电池内建电场作用下,光生电子和空穴被分离,电池两端出现异性电荷的积累,即产生"光生电压",就是光生伏特效应。若在内建电场的两侧引出电极并接上负载,则负载就有"光生电流"流过,从而获得功率输出。这样,太阳的光能就直接变成了可以应用的电能。

逆变器是光伏并网发电系统的重要设备之一,其主要功能是把来自太阳能电池方阵输出的直流电转换成与电网电力相同电压和频率的交流电,并把电力输送给电网或与交流系统连接的负载,同时还具有极大限度地发挥太阳能电池方阵性能的功能和异常或故障时的保护功能。

安装形式——地面安装、BAPV、BIPV。

零排放,发电不用水,不单独占地;太阳能资源永不枯竭,可以安装到建筑上(BIPV)。

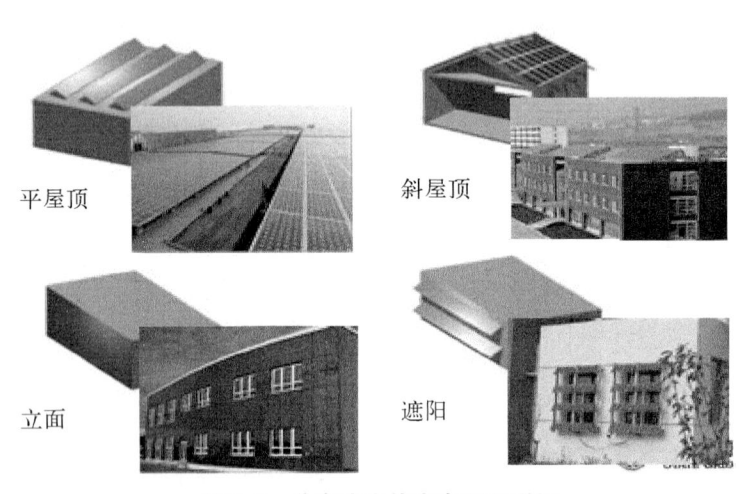

图7.3 分布式光伏发电项目现场

(三) 分布式电源的特征及其优缺点

分布式能源系统是相对传统的集中式供能的能源系统而言的,传统的集中式供能系统采用大容量设备、集中生产,然后通过专门的输送设施(大电网、大热网等)将各种能量输送给较大范围内的众多用户。

分布式能源系统则是直接面向用户,按用户的需求就地生产并供应能量,具有多种功能,可满足多重目标的中、小型能量转换利用系统。

作为新一代供能模式,分布式能源系统是集中式供能系统的有力补充。

1. 分布式电源的主要特征

(1) 作为服务于当地的能量供应中心,它直接面向当地用户的需求,布置在用户的附近,可以简化系统提供用户能量的输送环节,进而减少能量输送过程的能量损失与输送成本,同时增加用户能量供应的安全性。

(2) 由于它不采用大规模、远距离输出能量的模式,而主要针对局部用户的能量需求,系统的规模将受用户需求的制约,相对目前传统的集中式供能系统而言均为中、小容量。

(3) 随着经济、技术的发展,特别是可再生能源的积极推广应用,用户的能量需求开始多元化;同时伴随不同能源技术的发展和成熟,可供选择的技术也日益增多。分布式能源系统作为一种开放性的能源系统,开始呈现出多功能的趋势,既包含多种能源输入,又可同时满足用户的多种能量需求。

(4) 人们的观念在不断转变,对能源系统不断提出新的要求(高效、可靠、经济、环保、可持续性发展等),新型的分布式能源系统通过选用合适的技术,经过系统优化和整合,可以更好地同时满足这些要求,实现多个功能目标。

2. 分布式能源系统的优点

分布式能源系统的最主要优点是用在冷、热电联产中。

联产符合总能系统的"梯级利用"的准则,会得到很好的能源利用率,具有很大的发展前景。

大型(热)电厂虽然电可远距离输送,但需建设电网、变电站和配电站并有输电损耗,而对于冷、热,尤其是冷,就不像电能那样可以较长距离有效地输送,所以,除非事先特殊设计、安排好,否则,难以达到输送冷、热能的目的。

因为大电厂选址有其自身的要求,一般来说,附近难以有足够大量的、合适的冷、热能用户,无法进行有效的联产。

分布式能源系统却正好相反,按需就近设置,可以尽可能与用户配合好,也没有远距离输送冷、热能的问题,大电网的输电损失问题也就不存在了。

分布式能源系统纯动力装置本身虽然效率低、价钱贵，但可以充分发挥其联产的优点，体现出它的优越之处。分布式能源系统还可以让使用单位本身有较大的调节、控制与保证能力，保证使用单位的各种二次能源能够充分供应，非常适合对发展中区域及商业区和居民区、乡村、牧区及山区提供电力、供热及供冷，大量减少环保压力。

分布式能源系统可满足特殊场合的需求，为能源的综合梯级利用提供了可能，为可再生能源的利用开辟了新的方向，并可提高能源利用率、改善安全性与解决环境污染。

3. 分布式能源系统的缺点

分布式能源系统由于分散供能，单机功率很小，相对于大机组发电效率低。

分布式能源系统对使用单位的技术要求高，要有相应的技术人员与适合的文化环境。

分布式能源系统的应用存在的问题：

分布式能源系统负荷分析不够全面、准确、细致，导致失去了分布式能源系统的最初设计意义。

所以在今后的分布式能源系统设计工作中，负荷分析工作务必要做到细致、准确。

可再生能源为主体且灵活多样化的分布式能源系统是21世纪正在大力发展的能源优化供应模式。

各种新的分布式能源系统正在不断地推出，且随着科学技术的进步和高性能新材料的研制，分布式能源在社会能源结构中将占有越来越大的比重，这将对社会发展产生举足轻重的影响。

思考题

1. 客户投资建设的接入工程有哪些要求？
2. 计量计费是如何规定的？
3. 并网验收调试有哪些规定？